프랑스 채권법 연구

French Law of Obligations

유민총서
31

프랑스 채권법 연구

French Law of Obligations

| 여하윤 지음 |

홍진기법률연구재단

序 文

필자가 프랑스 민법을 연구한 지 20여 년이 훌쩍 지나가고 있다. 교수 생활의 절반을 넘긴 지금, 내가 현재까지 공부해왔던 것을 정리하면서 법학자로서의 나 자신을 돌아보고, 이를 통해서 절반 조금 못 되게 남아 있는 남은 법학 교수로서의 삶을 어떻게 살아갈 것인가에 대한 구체적인 설계를 해보고 싶었다. 이 책은 지금까지 필자가 연구해온 프랑스 민법과 관련한 주요한 주제들을 선정하여 정리한 것이다. 이 책을 집필하게 된 계기는 다음과 같다.

첫째, 프랑스 민법 공부의 중요성은 현실적으로 매우 중요하다. 1804년 제정된 나폴레옹 민법이 세계 최초의 민법전으로서 일찍이 명성을 얻었기에 이탈리아, 스페인, 포르투칼, 벨기에, 룩셈부르크, 네덜란드 등 유럽의 주요 국가들이 그 체계를 받아들여 프랑스 민법 계통에 서 있고, 그밖에 프랑스가 전세계적으로 많은 식민지를 보유하였던 역사적 사실로부터 캐나다 퀘벡(Quebec) 주, 미국의 루이지아나(Louisiana) 주, 이집트를 포함한 아프리카의 많은 국가들, 남아메리카 대륙의 여러 국가들, 중동의 여러 국가들이 그 영향하에 법제도가 출발하였기 때문이다. 따라서 비교법 연구 대상으로서의 프랑스 민법의 가치의 중요성은 두말할 필요가 없다.

둘째, 이 책은 프랑스 채권법의 주요 제도를 일별함으로써 프랑스 민법에 대한 이해와 접근을 돕는 것을 목적으로 한다. 프랑스 민법전의 한글 번역본이 이미 나와 있으나, 법조문의 나열을 읽는 것만으로는 프랑스 민법학의 유기적인 체계에 대한 접근이 이루어질 수 없다. 이 때문에 영국과 미국, 일본 등의 국가에서 프랑스 민법전의 자국어 번역본에 만족하지 않고 프랑스 민법 개설서가 꾸준하게 출간되고 있다. 그러나 아직 우리나라에는 프랑스 민법의 전반을 아우르는 소개서 내지 개설서가 출간되지 않고 있어서 필자가 작게나마 그 역할을 해보고 싶었다. 프랑스 민법 전체에 대한 체계적 접근을 위해 필자는 지금까지 프랑스 민법과 관련한 굵직하고 중요한 주제들을 선정하고 집중 연구하여 논문을 집필해왔다. 공부에 있어서 나무는 보고 숲을 보지 못하는 우(愚)를 범하지 않기 위한 필자 나름의 몸부림이었고, 덕분에 프랑스 민법의 이해를 도울 수 있는 단행본을 출간할 수 있게 되었다.

셋째, 후학들이 효율적으로 프랑스 민법에 관한 비교법 연구를 할 수 있도록 도움을 주기 위함이다. 특정 주제에 관한 비교법 연구를 제대로 수행하기 위해서는 두 가지가 전제되어야 한다. 하나는 해당 국가의 법, 예를 들어 해당 국가의 민법 전반에 대하여 어느 정도 (완벽할 수는 없지만) 기본적인 이해가 있어야 하고, 다른 하나는 해당 국가의 법률 문헌을 많이 읽어냄으로써 외국 법률문헌에 대한 독해력과 문해력을 상당 수준 갖추고 있어야 한다. 어학의 문제는 개개인의 노력과 역량에 달려 있을 수밖에 없지만, 필자의 경험에 의하면 외국 민법 전반에 대한 기본적인 이해를 갖추는 데에는 적지 않은 시간이 걸리고, 특정 주제에 관한 비교법 연구를 아무리 열심히 하더라도 전반적인 체계에 대한 이해가 부족하면 연구 역량과 성과에 있어서 한계에 부딪칠 수밖에 없다. 필자는 이 부분에 있어서 후학들이 용이하게 정보를 취득할 수 있도록 함으로써 프랑스 민법 연구를 효율적으로 진전시키는 데에 도움이 되고자 한다. 니콜라스(B. Nicholas) 교수의 말처럼, 비교법 연구는 외국 법률문헌에 대한 인덱스(index)로 사용될 수 있는 것이어야 하고, 본서는 프랑스 민법에 관심을 가지는 한국 법학도들에게 이러한 역할을 할 수 있을 것으로 생각한다.

법학자로서 대부분의 시간을 프랑스 법률 문헌을 읽고 생각하고 정리하고 다시 읽고 생각하고 정리하는 시간에 쏟아붓다 보니, 외국어 회화에 투자할 수 있는 시간이 절대적으로 부족한 것이 개인적으로 늘 아쉬웠다. 그러나 비교법 연구가 다시 우리 민법에 대한 이해를 깊고 넓게 해주었다는 것은 분명하고, 그러한 점이 늘 감사하고도 고마웠다.

한국에서의 법학전문대학원 교수에게는 변호사시험 입시 강사로서의 역할만이 강조되고 있다고 해도 과언이 아닐 만큼, 법학전문대학원 교수로서 법학자의 길을 가는 것은 고독하고도 힘겨운 시간이었고, 앞으로도 그러하리라고 생각한다.

끝으로 사랑과 정성으로 길러주시고 나에게 학자적 소양을 물려주신 사랑하는 나의 부모님, 그리고 올바른 법학 공부의 길로 인도해주신 양창수 서울대학교 법학전문대학원 명예교수님께 감사드린다. 또한 직장 생활에서의 고초(苦楚)를 비롯하여 한국 민법학계에서 살아남기 위해 고군분투(孤軍奮鬪)하는 시간 동안 응원과 격려를 아끼지 않은, 친애하는 후배 김기환 서울시립대학교 법학전문대학원 교수님에게 고마움의 마음을 전한다.

외롭게 걸어온 학문의 길을 지치지 않고 계속 걸어갈 수 있도록 단비가 되어주신 홍진기법률연구재단과 홍석조 이사장님께 진심으로 감사의 마음을 올린다.

2025년 10월 25일

흑석동 연구실에서
여 하 윤

Preface

It has been well over twenty years since I began studying French civil law. Now that I have passed the halfway point of my academic career, I feel that it is time to assess my work to date, reflect on my growth as a legal scholar, and chart a concrete course for the remainder of my professional life as a professor of law in South Korea. This book brings together major topics related to French civil law that I have researched over the years.

Several motivations underlie the writing of this book.

First, the study of French civil law holds significant practical value. Since the promulgation of the Napoleonic Civil Code in 1804, celebrated as the world's first comprehensive civil code, numerous European nations, including Italy, Spain, Portugal, Belgium, Luxembourg, and the Netherlands, adopted its structure and thus belong to the French civil law tradition. Moreover, due to France's colonial history, legal systems in regions, such as Quebec in Canada, Louisiana in the United States (US), Egypt, many African nations, various South American nations, and parts of the Middle East, have been shaped under its influence. Accordingly, the importance of French civil law as a subject of comparative legal study is indisputable.

Second, this book seeks to enhance Korean readers' understanding of French law by offering an accessible overview of its major institutions. While a Korean translation of the French Civil Code exists, reading translated provisions alone falls short of conveying the organic structure of the French legal system. This is why countries, such as the UK, the US, and Japan, have continued to publish explanatory textbooks on French civil law in addition to translations of the code. In South Korea, however, a comprehensive introduction or textbook covering the entire breadth of French civil law remains unavailable. I have hoped, even in a modest way, to help fill this void. To build a systematic understanding of the subject, I selected key themes for in-depth study and published academic articles on each. This approach allowed me to see not just the trees but the forest, and thanks to these efforts, I am now able to present this book, which I hope will serve as a helpful guide to French civil law.

Third, this book is intended to assist younger Korean scholars and practitioners in conducting efficient comparative research on French civil law. Two conditions must be met to conduct meaningful comparative studies: first, a basic (though not necessarily complete) understanding of the foreign legal system; and second, the ability to read and interpret its legal literature. While language acquisition depends on individual effort and aptitude, my experience has shown that building a foundational understanding of a foreign civil law system requires considerable time. Without this foundation, even the most diligent topic-specific research will inevitably fall short in both depth and scholarly rigor. I hope that this book will provide junior Korean scholars with better access to essential information and strengthen comparative legal research on French civil law. As Professor B. Nicholas once said, comparative legal research should serve as an index to foreign legal literature. I believe that this book can play that role for Korean readers interested in French law.

Over the years, I spent most of my career on reading, analyzing, and re-reading French legal texts. I often regret not having had enough time to improve my spoken foreign language skills. Still, I am deeply grateful that this journey in comparative legal research has enriched my understanding of Korean civil law.

In South Korea's law school system, it is no exaggeration to say that law professors are often viewed primarily as bar exam instructors. Under such circumstances, pursuing the path of a legal scholar has been a lonely and challenging endeavor, and I expect that it will continue to be.

Finally, I would like to express my heartfelt gratitude to my beloved parents, who raised me with love and care and instilled in me a deep sense of scholarly integrity. I am also profoundly grateful to Professor Emeritus Chang-soo Yang of Seoul National University School of Law, who guided me toward the proper approach to studying law, and to my dear colleague Professor Ki-Hwan Kim of the University of Seoul School of Law, whose unwavering support and encouragement helped me persevere through many challenges in South Korea's civil academia.

I sincerely thank HONGJINGI Legal Research Foundation and Chairman Seok Joh Hong for their generous support, which has been a timely source of encouragement, allowing me to carry on my solitary scholarly path without losing heart.

Hayoon YEO, Seoul
25 October 2025

목 차

Contents

1. 프랑스 채권법 개정 경과

The Reform Process

1804년 제정된 나폴레옹 프랑스 민법전의 방대한 부분을 차지하고 있는 프랑스 채권법은 제정 이후 200여 년이 넘도록 개정이 되지 못하고 있다가 2016년 2월 10일 오르도낭스(Ordonnance)[1]에 의하여 비로소 주목할 만한 개정이 단행되었다. 채권법 전 분야에 대해서 개정을 이루어내지는 못하고 계약법의 주요한 일부[2]에 대해서만 개정이 이루어졌는데, 이렇게 개정된 프랑스 계약법은 원칙적으로 2016년 10월 1일 이후에 체결된 계약에 대하여 적용되고 있다.[3]

---

1) Ordonnance n° 2016-131 du 10 février 2016 portant réforme du droit des contrats, du régime général et de la preuve des obligations; 프랑스 민법(Code Civil)은 주요한 '법률'이므로 개정을 위해서는 프랑스 국회의 의결을 거쳐야 한다. 그런데 프랑스 채권법의 개정 필요성에는 공감을 하면서도 개정 방향에 대해서 여러 가지 의견이 분분하였고, 이에 더하여 프랑스 국회는 양원제를 취하고 있어서 상원과 하원 모두의 동의를 얻는 국회의 의결을 기다리는 것이 현실적으로 쉽지 않아 개정이 계속 지연되고 있었다. 이에 프랑스 법무부 장관은 프랑스 헌법 제38조에 의거하여 정부가 오르도낭스(ordonnance) 형식에 의하여 프랑스 채권법을 개정할 수 있도록 허용해줄 것을 국회에 요청하여 2016년 계약법 부분부터 개정을 이루어냈다. 자세한 내용에 대해서는, François Ancel et Bénédicte Fauvarque-Cosson, *Le Nouveau Droit des Contrats*, LGDJ (2019), n°31(p.30-31).

   프랑스 헌법 제38조 제1항은 다음과 같이 규정하고 있다; "정부는 정책을 이행하기 위하여, 통상의 경우에는 법률에 영역에 속하는 것을 오르도낭스에 의하여 조치할 수 있도록 허가해줄 것을 국회에 요청할 수 있다"

2) 우리 민법전의 민법총칙 중 법률행위와 의사표시 부분과 채권총칙, 계약총칙 그리고 부당이득 등에 상응하는 부분이다.

3) François Ancel et Bénédicte Fauvarque-Cosson(주 1), n°87(p.55).

1. 프랑스 채권법의 늦어진 개정

프랑스 민법전이 제정된 지 오래되었던 만큼, 2016년 이전에도 프랑스 민법전에 대한 개정 논의가 있었다. 오랜 논의 끝에 2000년대에 들어와서 시효제도, 담보제도, 가족법 등에 대한 개정은 수차 이루어졌으나,[4] 채권법 분야에 대한 개정 합의는 쉽게 이루어지지 못하고 있었고 그나마 일부에 한해서 2016년에 이르러 어렵게 개정이 이루어졌다. 프랑스 채권법 분야에 대한 개정이 이렇게까지 늦어진 이유는 대체로 다음과 같다.

첫째, 독일 민법전이 1900년에 제정되자 당시로서 100년 가까이나 되었던 프랑스 민법전 개정의 필요에 대한 활발한 논의가 촉진된 바 있다. 이후 제1차 및 제2차 세계대전을 거치면서 다시 프랑스 민법 개정 논의가 이어지기도 하였다. 그런데, 이 시기에는 통일 유럽계약법전에 대한 논의가 활발하게 이루어지기 시작하고 있어서 이에 대한 추이를 살펴본 후에 프랑스 민법의 개정 방향을 정하는 것이 좋겠다는 의견이 프랑스 내에서 대두되면서 개정 작업이 적극적으로 진행되지는 않았다.[5]

둘째, 프랑스가 민법학을 이끄는 종주국(宗主國)으로서의 자부심을 가지는 만큼, 프랑스 학자들 간에도 개정 방향에 대한 논란이 많았고 쉽게 합의

---

4) 프랑스 민법전 중 담보법 부분에 대해서는 2006년(Ordonnance n° 2006-346 du 23 mars 2006 relative aux sûretés)에 큰 개정이 이루어진 바 있고, 최근 2021년(Ordonnance n° 2021-1192 du 15 septembre 2021 portant réforme du droit des sûretés)에도 개정이 단행되었다; 시효제도는 2008년에 개정을 이루었다(Loi n° 2008-561 du 17 juin 2008 portant réforme de la prescription en matière civile); 가족법 분야는 쟝 카르보니에(Jean Carbonnier) 교수의 주도 하에 1964년부터 수차 개정되었다. François Ancel et Bénédicte Fauvarque-Cosson(주 1), n°15(p.22). 프랑스 가족법 개정 경과에 대하여 소개한 국내 문헌으로, 梁彰洙, "家族關係의 變化와 親族法", 民法硏究 第4卷, 博英社(2007), 233면 이하.

5) 대표적으로 프랑스의 저명한 법학자 까르보니에(Jean Carbonnier) 교수는 유럽 민법전 제정 작업이 진행되는 동안은 프랑스 민법전 개정 작업은 보류할 것을 제안하였다. François Ancel et Bénédicte Fauvarque-Cosson(주 1), n°15(p.22) et n°17(p.25).

를 도출하지 못하였던 것이 주요한 이유 중의 하나로 꼽힌다. 다음 장(章) 2. 프랑스 민법상의 원인론에서 보는 바와 같이 전통적으로 프랑스 민법상의 주요한 개념이었던 원인(Cause, 原因)이라는 개념의 폐지 여부에 대한 논란이 대표적이다.

2. 2004년 이후의 채권법 개정안

2004년은 프랑스 민법이 제정된 지 200년이 되는 해였다. 이에 프랑스 민법 제정 200주년을 기념하여 채권법을 개정해야 한다는 논의가 있었고, 두 가지 개정안이 마련된 바 있다. 하나는 피에르 카탈라(Pierre Catala) 교수의 주도의 학계에서 2006년에 마련된 소위 카탈라 개정안(Avant-Projet Catala)[6] 이고, 다른 하나는 프랑소와 테레(François Terré) 교수의 주도하에 마련된 2008년의 테레 개정안(Projet Terré)[7]이었다. 이 두 가지 안은 비록 입법에는 이르지 못하였으나 프랑스 내에서뿐만 아니라 해외에도 광범위하게 유포되었고, 2016년 프랑스 채권법 대개정시에 많은 영향을 주었다.[8] 그밖에 프랑스 법무부에서도 2008년안, 2009년안, 2010년안, 2011년안 등이 마련되는 등 비록 개정에 이르지는 못하였어도 지속적인 개정 노력을 해왔었다.[9]

---

6) https://www.justice.gouv.fr/sites/default/files/migrations/portail/art_pix/RAPPORTCATALASEPTEMBRE2005.pdf

7) François Terré, *Pour une réforme du droit des contrats*, Dalloz(2009).

8) François Ancel et Bénédicte Fauvarque-Cosson(주 1), n°26(p.27).

9) François Ancel et Bénédicte Fauvarque-Cosson(주 1), n°26-29(p.27-30) et n°46(p.39).

3. 2016년 채권법 개정의 이유

2016년 프랑스 채권법 개정의 이유는 크게 다음의 두 가지로 요약될 수 있다.

첫째, 프랑스 민법 제정 이후 200년 이상의 시간이 흐른 만큼, 프랑스 민법의 문언이 실제의 법 운용 현실을 반영하지 못하고 있었다. 프랑스 법원은 구체적 사건에 프랑스 민법을 적용함에 있어서 그간에 발생한 법적 공백을 유추해석, 반대해석(a contrario) 등을 통해서 메워 나갔고, 심지어는 프랑스 민법의 문언에 반하는 해석(contra legem)을 하기도 하였다. 프랑스 민법은 프랑스 계약법의 실제 모습을 명확하고 정확하게 전달하지 못하고 있었고, 프랑스 재판례를 들여다보지 않고는 프랑스 민법 문언만으로는 법의 실제 모습을 알기가 매우 어려웠다.[10] 프랑스가 성문법주의를 취하고 있고 원칙적으로 판결례에 구속력이 인정되지 않는 국가라는 점[11]을 생각해보면, 이는 매우 아이러니한 현상이 아닐 수 없었다.[12]

둘째, 제정 이후 유럽을 넘어 전세계적으로 큰 영향을 발휘하던 프랑스 민법은 사실상 국제적 영향력을 잃어가고 있었다. 특히 세계은행(World Bank)이 2004년에 발간한 Doing Business 보고서는 영미법(Common law)과 대륙법계(Continental law)의 경쟁력을 비교하면서 프랑스법을 경제적으로 비효율적이고 복잡하며 예측불가능하여 일반적으로 보아 영미법에 비하여 열후한 것으로 평가한 바 있다. 실제 국제 거래에서도 영국법이나 뉴욕(New York)주(州)법이 선호되고 있고, 프랑스 법은 실용주의나 거래의 안전성을

---

10) 필자가 처음 프랑스 민법을 공부하기 시작할 때 부딪쳤던 어려움 중의 하나가 바로 이것이었다.

11) **프랑스 민법 제5조** 법관이 자신에게 제출된 소송물에 대하여 일반적이고 규율적인 규정[을 내용으로 하는 판결]을 선고하는 것은 금지된다.

12) Solène Rowan, *The New French Law of Contract*, Oxford University Press(2022), p.3; François Ancel et Bénédicte Fauvarque-Cosson(주 1), n°16(p.24).

증진시키는 데에 도움이 되지 않는다고 여겨지고 있었다. 왜냐하면 프랑스는 계약적 정의(justice contractuelle)를 위해 법원이 당사자들의 계약 관계에 개입하는 경우가 많아서 이는 거래의 불확실성의 원인이 되고 있는 것으로 보였기 때문이다. 실제로 프랑스 민법의 영향을 직접적으로 받았던 네덜란드, 캐나다 퀘벡(Quebec)주 등이 2000년대에 들어와서 프랑스 민법의 영향권에서 벗어나는 길을 선택한 바 있다.[13)]

4. 2016년 채권법 개정의 방향

위와 같은 배경하에서 2016년 프랑스 채권법 개정은 다음과 세 가지 방향성을 지향하였다.[14)]

첫째, 최근의 법리를 법문에 반영하고, 접근가능성과 예측가능성을 높이는 것이다. 이를 위해서는 구체적으로 다음의 세 가지 방법을 사용하였다. ① 1804년 프랑스 민법 제정 당시에 사용했던 언어보다 더 단순하고 현대적인 언어를 사용하고자 하였다. 이로써 법률용어에 익숙하지 않은 일반인들이 법규정을 이해하고 어떻게 정의(justice)가 실현되는지를 이해할 수 있도록 하였다. ② 지금까지 프랑스 재판례에 의하여 확립되었던 원칙들을 입법화하였다. 이는 매우 의미있고 절박한 작업이었는데, 특히 프랑스 판결문들이 짧고 간결하여 판결문을 읽는 것만으로는 결론에 이르게 된 논리를 이해하기가 어려웠기 때문에 더욱 그러하였다.[15)] ③ 1804년 나폴레옹 민법의

---

13) S. Rowan(주 12), p.3-5.

14) Rapport au Président de la République relatif à l'ordonnance n° 2016-131 du 10 février 2016 portant réforme du droit des contrats, du régime général et de la preuve des obligations https://www.legifrance.gouv.fr/jorf/id/JORFTEXT000032004539; S. Rowan (주 12), p.5-8.

15) 2019년 10월 1일 프랑스 파기원은 파기원의 재판부가 상세한 판시를 하도록 지침을

구조를 변혁하여 각 부분의 적용 범위를 밝히고 명확성을 더하였다. 2016년 채권법 개정시 새로 마련된 (기존에 있던 조문들의 개정 포함) 조문은 350여 개에 달하는데, 크게 다음과 같은 순서로 배열되어 있다. ⅰ) 채권의 발생 원인 (제1100조 내지 제1303-4조), ⅱ) 채권을 규율하는 법적 체계 (제1304조 내지 제1352-9조), ⅲ) 증명책임 (제1353조 내지 제1386-1조). 특히 계약법 부분 (제1102조 내지 제1231-7조)은 계약이 체결되고 존속되고 소멸되는 시간적 순서에 따라 배열하였다(계약의 체결, 유효성, 해석, 불공정 조항, 상대적 효력의 원칙, 채무불이행에 대한 구제 등의 순서로).

둘째, 프랑스법을 더 거래지향적으로 만들어서 잠재적인 외국 투자자들에게 호감을 주고 영미법 체계에 대하여 경쟁력을 높이는 것이다. 이로써 당사자들이 국제 거래에서 프랑스법을 그들의 관계를 규율하는 법으로 선택하도록 하기 위함이다. 앞에서 언급하였던 첫 번째 개정 방향성 (접근가능성과 예측가능성) 역시 이와 무관하지 않았다. 이에 따라 기존에 나온 계약법과 관련한 국제조약 내지 법규도 채권법 개정에 많은 참조를 하였다. 유엔 국제상거래법위원회(UNCITRAL)가 제정하였던『국제 물품매매에 관한 UN 협약(CISG; United Nations Convention on Contracts for the International Sale of Goods, 1980)』과『국제 상사계약에 관한 원칙(PICC; Principles for International Commercial Contracts, 2016)』,[16] 올 란도(Ole Lando) 교수의 주도하에 마련되었던『유럽계약법 원칙(PECL; Principles of European Contract Law, 2003)』, 크리스타인 폰 바(Christian von Bar) 교수의 주도하에 마련되었던『유럽 민사법 공통참조 기준안(DCFR; Draft Common Frame of

---

마련하기까지 한 바 있다.『Le nouveau mode de rédaction des décisions de la Cour et la motivation en forme développée』 https://www.courdecassation.fr/acces-rapide-judilibre/comprendre-une-decision-de-la-cour/le-nouveau-mode-de-redaction-des

16) UNIDROIT(사법(私法)통일 국제연구소, Institut international pour l'**un**ification du **droit** privé)가 마련하였기 때문에 'PICC' 외에 'UNIDROIT 원칙'이라고도 한다.

Reference, 2008)』, 프랑스 내의 대표적인 국제학술단체인 비교입법학회(Societé de législation comparée)와 앙리 까삐땅 협회(Association Henri Capitant des amis de la pensée juridique française)가 마련하였던『계약 일반 원칙(PCC; Principes contractuels communs, 2008)』 등을 많이 참조하였다.[17) 한편 이에 대해서는, 프랑스 의회 상원(上院)에서 당사자들의 법 선택에 대한 호감도는 단지 법적 요인에만 달려 있는 것이 아니라, 국가의 경제력, 그 국가의 법체계와 로펌(law firm)의 명성도 등에도 기인한다는 점을 지적하는 견해가 있었다.

셋째, 계약적 정의(justice contractuelle)이다. 계약 당사자 간의 이익을 실질적으로 공정하게 균형을 맞추고자 하는 것이다. 그동안 계약적 정의를 실현하고자 하는 일련의 주요한 프랑스 재판례들이 있었고,[18) 프랑스 입법자들은 이러한 법원의 권한을 고양(高揚)시켜서 공정성을 적극적으로 고려하고자 하였다. 예를 들어, 신의칙 조항의 개정 및 유지(제1104조), 불공정 조항의 무효(제1171조), 사정변경의 원칙의 도입(제1195조) 등을 들 수 있다. 그러나, 이와 같은 계약의 공정성 추구는 프랑스법을 거래 지향적으로 만들어서 국제 거래에서 당사자들이 준거법으로 선택하도록 하는 두 번째 방향성과는 상충되는 면이 없지 않았다. 개정 방향성에 있어서 양자의 조화와 균형이 중요한 이슈(issue) 중의 하나였다.[19)

---

17) François Ancel et Bénédicte Fauvarque-Cosson(주 1), p.41-42; 여기에서 열거된 국제규범 중 PCC를 제외한 나머지 규범들은 국내에 이미 번역되어 소개되고 있다.

18) 대표적으로 뒤의 2.에서 살펴볼 크로노포스트(Chronopost) 판결(Com. 22 oct. 1996, n°93-18.632).

19) Rapport au Président de la République relatif à l'ordonnance n° 2016-131 du 10 février 2016 (주 14), "…… 이번 개정의 주요한 목적의 하나는 …… 계약의 공정성(contractual fairness)과 사적 자치(autonomy of the will) 간의 균형을 찾는 일이다 ……".

5. 몇 가지 언급할 사항

2016년 프랑스 채권법 개정과 관련하여 몇 가지 알아두어야 할 것들이 있다.

첫째, 프랑스 채권법은 2016년 2월 프랑스 법무부에 의해 최종 개정안이 발간되어 2016년 10월 1일부터 시행되었다. 그런데, 이 개정은 절차적 편의상 오르도낭스(Ordonnance)라는 형식에 의하여 개정했기 때문에 국회에 제출하여 이로부터 18개월 안에 국회의 승인을 얻어야 하는 절차가 남아 있었다. 이 기간 내에 국회의 승인을 얻지 못하면 효력이 상실된다. 이에 따라 개정된 채권법안이 2017년 6월 프랑스 국회에 제출되었는데, 프랑스 상원에서 몇 개의 주요 조문의 개정 및 보완을 요구하였고 이러한 요구가 받아들여졌다. 일부 다시 수정을 거친 개정안이 2018년 4월 20일에 승인이 이루어졌다. 이에 따라 프랑스 채권법 최종안[20]은 2018년 10월 1일부터 시행되어 오고 있다. 그런데, 이로 인해 프랑스 채권법은 시기에 따라 적용해야 할 법이 나누어지는 불편함이 남게 되었다. i) 2016년 10월 1일 이전에 체결된 계약에 대해서는 1804년 나폴레옹 민법전이, ii) 2016년 10월 1일부터 2018년 9월 30일 사이에 체결된 계약에 대해서는 2016년 개정 채권법이, iii) 2018년 10월 1일 이후에 체결된 계약에 대해서는 2018년 개정 채권법이 각각 적용되고 있다.[21]

둘째, 위와 같은 개정에도 불구하고 아직까지 손해배상법에 대해서는 개정이 이루어지지 않고 있다. 계약책임(contractual liability, 채무불이행으로 인한 손해배상책임)과 계약외 책임(extra-contractual liability, 불법행위로 인한 손해배상책임)은 손해를 발생시키는 행위, 손해, 인과관계 등 본질적으로

20) Loi n° 2018-287 du 20 avril 2018 ratifiant l'ordonnance n° 2016-131 du 10 février 2016 portant réforme du droit des contrats, du régime général et de la preuve des obligations
21) François Ancel et Bénédicte Fauvarque-Cosson(주 1), p.64.

동일한 속성에 기인하여 발생하는 것이기 때문에 계약관계에 기한 손해배상책임을 불법행위에 기한 손해배상책임과 분리하여 개정할 수는 없다고 생각하였기 때문이다. 따라서 계약관계에 기한 손해배상책임은 실질적으로 개정이 이루어지지 않았고 기존의 조문을 그대로 유지하거나 약간의 어구(語句) 수정만 가한 채 유지되고 있다.[22] 계약과 불법행위에 기한 손해배상책임법 전반에 관해서는 80여 개의 조문에 이르는 2017년 개정안이 마련된 바 있는데, 아직까지 개정에 이르지는 못하고 있다.[23]

In this chapter, I outline the background leading up to the 2016 reform of the French law of obligations. Due to Korea's experience under Japanese colonial rule during the first half of the 20th century, Korean civil law was heavily influenced by the Japanese Civil Code. Since the Japanese Civil Code had largely adopted the Pandectist structure of the German Civil Code, the Korean Civil Code has retained this framework to the present day. As a result, even after Korea's liberation from Japan in 1945, the vast majority of Korean civil law scholars received their legal training in Germany.

However, a closer examination of Korean civil law reveals that many key institutions, similar to those set out in the pre-2017 Japanese Civil Code, were

---

22) 불법행위에 관한 구 프랑스 민법 제1382조 이하의 규정은 바뀌지 않은 채 현행 프랑스 민법 제1240조 내지 제1244조로 자리를 옮겼고, 제조물 책임에 관한 구 프랑스 민법 제1386-1조 이하의 규정 역시 내용 변화 없이 제1245조 내지 제1245-17조로 자리를 옮겼다. 계약불이행으로 인한 손해배상책임에 관한 구 프랑스 민법 제1146조 이하의 규정은 실질적인 내용 변화 없이 약간의 어구(語句) 수정만 거친 채 제1231조 내지 제1231-7조로 자리를 옮겼다.

23) Projet de réforme de la responsabilité civile (mars 2017). 이후 프랑스 손해배상법 개정 작업은 2017년 개정안을 거쳐서 프랑스 상원의 의결을 거친 2020년안이 나와 있다. https://www.senat.fr/leg/ppl19-678.html

influenced by those in the French Civil Code. Notable examples include the right of subrogation by creditors (*action oblique*), the revocatory action (*action paulienne*), and vicarious liability.

In recent years, a growing number of Korean legal scholars have taken an interest in French civil law. By introducing the process and the rationale behind the development of the current French Civil Code, I aim to foster a deeper understanding of French civil law.

2. 프랑스 민법상의 원인론

Cause

역사적으로 프랑스 민법과 판례에서 매우 중요한 역할을 담당해왔던 'cause', 즉 원인(原因)이라는 개념은 한국 민법이 알지 못하는 개념이어서 한국 민법학자들이 프랑스 법률 문헌을 읽을 때 어려움을 느끼는 주요한 이유 중의 하나였고 필자 역시 그러하였다. 우리 민법 제741조 소정의 '원인'과 동일한 용어로 번역되어 소개되고 있지만, 프랑스 민법상의 원인은 이와는 다른, 훨씬 포괄적인 개념이다.[1] 그런데 우여곡절 끝에 2016년 프랑스 채권법 개정으로 원인이라는 용어가 프랑스 민법전에서 사라지게 되었다. 이 개념에 익숙하지 않은 한국 민법학자의 입장에서는 향후 프랑스 민법에 대한 접근이 훨씬 용이하게 되었다고 할 수 있다. 그럼에도 불구하고 필자가 프랑스 민법상 원인 개념을 다시 정리해두고자 하는 것은 두 가지 이유에서이다. 하나는, cause 개념은 로마법 이래 프랑스법에서 오랜 세월 많은 역할을 해왔던 개념이었기 때문에 2016년 프랑스 채권법 개정 이후에도 프랑스 법률문헌에서 계속 이 개념이 등장하고 있어서, 프랑스 법률문헌의 내용을 이해하기 위해서는 여전히 필요한 개념이기 때문이다. 다른 하나는, 비록 프랑스 민법에서 cause 라는 용어 자체는 사라졌지만, 뒤에서 보는 바와 같이 cause가 담당하는 실질적인 기능은 프랑스 민법 이곳저곳에 법문화되어 있기 때문이다.

필자가 프랑스 민법상 원인의 개념과 기능에 대해서 많은 이해를 얻었던

---

1) 기존에 cause를 원인으로 번역하지 않고, 원음 그대로 '꼬즈'라고 번역하여 소개되기도 하였던 것은 이러한 이유일 것으로 생각된다.

책은 마르셀 쁠라뇰(Marcel Planion, 1853~1931)의 분석이었다.[2] 쁠라뇰은 원인의 역할을 ⅰ) 원인이 부존재하는 경우와 ⅱ) 원인이 위법한 경우로 분류하여 설명하고 있는데, 이 기준에 따라서 설명하면 다음과 같다.

1. 원인이 부존재한 경우

(1) 프랑스 민법에서 원인(cause)이 부존재하는 경우는 유상계약과 무상계약에 따라서 나뉘어 설명되고 있다.[3]

첫째, 유상계약 중 특히 쌍무계약에서 일방 당사자가 부담하는 채무의 원인은 상대방 당사자가 채무를 부담하기 때문이다. 계약 체결 당시부터 당사자 일방의 채무가 존재하지 않았다면, 상대방 당사자는 채무를 부담하지 않는다. 채무의 원인이 존재하지 않기 때문이다. 예를 들어, 매매계약에서 계약 체결 당시 매매의 목적물이 이미 소실되어 존재하지 않는 경우, 매도인의 물건 인도의무가 소멸하였으므로, 매수인의 매수대금 지급채무의 원인은 존재하지 않게 되어 매수인의 채무도 소멸한다. 여기서 말하는 원인은 계약을 체결하는 당사자들이 공통적으로 가질 수 있는 객관적인(objective) 또는 추상적인(abstract) 원인이다.

둘째, 증여와 같은 무상계약에 있어서는 채무의 의미가 객관적인 것으로부터 주관적인(subjective) 혹은 구체적인(concrete)인 것으로 변화된다. 여기

2) M. Planiol, *Traité élémentaire de droit civil - conforme au programme officile des facultés de droit, 9e éd., t. II, Librairie Générale de Droit & de Jurisprudence*, 1923, n°1039(p.357).

3) 프랑스 민법상의 원인론이 계약의 유형에 따라 최초로 체계화된 것은 프랑스의 저명한 법학자 쟝 도마(Jean Domat, 1625~1696)의 저명한 저서 「자연질서에 있어서의 민법(*Les lois civiles dans leur ordre naturel*)」에서 였다. M. Planiol(주 2), n°1029(p.352 et s.)

서 당사자 일방만이 부담하는 채무의 원인은 채무자의 재산을 처분하게 된 동기(動機, motive)로 파악되고 있다. 예를 들어, 어떤 부부가 정부가 발표한 세금 제도에 따라서 세금 혜택을 얻기 위하여 자녀에게 미리 재산을 증여하였는데 정부가 정책을 취소하여 소급 적용함으로써 아무른 세금 혜택을 얻지 못하게 된 경우, 이 부부에게는 증여할 동기가 사라졌고 따라서 증여의 원인이 실효하였으므로 부부는 자녀를 상대로 증여계약의 무효를 주장하여 증여 재산의 반환을 구할 수 있다.[4)]

(2) 우리 민법상의 상응 개념

프랑스 민법상 원인 개념이 유상계약과 무상계약에서 담당하던 위와 같은 기능은 우리 민법에서도 존재하고 있다.

첫째, 유상계약, 특히 쌍무계약에서의 프랑스 민법상 원인 개념은 우리 민법에 명문화되어 있지는 않다. 그러나, 이는 쌍무계약에 있어서 쌍방 당사자의 채무 간의 견련성(牽連性)에 해당되는 내용이고 우리 민법에서도 강학상 인정되고 있다.

둘째, 무상계약에 있어서 프랑스 민법상 원인 개념은 우리 민법상으로는 무상계약에서의 동기의 착오에 상응하는 내용임을 알 수 있다(민법 제109조).

여기서 두 번째 내용과 관련하여 우리나라와 프랑스에서의 법리적 차이점을 짚고 넘어가야 할 점이 있다. 하나는, 우리 판례는 민법 제109조의 운용과 관련하여 유상계약/무상계약의 논리적 구분을 하고 있지는 않다는 점이다. 다른 하나는, 우리 판례는 어떤 유형의 계약이든 동기의 착오를 이유로 의사표시를 취소하기 위해서는 "그 동기를 당해 의사표시의 내용으로 삼을 것을 상대방에게 표시하고 의사표시의 해석상 법률행위의 내용으로 되어 있다고 인정되면 충분하고 당사자들 사이에 별도로 그 동기를 의사표시

---

4) Barry Nicholas, *The French Law of Contract 2nd ed.*, Oxford University Press(2005), p.124.

의 내용으로 삼기로 하는 합의까지는 이루어질 필요가 없다"[5]는 입장이지만, 프랑스 판례는 "동기의 착오를 이유로 계약을 무효로 하기 위해서는 그러한 동기에 대하여 명시적인 약정을 함으로써 계약의 조건으로 하였어야 한다"[6]는 입장이어서 양 국가는 판례 법리에 있어서 차이를 보이고 있다.

(3) 프랑스 민법 규정

앞에서 다루었던 내용들은 2016년 프랑스 민법 개정으로 다음과 같이 규정되었다.

> **제1169조**
> 유상계약은, 계약 체결 당시 채무를 부담하는 당사자를 위해 합의된 반대급부가 실재하지 않거나(illusoire) 가치가 거의 없을 경우(dérisoire) 무효이다.
>
> **제1135조**[7]
> ① 이행해야 할 급부나 계약 상대방의 본질과 무관한 단순한 동기의 착오는, 당사자들이 이를 의사표시의 중요한 내용으로 한다고 명시한 바가 없는 한 무효의 원인이 되지 않는다.
> ② 그러나, 무상행위에 있어서 동기의 착오는, 그러한 동기가 없었더라면 처분행위를 하지 않았을 것이라면 무효의 원인이 된다.

위 규정들은 앞에서 살펴보았던 기존의 프랑스 민법상의 논의와 판례가 입법화된 것임을 알 수 있다. 증여와 같은 무상행위의 경우 반대급부가 없는 수증자에게는 거래의 법적 확실성에 대한 보호가 약해지기 때문에 위와

---

5) 대법원 2000. 5. 12. 선고 2000다12259판결.

6) Civ. 1re 13 févr. 2001, n°98-15.092.

7) 프랑스 민법을 포함하여 프랑스 법률들은 조항에 숫자가 표기되어 있지 않고, 제1항의 내용이 끝나면 줄을 바꾸어서 제2항의 문장이 시작된다. 필자는 이 책에서 독자들의 시각적 편의를 위해서 한국 민법과 같이 프랑스 민법 조항의 숫자를 표기하였다.

같은 내용으로 규정되어 있다.[8)]

(4) 프랑스 민법 제1170조

우리 민법에 바로 상응하는 규정이 있는 것은 아니나, 프랑스 민법상의 원인 개념이 구체화된 것으로 자주 언급되고 있는 규정은 프랑스 민법 제1170조이다.

제1170조 주된 채무의 본질적 내용을 상실시키는 계약 조항은 기재되지 않은 것으로 본다.

위 규정은 소위 크로노포스트 판결(arrêt de Chronopost)[9)]을 입법화한 것으로서 당해 사안은 다음과 같았다. 원고 X 회사(방쉬로-Banchereau-회사)는 운송회사인 피고 Y 회사(크로노포스트-Chronopost 회사)에게 파리에 있는 어느 기관에 서신을 전달해줄 것을 의뢰하였다. 운송 봉투에는 발송한 다음 날 오전에 도달하는 것으로 기재되어 있었는데, 실제로는 그 다음 날에 도달되었다. 이 서신에는 입찰에 응하는 의사가 기재되어 있었고, X 회사가 입찰에 참여하기 위해서는 반드시 약정한 날짜에 도달이 되었어야 했다. X 회사는 Y 회사에 항의하면서 입찰 기회를 상실함으로 인한 손해 전체에 대한 배상을 청구하였다. 그러나 Y 회사는 X 회사와 체결한 운송계약상의 책임제한조항을 원용하면서 이를 거부하고 운송 요금만 환불해줄 의무만 부담할 뿐이라고 항변하였다. 위 책임제한조항에는 "약정한 기간 내에 배달하기 위하여 노력할 의무를 부담하지만, 배달기간을 준수하지 못한 경우에는 손해가 증명되었더라도 운송 요금만 환불한다"는 내용이 기재되어 있었다.

8) Solène Rowan, *The New French Law of Contract,* Oxford University Press(2022), p.90.
9) Com. 22 oct. 1996, n°93-18.632.

이에 대하여 파기원은 다음과 같이 판시하였다.

> "…… Y 회사는 운송 서비스의 신뢰성과 신속성을 보장하는 전문회사로서 X 회사의 서신을 약정 기간 내에 배달할 것을 약정하였음에도 이를 이행하지 않았으므로, Y 회사는 자신의 본질적인 채무를 이행하지 않은 것이다. 따라서 이러한 책임제한 조항은 기재되지 않은 것으로 보아야 한다 ……"

위 규정과 관련하여 두 가지점을 언급할 필요가 있다.

첫째, 크로노포스트 판결은 손해배상책임 제한 조항에 대한 판시였으나, 프랑스 민법 제1170조는 위 판결의 취지를 확장하여 모든 계약 조항에 적용될 수 있도록 입법화하였다.[10)]

둘째, 이 규정은 계약에 있어서 본질적 채무인지 여부를 어떻게 결정할 것인지, 주된 채무의 본질적 내용을 상실시키려면 그 채무의 전부가 상실되어야 하는가 아니면 일부만 상실되어도 되는가 등에 대한 구체적 기준을 제시하지 못하고 있다. 이를 살펴보려면 다시 역사적인 맥락에서 기존의 프랑스 재판례들을 참조해보게 될 것인데, 이는 2016년 채권법 개정이 목표로 하였던, 프랑스법에 대한 접근가능성을 높이는 취지와는 모순적이라는 점을 지적하는 견해도 있다.[11)]

프랑스 민법에 있어서 원인이 담당했던 이와 같은 기능은 우리 판례상 전개되고 있는 예문해석론과 일맥상통한다고 볼 수 있다.[12)]

---

10) S. Rowan(주 8), p.141.

11) Philippe Stoffel-Munck, "The Revolution in Unfair Terms" *in* J. Cartwright and S. Whittaker, *The Code Napoléon Rewritten: French Contract Law after the 2016 Reforms,* Hart Publishing(2017), p.146-149.

12) 대법원 1992. 2. 11. 선고 91다21954 판결 "…… 처분문서의 기재 내용이 부동문자로 인쇄되어 있다면 인쇄된 예문에 지나지 아니하여 그 기재를 합의의 내용이라고 볼 수 없는 경우도 있으므로 처분문서라 하여 곧바로 당사자의 합의의 내용이라고 단정할 수는 없고 구체적 사안에 따라 당사자의 의사를 고려하여 그 계약 내용의 의미를 파악

2. 원인이 위법한 경우

(1) 채무의 원인이 위법한 대표적인 예는 다음의 두 가지이다. 첫째, A가 범죄행위를 하는 대가로 B로부터 보수를 받기로 약정한 경우이다. A의 채무의 목적은 범죄행위로서 위법하나, B의 채무인 보수 지급행위는 그 자체만으로는 위법하지 않다. 이때 B의 채무 자체는 위법하지 않더라도 반대 당사자인 A의 채무가 위법하기 때문에 B의 채무의 원인이 위법하게 되어 B의 채무도 효력이 없다. 둘째, A가 매춘업을 할 의도로 B의 건물을 임차하는 임대차계약을 체결하는 경우이다. 임차인 A의 차임지급채무 및 임대인 B의 건물인도의무 등은 그 자체로는 아무런 위법성이 없다. 다만, 당사자들이 채무를 부담하는 궁극적인 목적(매춘업)이 위법할 뿐이다. 이때에도 A와 B의 채무는 원인이 위법하여 효력이 없다.

(2) 우리 민법상의 상응 개념

앞의 첫 번째 유형의 경우, 우리 민법상으로도 A의 채무는 목적 자체가 반사회적질서 행위이므로 민법 제103조 위반으로서 무효이다. A의 채무가 무효라면, 쌍무계약으로서 대가관계가 있는 B의 보수대금 지급의무가 성립상의 견련성으로 인하여 무효이다. 두 번째 유형의 경우, 동기(動機)의 불법이라는 문제로 논의되고 있고, 우리 판례는 민법 제103조 위반의 문제로 다루고 있다.

여기서도 두 번째 내용과 관련하여 우리나라와 프랑스에서의 법리적 차이점을 짚고 넘어가야 할 점이 있다. 우리 판례는 동기의 불법을 이유로 법률행위를 무효로 하기 위해서는 동기가 상대방에게 표시되거나 상대방이 알고 있어야 할 것을 요구하고 있으나,[13] 프랑스 판례는 "당사자 일방이 계

하고 그것이 예문에 불과한 것 인지의 여부를 판단하여야 한다 ……"; 대법원 1997. 9. 26. 선고 97다22768 판결 등.

약 체결을 하게 된 중요한 동기가 위법하거나 부도덕하다는 점을 상대방이 인식하지 못하였더라도, 원인의 불법 혹은 부도덕을 이유로 당해 계약은 무효로 할 수 있다"[14]고 하여 우리 판례상의 논리와는 차이를 보이고 있다.

⑶ 프랑스 민법 규정

이러한 내용들은 2016년 프랑스 민법 개정으로 다음과 같이 규정되었다.

제1128조
계약이 유효하기 위해서는 다음의 요건을 갖추어야 한다.

1° 당사자들의 의사표시
2° 계약을 체결할 능력
3° 내용의 적법성 및 확정성

제1162조
계약은 그 약정 내용(stipulation)과 [계약을 체결한 당사자의][15] 의도(but)가 공공질서(ordre public)에 반해서는 안 되고, 이때 당사자들이 그 의도를 인식하였는지 여부는 불문한다.

---

13) 대법원 1994. 3. 11. 선고, 93다40522 판결 "…… 민법 제103조에 의하여 무효로 되는 반사회질서행위는 법률행위의 목적인 권리의무의 내용이 선량한 풍속 기타 사회질서에 위반되는 경우뿐만 아니라 그 내용 자체는 반사회질서적인 것이 아니라고 하여도 법률적으로 이를 강제하거나 법률행위에 반사회질서적인 조건 또는 금전적 대가가 결부됨으로써 반사회질서적 성질을 띠게 되는 경우 및 표시되거나 상대방에게 알려진 법률행위의 동기가 반사회질서적인 경우를 포함한다 ……"; 대법원 1999. 7. 23. 선고 96다21706 판결; 대법원 2000. 2. 11. 선고 99다56833 판결; 대법원 2001. 2. 9. 선고 99다38613 판결; 대법원 2005. 7. 28. 선고 2005다23858 판결 등.

14) Civ. 1re 7 oct. 1998, n°96-14.359.

15) [ ] 안의 어구는 프랑스 민법전 원문에는 없으나 독자들의 이해를 위해서 필자가 부가한 부분이다. 이하 동일하다.

위 규정들 역시 앞에서 살펴보았던 기존의 프랑스 민법상의 논의와 판례가 입법화된 것임을 알 수 있다. 참고로 우리 민법 제103조에 상응하는 규정은 프랑스 민법 제6조[16]에 존치되어 있다.

3. 원인 개념의 폐지 여부에 대한 논쟁

원인 개념은 프랑스 법제에서 유구한 역사를 지녀왔던 만큼, 프랑스 민법전에서의 삭제 여부에 대한 논쟁은 매우 뜨거웠다. 원인 개념 폐지에 대한 반대론과 찬성론의 내용은 대체로 다음과 같이 요약할 수 있다.[17]

반대론의 입장은 다음과 같다. 첫째, 원인 개념의 내용은 불분명하나 구체적인 상황에 따라 법관에 의해 유연하게 결론을 내릴 수 있는 유용한 도구였는데, 이 개념이 사라졌으므로 향후 법관이 채무를 유효하게 존속시킬 합리적 이유가 있는지에 대하여 음미해볼 수 있는 가능성이 배제되었다. 다시 말해서 법관의 판단 권한이 축소되었다. 둘째, 계약의 '내용'이라는 개념이 기존 프랑스 민법이 담당했던 원인 개념와 다른 새로운 개념이라고 볼 수 있는지 의문이다. 용어만 변경하는 것에 불과하다면 굳이 cause 용어를 삭제할 필요가 있는지 의문이다. 셋째, 특히 유럽에서는 이탈리아, 스페인, 벨기에, 룩셈부르크, 루마니아, 불가리아 등에서, 라틴 아메리카의 경우에는 콜롬비아, 칠레, 아르헨티나, 페루, 베네주엘라 등에서, 중동의 경우에는 리비아, 캐나다 퀘백(Quabec)주 그밖에 프랑스법의 영향을 받은 아프리카 국가들도 원인 개념을 프랑스로부터 받아들인 이후 그 용어를 그대로 유지하

---

16) **프랑스 민법 제6조** 누구도 개별 합의에 의하여 공공질서와 선량한 풍속과 관계있는 법률에 위반할 수 없다.

17) 자세한 내용은, 여하윤, "프랑스 민법상의 원인(cause)론을 정리(整理)하며 – 2016년 개정 프랑스 민법의 cause의 삭제에 대한 감회를 겸하여 -", 인권과 정의 제462호, 대한변호사협회(2016. 12.), 65면 이하 참조.

고 있다. 프랑스가 원인 개념을 전파해놓고 프랑스법계 국가들과 논의도 없이 이 용어를 삭제하는 것은 온당하지 않다.

그러나, 결국 2016년 채권법 개정으로 원인 개념은 프랑스 민법전에서 사라지게 되었다. 폐지 찬성론의 근거는 대체로 다음과 같다. 첫째, 원인 개념은 현실에서 다양하게 사용되었던 복합적인 개념으로서 프랑스 학자들도 프랑스 판례에 근거하여 이를 체계적으로 이론화하기 위하여 많은 노력을 기울여왔으나 결국 그 개념을 정의하기가 어려웠다.[18] 둘째, 원인 개념의 포괄적인 성질은 법적 불안정성을 야기하는 요인이 되었다. 셋째, 프랑스를 제외한 다른 많은 국가들의 법제에서는 원인 개념을 인지하지 않고 있고, 심지어는 역사적으로 프랑스 민법의 영향을 받은 국가에서조차도 이를 인식하지 못하는 경우도 있기 때문에[19] 원인 개념을 유지하게 되면 국제 거래에서 프랑스 민법에 대한 매력을 떨어뜨리게 된다.

서두에서 언급한 바와 같이, 우리 민법에는 존재하지 않는 프랑스 민법상의 '원인(cause)' 개념은 나를 포함하여 한국 민법학자들이 프랑스 민법을 공부함에 있어서 부딪치게 되는 큰 어려움 중의 하나였다. 프랑스가 원인 개념을 프랑스 민법전에서 제거하고 쉽게 풀어서 그 내용을 정리한 것은 프랑스 민법에 대한 접근을 매우 용이하게 해준 결단이라고 생각한다. 우리와 같이 구(舊) 프랑스 민법전에서와 같은 원인 개념이 존재하지 않는 독일 민법학자[20]뿐만 아니라, 프랑스 민법 계통을 이어 받은 스페인 민법학자[21]도

---

18) 프랑스 민법에서 원인이 담당하는 기능은 본문에 소개한 것 외에도 다른 내용들이 있다. 여기서 필자는 프랑스 민법 이해에 필요한 주요한 줄기를 정리하여 소개한 것이다.

19) S. Rowan(주 8), p.103.

20) Birke Häcker, "La Troisième Jeunesse du Code Civil: A German Lawyer Looks at the Reform of French Contract Law", in *The Code Napoléon Rewritten* ed. by John Cartwrignt & Simon Whittaker, Hart Publishing(2017), p.398.

21) Esther Arroyo Amalyuelas, "A Spanish Perspective on the General Theory of Contract", in *The Code Napoléon Rewritten* ed. by John Cartwrignt & Simon Whittaker, Hart Publishing(2017), p.380-381.

프랑스 민법 개정의 위와 같은 결단이 프랑스 민법에 대한 접근과 이해에 많은 도움이 되고 있음을 지적하면서 환영하고 있는 견해들이 유력하다.

In this chapter, I introduce the concept of *cause* in French civil law, the intense debates in France over whether this concept should be retained, and the process by which the term *cause* was removed from the French Civil Code in the 2016 reform of the law of obligations. Since Korean civil law does not recognize *cause* as it was developed in French legal scholarship, it has been challenging for Korean legal scholars, including myself, to grasp the French system fully. Even within France, there remains considerable debate over whether removing *cause* from the Civil Code was justified.

What is clear, however, is that this change has at least made French civil law more accessible to Korean legal scholars. That said, the functions previously served by *cause* still exist under different terms in the post-reform French Civil Code. Moreover, the term continues to appear frequently in French legal literature. As such, it was impossible to ignore. For the benefit of Korean legal scholars, I explain the functions formerly fulfilled by *cause* in French law and compare them with their Korean counterparts.

3. 일반조항주의

General Clause

1. 들어가며

우리 민법은 총칙·각칙의 구조를 채택함으로써 독일 민법의 판덱텐 체계(Pandekten System)를 취하고 있다. 과거 우리나라 민법학자들이 독일에서 공부하거나 독일 민법을 연구하는 경우가 훨씬 많았던 것은 이와 무관하지 않다고 생각한다. 그러나 우리 민법을 자세히 들여다보면 독일 민법과는 다른 내용들이 많다는 것을 알 수 있다. 예를 들어, 채권자대위권(민법 제404조)은 독일 민법에는 존재하지 않고 프랑스 민법에 있는 제도이고, 채권자취소권(민법 제406조)은 규정 형식상 독일보다는 프랑스 민법상의 사해소권(詐害訴權)의 모습에 훨씬 가깝다. 사용자책임(민법 제756조) 규정과 그 활용의 모습은 독일 규정보다는 프랑스 규정과 그 활용례와 훨씬 유사한 모습을 보이고 있다. 이러한 제도들이 우리나라에서 실무상 빈번하게 활용되고 있는 것들임을 고려해본다면, 우리가 접하고 있는 많은 법제도들이 생각 이상으로 프랑스 민법에 뿌리를 두고 있는 것임을 알 수 있다.

민사법 원리의 큰 축을 이루고 있는 손해배상책임 규정의 형식에 있어서, 우리 민법이 채무불이행으로 인한 손해배상책임(민법 제390조)과 불법행위로 인한 손해배상책임(제750조) 모두 그 유형을 구분하지 않고 일반적이고 포괄적인 형식을 취하고 있다. 이러한 일반조항주의의 뿌리도 프랑스 민법에서 연유한 것이다.

2. 채무불이행으로 인한 손해배상책임

(1) 입법 연혁

우리 민법 제390조와 유사한 모습을 보이고 있는 조항은 스위스 채무법 제97조 제1항과 2017년 개정 전 일본 민법 제415조이다.

스위스 채무법 제97조 ① 채무의 이행이 전혀 행하여질 수 없거나 적절하게 행하여질 수 없는 때에는, 채무자가 그에게 아무런 귀책사유가 없음을 증명하지 아니하는 한, 그로부터 발생한 손해를 발생하여야 한다.
구 일본 민법 제415조 채무자가 그 채무의 본지에 좇은 이행을 하지 아니한 때에는 채권자는 그 손해배상을 청구할 수 있다. 단, 그 불이행이 귀책될 수 없는 때에는 그러하지 아니하다.
우리 민법 제390조 채무자가 채무의 내용에 좇은 이행을 하지 아니한 때에는 채권자는 손해배상을 청구할 수 있다. 그러나 채무자의 고의나 과실 없이 이행할 수 없게 된 때에는 그러하지 아니하다.
현행 일본 민법 제415조 ① 채무자가 그 채무의 본지에 따른 이행을 하지 아니하는 때 또는 채무의 이행이 불가능한 때에는 채권자는 이로 인하여 발생한 손해의 배상을 청구할 수 있다. 다만, 그 채무불이행이 계약 기타 채무의 발생원인 및 거래상 사회통념에 비추어 채무자의 책임질 수 없는 사유에 의한 것인 때에는 그러하지 아니하다.

(2) 프랑스 민법

제1231-1조
채무자가 채무를 이행하지 않거나 이행을 지체한 경우, 그 불이행이 불가항력(force majeure)으로 인하여 이행하지 못한 것임을 증명하지 못하면 그로 인한 손해를 배상하여야 한다.

제1218조
① 채무자의 통제를 벗어나 계약 체결 당시에 합리적으로 예측할 수 없었거나 적절한 조치를 취함으로써 그 결과를 회피할 수 없었던 일이 발생하여 채무자가 채무를 이행할 수 없었던 경우, 계약에 있어서 불가항력(force majeure)이 있다.

프랑스 민법 제1231-1조는 우리 민법 제390조에 상응하는 조항이다. 프랑스 민법이 우리 민법과 달리 채무자의 귀책사유를 언급하지 않고 있고 불가항력의 경우에만 면책이 되는 결과책임적 구조를 취하고 있는 점에서 구조상 큰 차이가 있다(제1218조는 불가항력에 대한 정의 규정이다). 그러나 우리 민법 제390조와 같이 채무의 유형을 구분하지 않고 포괄적인 규정 형식을 취하고 있음을 알 수 있다.

(3) 독일 민법

독일은 애초에 민법전에서 불능·지체의 이분체계로 채무불이행을 규정하였다가 민법전 시행 직후에 주장된 바의 이른바 '적극적 계약침해' 법리를 학설 및 판례가 수용함으로써 채무불이행의 3분체계(이행불능, 이행지체, 불완전이행)를 수립하여 오랫동안 유지하였다. 그러나 독일도 2002년 민법 대개정을 통하여 채무불이행에 대하여 다음과 같이 일반조항주의 내지 포괄규정주의로 전환하였다.[1]

---

1) 梁彰洙, "獨自的인 債務不履行類型으로서의 履行拒絶 再論- 判例의 形成 및 法律效果를

독일 민법 제275조 [給付義務의 排除]

① 급부가 채무자 또는 모든 사람에게 불능인 경우에는 그 급부에 대한 청구권은 배제된다.

② 급부가 채권관계의 내용과 신의성실의 요청에 비추어 채권자의 급부이익에 대하여 현저한 불균형을 이루는 비용지출을 요구하는 경우에는 채무자는 급부를 거절할 수 있다. 채무자에게 기대될 수 있는 노력을 정함에 있어서는 채무자가 그 급부장애에 대하여 책임 있는지 여부도 고려되어야 한다.

③ 채무자가 급부를 스스로 실행하여야 하는 경우에, 그의 급부를 어렵게 하는 장애사유를 채권자의 급부이익에 대하여 형량하면 채무자에게 그 급부를 기대할 수 없는 때에도 그는 급부를 거절할 수 있다.

④ 채권자의 권리는 제280조, 제283조 내지 제285조, 제311조의 a 및 제326조에 의하여 정하여진다.

독일 민법 제276조 [債務者의 有責性]

① 보다 엄격한 또는 보다 완화된 책임에 대하여 정함이 없고, 또한 그러한 책임이 채권관계의 다른 내용, 특히 보장이나 조달위험의 인수로부터 인정되지도 아니하는 경우에는, 채무자는 고의와 과실에 대하여 책임이 있다. 제827조 및 제828조는 이에 준용된다.

② 사회생활상 요구되는 주의를 게을리한 사람은 과실로 행위하는 것이다.

③ 채무자의 고의로 인한 책임은 미리 면제될 수 없다.

독일 민법 제280조 [義務違反으로 인한 損害賠償]

① 채무자가 채권관계상의 의무를 위반하는 경우에는 채권자는 그로 인하여 발생한 손해의 배상을 청구할 수 있다. 채무자가 그 의무위반에 대하여 책임 없는 경우에는 그러하지 아니하다.

② 채권자는 제286조에서 정하는 추가적 요건을 충족하는 경우에만 급부의 지연으로 인한 손해배상을 청구할 수 있다.

③ 채권자는 제281조, 제282조 또는 제283조에서 정하는 추가적 요건을 충족하는

중심으로", 법조(제64권 제1호, 통권 제700호), 법조협회(2015. 1.), 7면; 이하 이 책에서 인용하는 독일 민법전의 내용은 梁彰洙 譯, 2024년판 독일민법전, 박영사(2024)를 참조하였다.

경우에만 급부에 갈음하는 손해배상을 청구할 수 있다.

독일 민법 제281조 [給付의 不履行 또는 債務에 좇지 아니한 履行으로 인한 塡補賠償]

① 채무자가 이행기가 도래한 급부를 실행하지 아니하거나 채무에 좇아 실행하지 아니한 경우에, 채권자가 채무자에 대하여 급부 또는 추완을 위하여 상당한 기간을 정하였으나 그 기간이 도과된 때에는, 그는 제280조 제1항에서 정하는 요건 아래서 급부에 갈음하는 손해배상을 청구할 수 있다. 채무자가 일부급부를 실현한 경우에는, 채권자는 일부급부에 대하여 이익이 없는 때에만 급부 전부에 갈음하는 손해배상을 청구할 수 있다. 채무자가 채무에 좇지 아니한 급부를 실현한 경우에, 그 의무위반이 경미한 때에는, 채권자는 급부 전부에 갈음하는 손해배상을 청구할 수 없다.

② 채무자가 급부를 진지하게 종국적으로 거절한 때 또는 쌍방의 이익을 형량하면 손해배상청구권의 즉시의 행사를 정당화하는 특별한 사정이 있는 때에는 기간설정은 요구되지 아니한다.

③ 의무위반의 성질에 비추어 기간설정이 상정될 수 없는 경우에는, 기간설정 대신 계고(戒告)로써 족하다.

④ 채권자가 급부에 갈음하여 손해배상을 청구하면 바로 급부청구권은 배제된다.

⑤ 채권자가 급부 전부에 갈음하는 손해배상을 청구한 경우에 채무자는 급부한 것을 제346조 내지 제348조에 따라 반환청구할 권리를 가진다.

독일 민법 제283조 [給付義務의 排除와 塡補賠償]

채무자가 제275조 제1항 내지 제3항에 의하여 급부를 실행할 필요가 없는 경우에는 채권자는 제280조 제1항에서 정하는 요건 아래서 급부에 갈음하는 손해배상을 청구할 수 있다. 제281조 제1항 제2문, 제3문 및 제5항은 이에 준용된다.

독일 민법이 2002년 개정을 통하여 일반조항주의로 전환을 하였다고는 하지만(독일 민법 제280조), 스위스채무법, 일본 민법, 우리 민법 등과 비교하면 여러 개의 조항들이 장문으로 나열되어 있음을 알 수 있다. 그리고 독일 민법의 채무불이행 규정은 다른 나라에 비하여 다음과 같은 특징이 있다고 지적되고 있다.[2)]

첫째, 독일민법전은 채무불이행 또는 계약위반과 같은 하나의 통일적인 개념을 규정하지 않는다. 그것은 채무의 원만한 이행이 일어나지 않도록 하는 원인 또는 그 불이행의 유형적 모습으로서 불능과 지체의 둘만을 정하고 있다. 둘째, 급부불능이 압도적으로 중요한 지위를 차지하고 있다. 채무자지체에 대한 규정은 그 위치상으로나 내용상으로 급부불능에 대하여 부차적인 지위밖에 차지하지 못하고 있다. 셋째, 독일 민법은 채무불이행책임의 주관적 요건으로서의 귀책사유를 명문으로 요구한다.

(4) 프랑스 민법이 채무불이행으로 인한 손해배상책임 규정에 관하여 일반조항주의를 취하고 있다는 점은 독일 민법 규정들과 비교해보면 분명하게 드러난다. 그리고, 우리 민법 제390조의 입법태도는 독일 민법보다는 프랑스 민법의 모습에 가깝고, 비교법적으로도 긍정적으로 평가되고 있다[3)]

3. 불법행위로 인한 손해배상책임

(1) 입법 연혁

우리 민법 제750조와 유사한 모습을 보이고 있는 조항은 스위스 채무법 제41조와 일본 민법 제709조이다.

> **스위스 채무법 제41조**
> ① 고의 또는 과실로 위법하게 타인에게 손실 또는 손해를 가한 자는 배상할 책임

---

2) 民法注解[IX] 債權(2), 198-203면(梁彰洙 집필부분). 해당 내용은 2002년 독일 민법 개정 전의 독일 민법 규정에 대한 지적으로 보이나, 이러한 지적들은 현행 독일 민법전에 대한 특징으로도 여전히 지적될 수 있다고 생각한다.

3) 民法注解[IX] 債權(2), 210-211면(梁彰洙 집필부분); 梁彰洙(주 1), 7면.

이 있다. ② 고의로 비도덕적인 방법으로 타인에게 손실 또는 손해를 가한 자는 마찬가지로 배상할 책임이 있다.
일본 민법 제709조 고의 또는 과실로 법률상 보호받는 타인의 권리 또는 이익을 침해한 자는 그 행위로 인하여 발생한 손해에 대하여 배상할 책임이 있다.
우리 민법 제750조 고의 또는 과실로 인한 위법행위로 타인에게 손해를 가한 자는 그 손해를 배상할 책임이 있다.

(2) 프랑스 민법

프랑스 민법은 일반 불법행위책임에 대하여 다음과 같이 규정하고 있다.

제1240조 자신의 과책(過責, faute)에 기한 행위로 타인에게 손해를 발생시킨 사람은 이를 배상하여야 한다. **제1241조** 누구나 자신의 행위로 발생한 손해뿐만 아니라 자신의 태만(négligence) 또는 부주의(imprudence)로 인하여 발생한 손해에 대하여도 배상할 책임이 있다.

① 여기서 과책이란 우리 민법상의 고의, 위법성을 포괄하는 의미로 이해된다. 프랑스에서의 일반 불법행위 요건은 i) 가해자의 과책, ii) 손해의 발생, iii) 과책과 손해 간의 인과관계 등 우리나라보다 요건을 단순화하여 설명이 전개되고 있다. faute라는 개념은 일견(一見) 우리 민법 제750조의 모습과 상이한 것 같지만, 구체적인 분쟁이 발생하였을 때 가해자의 손해배상

책임을 인정하기 위한 사실 인정과 해결 방식 전체를 놓고 보면 반드시 그렇지만은 않다. 민법은 형법과 달리 특별한 경우가 아닌 한 고의와 과실을 구분하지 않는다는 점, 형법에서처럼 위법성이나 책임능력을 문제삼는 경우가 현저하게 적다는 점 (따라서 형법에서처럼 위법성조각사유나 책임능력에 관한 논의가 많지 않다) 등을 생각해보면, 프랑스 민법이 고의, 위법성 개념을 faute로 통괄하여 규정하고 있는 것을 이해할 수 있다.

② 책임능력에 대해서는 프랑스 민법 제414-3조가 '정신적 장애 상태에서 타인에게 손해를 가한 사람도 이를 배상할 책임이 있다'고 규정하여 원칙적으로 가해자의 책임능력 유무를 문제삼지 않고 있다. 프랑스 민법의 이러한 태도는 정신적 장애가 있는 사람, 특히 영유아 어린이들의 책임이 문제될 경우 이들을 더 보호하고자 하는 다른 유럽 대륙법계 국가들과는 매우 대비되는 태도라고 할 수 있다.[4)]

(3) 독일 민법

독일 민법은 일반 불법행위에 관하여 다음과 같이 규정하고 있다.

---

4) Eva Steiner, *French Law – A Comparative Approach 2nd ed.*, Oxford University Press(2018), p.258. 다음의 규정들을 참조.

스위스 채무법 제54조 (책임능력이 결여된 사람의 손해배상책임)

① 형평에 의하여, 책임능력이 없는 사람이 발생시킨 손실 또는 손해에 대하여 법원은 또한 그 전부 또는 일부의 배상을 명할 수 있다.

② 일시적으로 책임능력을 상실한 사람은, 그와 같은 상태에서 발생시킨 손실 또는 손해에 대하여 그 상태가 자기의 과책으로 인한 것이 아님을 증명하지 아니하면 배상책임이 있다.

이탈리아 민법 제2046조 (책임무능력자의 손해배상책임)

행위 당시에 책임능력이 없었던 사람은, 그와 같은 무능력 상태가 자기의 부주의로 인하여 발생한 것이 아닌 한 손해배상책임이 없다.

독일 민법 제823조 [損害賠償義務]

① 고의 또는 과실로 타인의 생명, 신체, 건강, 자유, 소유권 또는 기타의 권리를 위법하게 침해한 사람은, 그 타인에 대하여 이로 인하여 발생하는 손해를 배상할 의무를 진다.

② 타인의 보호를 목적으로 하는 법률에 위반한 사람도 동일한 의무를 진다. 그 법률에 과책 없이도 그에 위반하는 것이 가능한 것으로 정하여진 때에는, 과책 있는 경우에만 배상의무가 발생한다.

독일 민법 제824조 [信用危殆]

① 타인의 신용을 위태롭게 하거나 타인의 생계 또는 경제적 가능성에 대하여 기타의 불이익을 야기하기에 알맞은 사실을 진실에 반하여 주장하거나 유포한 사람은, 그가 진실에 반함을 알지 못하였더라도 이를 알아야 했던 때에는, 그 타인에 대하여 이로 인하여 발생하는 손해를 배상하여야 한다.

② 통지자가 그것이 진실에 반함을 알지 못하고 통지를 한 경우에, 통지자 또는 통지수령자가 통지에 대하여 정당한 이익을 가지는 때에는, 통지자는 이로 인하여 손해배상의 의무를 지지 아니한다.

독일 민법 제825조 [性的 行爲의 强要]

위계, 강박 또는 종속관계의 남용에 의하여 타인으로 하여금 성적 행위를 실행하거나 인용(忍容)할 의사를 가지도록 만든 사람은 그 타인에게 그로 인하여 발생한 손해를 배상할 의무를 진다.

독일 민법 제826조 [良俗違反의 故意的 加害]

선량한 풍속에 위반하여 타인에게 고의로 손해를 가한 사람은 그 타인에게 손해를 배상할 의무를 진다.

(4) 불법행위책임에 관하여 독일 민법도 일반 조항을 마련하고는 있으나, 독일 민법 제823조에서 보는 바와 같이 손해배상을 발생시킬 수 있는 보호법익과 침해되는 권리를 한정적으로 열거하는 형식을 취하고 있다. 이에 비하여 프랑스 민법은 매우 일반적이고 포괄적인 규정을 두고 있다. 프랑스는 입법기술상 일반 규정을 두는 것을 특징으로 할 뿐만 아니라, 일반규정의

포괄성이 다른 나라보다도 큰 것이 특징이다. 대륙법계 국가 중에서도 매우 드문 예를 이루고 있다는 평가를 받고 있는 부분이기도 하다.[5] 일본 민법 제709조는 독일 민법보다는 프랑스 민법의 입법 태도에 가깝다고 평가되고 있으며,[6] 우리 민법 제750조 역시 다르지 않다.

4. 계약의 해제

(1) 입법 연혁

채무불이행으로 인한 계약의 해제와 관련하여서, 우리 민법은 채무불이행 책임 규정이나 불법행위책임 규정이 일반조항주의를 취한 것과 달리 채무불이행의 유형에 따라 달리 규정하고 있다. 이러한 입법 태도는 2002년 개정 전 독일 민법과 2017년 개정 전 일본 민법의 태도를 이어받은 것으로 보인다.[7]

구 독일민법 제325조
쌍무계약 당사자 일방이 부담한 급부가 자기의 책임에 돌아갈 사유에 의하여 불능케 된 때는 상대방은 불이행으로 인한 손해배상을 청구 또는 계약을 해제할 수 있다. 일부불능에 있어서는 타의 일부의 이행이 상대방의 이익이 되지 않을 때는 제280조 제3항의 규정에 따라 전부불이행으로 인한 손해배상을 청구 또는 계약의 전부를 해제할 수 있다. 그리고 손해배상의 청구권 또는 해제권을 행사하지 않고 제323조의 경우에 관하여 정한 권리를 주장할 수 있다. 제283조의 경우에 있어서 기간의 경과 전에 급부를 하지 않든가 또는 이 시기에 일부의 급부를 하지 않을 때에도 역시 같다.

5) Eva Steiner(주 4), p.251.
6) Hiroshi Oda, *Japanese Law 4th ed.*, Oxford University Press(2021), p.191.
7) 양창수 편, 민법전 제정자료 집성 - 총칙·물권·채권, 박영사(2023), 798면 이하 참조.

구 독일민법 제326조
쌍무계약 당사자의 일방이 부담하는 급부에 관하여 지체에 있을 때는 상대방은 상당한 기간을 정하여 이 기간 경과 후는 급부의 수취를 거절할 취지를 통지할 수 있다. 이 기간의 경과 후에 정당한 기대에 있어서 급부 없을 때는 불이행으로 인한 손해를 청구 또는 계약을 해제할 수 있다. 이 경우에 있어 이행의 청구를 할 수 없다. 그리고 기간 경과 전에 일부의 이행이 없을 때는 전조 제1항 제2단의 규정을 준용한다. 계약의 이행이 지체로 인하여 상대방의 이익이 되지 않을 때는 상대방도 기간을 지정할 것 없이 전항의 권리를 갖는다.

구 독일민법 제361조
쌍무계약 당사자의 일방이 확정된 시기 또는 확정된 기간 내에 급부할 것을 약속한 경우에 있어 의심스러울 때는 상대방은 그 확정된 시기 또는 확정된 기간 내에 급부 없을 때에는 계약을 해제할 수 있다.

구 일본 민법 제541조 [이행지체 등과 해제권]
당사자 일방이 그 채무를 이행하지 아니하는 때에는 상대방은 상당한 기간을 정하여 그 이행을 최고하고 그 기간 내에 이행하지 아니하는 때에는 계약을 해제할 수 있다.

구 일본 민법 제542조 [정기행위의 이행지체와 해제권]
계약의 성질 또는 당사자의 의사표시에 의하여 일정한 시일 또는 일정한 기간 내에 이행하지 아니하면 계약의 목적을 달성할 수 없을 경우에 당사자 일방이 그 시기에 이행하지 아니한 때에는 상대방은 전조의 최고를 하지 아니하고 계약을 해제할 수 있다.

구 일본민법 제543조 [이행불능과 해제권]
채무의 전부 또는 일부가 불능하게 된 때에는 채권자는 계약을 해제할 수 있다. 그러나, 그 불능이 채무자의 책임질 수 없는 사유에 의한 것인 때에는 그러하지 아니하다.

우리 민법 제544조 [이행지체와 해제]
당사자 일방이 그 채무를 이행하지 아니하는 때에는 상대방은 상당한 기간을 정하여 그 이행을 최고하고 그 기간 내에 이행하지 아니하는 때에는 계약을 해제할 수 있다. 그러나 채무자가 미리 이행하지 아니할 의사를 표시한 경우에는 최고를 요하지 아니한다.

우리 민법 제545조 [정기행위와 해제]
계약의 성질 또는 당사자의 의사표시에 의하여 일정한 시일 또는 일정한 기간 내에 이행하지 아니하면 계약의 목적을 달성할 수 없을 경우에 당사자 일방이 그 시기에 이행하지 아니한 때에는 상대방은 전조의 최고를 하지 아니하고 계약을 해제할 수 있다.

우리 민법 제546조 [이행불능과 해제]
채무자의 책임있는 사유로 이행이 불능하게 된 때에는 채권자는 계약을 해제할 수 있다.

(2) 프랑스 민법

구 독일 민법, 구 일본 민법과 달리, 프랑스 민법은 채무불이행을 원인으로 하는 계약 해제에 대하여도 일반조항주의를 취하고 있었다.

구 프랑스 민법 제1184조
③ 해제는 법원에 청구하여야 하고, 경우에 상대방에게 기한이 부여될 수 있다.

현행 프랑스 민법 제1224조
해제는, 자동해제조항, 중대한 채무불이행의 경우에는 채권자의 채무자에 대한 [해제]통지, 법원의 재판 등에 의하여 이루어진다.

프랑스 민법이 계약 해제의 요건에 관하여 채무불이행의 유형을 나누어 규정하는 형식을 취하지 않는 것은 과거나 지금이나 변함이 없다. 다만, 계약 해제를 하는 형식에 대해서만 개정이 이루어졌을 뿐이다. 과거에는 문언상 재판상 해제만 허용하다가, 2016년 채권법 개정 이후 자동해제조항, 해제권의 행사, 재판상 해제 등의 세 가지로 그 형식을 넓게 인정하는 것으로 개정이 이루어졌다(뒤의 8. 계약의 해제 참조).

(3) 일반조항주의로의 전환

우리 민법 제544조 내지 제546조와 그 모습에 있어서 궤를 같이하던 독일 민법과 일본 민법도 2000년대 이후 민법 개정을 통하여 다음과 같이 일반조항주의로 전환하였다.

독일 민법 제323조 [給付의 不履行 또는 契約에 좇지 아니한 履行으로 인한 解除]

① 쌍무계약에서 채무자가 이행기가 도래한 급부를 실행하지 아니하거나 계약에 좇아 실행하지 아니한 경우에, 채권자는 채무자에 대하여 급부 또는 추완을 위하여 상당한 기간을 정하였으나 그 기간이 도과된 때에는 계약을 해제할 수 있다.

② 다음의 경우에는 기간 설정이 요구되지 아니한다.

1. 채무자가 급부를 진지하게 종국적으로 거절한 때
2. 채무자가 급부를 계약에서 정하여진 기일에 또는 계약에서 정하여진 기간 안에 실현하는 것이 채권자가 계약 전에 채무자에게 통지한 바에 비추어 또는 계약 체결에 수반하는 제반 사정에 비추어 채권자에게 필수적임에도 채무자가 이를 하지 아니한 때, 또는
3. 계약에 좇지 아니한 급부가 행하여진 경우에는 당사자 쌍방의 이해를 형량할 때 즉시의 해제를 정당화하는 특별한 사정이 있는 때

③ 계약위반의 성질에 비추어 기간 설정이 상정될 수 없는 경우에는, 기간 설정 대신에 계고(戒告)로써 족하다.

④ 해제의 요건이 충족됨이 명백한 경우에는 채권자는 급부의 이행기가 도래하기 전이라도 계약을 해제할 수 있다.

⑤ 채무자가 일부급부를 실현한 경우에, 채권자는 일부급부에 대하여 이익이 없는 때에만 계약 전부를 해제할 수 있다. 채무자가 계약에 좇지 아니한 급부를 실현한 경우에 그 의무위반이 경미한 때에는 채권자는 계약을 해제할 수 없다.

⑥ 채권자에게 해제권을 발생시켰을 사유에 대하여 그만이 또는 주로 그가 유책한 경우 또는 그 사유가 채권자가 수령지체에 빠져 있는 동안 채무자에게 책임 없이 발생한 경우에는 해제는 배제된다.

일본 민법 제541조 [최고와 해제]

채무자가 채무를 이행하지 아니하는 때에는 채권자는 상당한 기간을 정하여 그 이행을 최고하고 그 기간 내에 이행하지 아니한 때에는 상대방은 계약을 해제할 수 있다. 그러나 그 기간 경과 이후의 불이행이 당해 계약이나 거래의 사회통념에 비추어 경미한 경우에는 그러하지 아니한다.

일본 민법 제542조 [최고를 요하지 않는 해제]

① 다음의 경우에는 채권자는 전조의 최고를 하지 않고 즉시 계약을 해제할 수 있다.

1. 채무자의 채무 전부 이행이 불가능한 경우
2. 채무자가 채무 전부 이행거절의 의사를 명백하게 표시하는 경우
3. 채무의 일부 이행이 불가능하거나 채무자가 채무 일부 이행거절의 의사를 명백하게 표시하고, 채무의 잔존 부분의 이행만으로는 계약의 목적을 달성할 수 없는 경우
4. 계약의 성질 또는 당사자들의 의사표시에 의하여 일정한 시일 또는 기간 내에 이행하지 않으면 계약의 목적을 달성할 수 없는 때에 채무자가 그 시일 또는 그 기간의 경과 전에 이행하지 않는 경우
5. 그밖에 채권자가 전항의 최고를 하였음에도 불구하고 채무자가 채무를 이행하지 않고 채무자가 계약의 목적 달성에 필요한 범위의 채무를 이행할 가능성이 없음이 명백한 경우

② 다음의 경우에는 채권자는 전조의 최고를 하지 않고 즉시 계약의 일부를 해제할 수 있다.

1. 채무의 일부 이행이 불가능한 경우
2. 채무자가 채무 일부 이행거절의 의사를 명백하게 표시한 경우

일본 민법 제543조 [채권자에게 책임 있는 사유로 인한 채무불이행]

채무불이행이 채권자의 책임 있는 사유에 의한 경우, 채권자는 전2조의 규정에 따른 해제를 할 수 없다.

그리고, 2025년 2월 7일에 입법예고된 우리 민법 개정안도 계약 해제에 관하여 일반조항주의를 채택하고 있다.[8)]

第544조(계약불이행과 해제) ① 채무자가 채무의 내용에 좇은 이행을 하지 아니한 때에는 채권자는 상당한 기간을 정하여 그 이행을 최고하고 그 기간 내에 이행하지 아니한 때에는 계약을 해제할 수 있다. 다만, 불이행이 경미하여 계약의 목적을 달성할 수 있는 경우에는 그러하지 아니하다. ② 다음 각 호의 경우에는 제1항의 최고를 요하지 아니한다. 1. 채무를 이행할 수 없는 경우 2. 제1항의 최고에도 불구하고 기간 내에 이행되지 아니할 것이 명백한 경우 3. 채무자가 미리 이행을 거절하는 경우 4. 일정한 시일 또는 기간 내에 이행하지 아니하면 그 목적을 달성할 수 없는 계약에서 채무자가 그 시기에 이행하지 아니하거나 그밖에 지체 후의 이행이 채권자에게 이익이 없는 경우 ③ 제2항 제1호부터 제3호까지의 경우 채권자는 이행기가 도래하기 전이라도 계약을 해제할 수 있다.

5. 계약체결상의 과실책임 관련

(1) 계약체결상의 과실책임이라 함은 계약의 성립과정에 있어서 당사자 한쪽이 그에게 책임 있는 사유로 상대방에게 손해를 준 때에 그가 부담하여야 할 배상책임을 의미한다. 그러나 우리 민법 제535조가 '계약체결상의 과실'이라는 제목하에 규정하고 있는 내용('목적이 불능한 계약을 체결할 때')

8) 개정안은 계약불이행 일반을 이유로 하여 법정해제권이 발생하는 사유를 규정한다. https://www.moleg.go.kr/lawinfo/makingInfo.mo?mid=a10104010000&lawSeq=81672&lawCd=0&lawType=TYPE5&pageCnt=10&currentPage=1&keyField=lmNm&keyWord=%EB%AF%BC%EB%B2%95&stYdFmt=&edYdFmt=&lsClsCd=&cptOfiOrgCd=

은 이보다는 훨씬 협소하다. 우리 민법 제535조가 규율하지 않는 계약체결상의 과실책임, 예를 들어 어느 일방이 교섭단계에서 계약이 확실하게 체결되리라는 정당한 기대 내지 신뢰를 부여하여 상대방이 그 신뢰에 따라 행동하였음에도 상당한 이유 없이 계약의 체결을 거부하여 손해를 입었다면, 손해를 입은 당사자는 무엇에 근거하여 상대방 당사자에게 손해배상을 청구할 수 있을 것인가에 대하여 과거 민법 제535조의 확대 적용을 주장하는 견해도 있었으나,[9] 현재 이러한 입장을 지지하는 견해는 보이지 않는다.

(2) 「규정상의 계약체결상의 과실」을 넘어서 인정되는 독일의 「일반적인 계약체결상의 과실」은 기본적으로 사회의 구조적 변화에 따라 발생하는 피해자의 보호에 대한 실제적 필요성과 이에 부응하지 못하는 독일 법률규정의 불충분성·미비성이 복합적으로 발전되어 온 제도이다. 특히 이는 독일 불법행위법의 불충분성에서 출발했다.[10] 그런데, 우리 민법 제535조에 직접 영향을 주었던 독일 민법 규정도 이미 삭제된 지 오래이다.

(3) 우리 민법 제750조는 그 뿌리를 거슬러 올라가면 프랑스 민법에 기반한 일반조항주의를 취하고 있다. 이러한 구조 속에서는 독일에서의 계약체결상의 과실이론이 별도로 필요하지 않다. 우리 판례도 이미 불법행위에 근거하여 배상을 청구할 수 있다는 입장을 취하여 왔고,[11] 현재 입법예고된

---

9) 郭潤直, 債權各論 新訂修正版, 博英社(2001), 64-65면.

10) 民法注解[XIII] 債權(5), 287-288면(崔興燮 집필부분).

11) 대법원 2003. 4. 11. 선고 2001다53059 판결 "…… 어느 일방이 교섭단계에서 계약이 확실하게 체결되리라는 정당한 기대 내지 신뢰를 부여하여 상대방이 그 신뢰에 따라 행동하였음에도 상당한 이유 없이 계약의 체결을 거부하여 손해를 입혔다면 이는 신의성실의 원칙에 비추어 볼 때 계약자유원칙의 한계를 넘는 위법한 행위로서 불법행위를 구성한다 ……"; 대법원 2001. 6. 15. 선고 99다40418 판결; 대법원 2004. 5. 28. 선고 2002다32301 판결; 대법원 2013. 6. 13. 선고 2010다65757 판결 등.

2024 계약법 개정안에도 민법 제535조는 전혀 다른 내용으로 마련되어 있다[12]. 프랑스 역시 계약체결 과정에서 일방 당사자가 상대방에게 발생한 손해는 프랑스 민법 제1240조에 기하여 배상이 가능하다는 입장이다.[13]

(4) 참고로 프랑스는 계약체결상의 과실책임에 대해서 1804년 나폴레옹 민법에서 규정한 바 없었으나 프랑스 판례에 의하여 법리가 발전되어 오고 있었고, 2016년 프랑스 채권법 개정으로 다음과 같이 기존 판례의 법리를 명문화하였다.[14]

> **제1112조**
> ① 계약 [체결] 전 협상의 개시, 진행, 파기 등은 자유롭게 할 수 있다. 이는 신의성실의 요구를 반드시 충족해야 한다.
> ② 협상에서 과책이 범해질 경우, 이로 인한 손해배상은 체결되지 못한 계약에서 기대된 이익의 손실이나 이로부터 취득할 수 있는 이익에 대한 기회의 상실에 대한 보상을 목적으로 하지 않는다.

제1112조 제2항의 내용은 우리 판례의 입장과 유사하다.[15] 손해배상의

---

12) **민법 개정안 제535조(계약체결시의 불능)** 계약을 체결할 때에 이미 그 채무를 이행할 수 없었다는 사정은 계약의 효력에 영향을 미치지 아니한다.

13) Solène Rowan, *The New French Law of Contract,* Oxford University Press(2022), p.62; Juris-Classeur Civil Code Art. 1240 à 1245-17 Fasc. 176-10 Droit à réparation – Rapports entre responsabilités délictuelle et contractuelle par Michel Espagnon (4 juin 2021), n°9 et n°38.

14) S. Rowan(주 13), p.60.

15) 대법원 2003. 4. 11. 선고 2001다53059 판결 "…… 계약교섭의 부당한 중도파기가 불법행위를 구성하는 경우 그러한 불법행위로 인한 손해는 일방이 신의에 반하여 상당한 이유 없이 계약교섭을 파기함으로써 계약체결을 신뢰한 상대방이 입게 된 상당인과관계 있는 손해로서 계약이 유효하게 체결된다고 믿었던 것에 의하여 입었던 손해 즉 신뢰손해에 한정된다고 할 것이고, 이러한 신뢰손해란 예컨대, 그 계약의 성립을 기대

범위를 신뢰이익에 한정하는 이유는 다음과 같이 설명되고 있다. 만약 법원이 기대이익에 대하여 모두 배상을 받을 수 있도록 허용한다면 계약 체결 여부는 자유롭게 결정할 수 있는 것으로서 당사자는 협상으로부터 탈퇴할 수 있는 것이 원칙이라는 점이 형해화될 수 있고, 불법행위의 피해자가 계약이 유효하게 체결되었던 것과 동일한 지위에 있도록 한다는 것은 타당하지 않기 때문이다.[16)]

6. 일반조항주의의 의미

프랑스 민법이 채무불이행책임과 불법행위책임, 그리고 계약 해제에 이르기까지 일반조항 형식을 취하고 있는 것은 논리적으로나 체계적으로 정합적일 뿐만 아니라, 법 현실에 편리하게 대응해갈 수 있는 일반 조항의 장점을 그들이 충분히 인지하고 있음을 보여주고 있다. 현재 진행 중인 우리 2024 계약법 개정안도 계약 해제에 관하여 일반조항주의를 채택하고 있다. 콘라트 츠바이게르트(K. Zweigert)와 하인 쾨츠(H. Kötz)는 프랑스 민법의 일반조항주의에 대하여 다음과 같이 말하고 있다.

> "…… 프랑스 민법 입법자는 가장 뛰어난 입법자라도 장차 발생할 가능성이 있는 모든 문제점들을 예견하고 결정할 수 없다는 점을 일찍이 명확하게 인식하고 있었다. 따라서 예견하지 못한 개별 사건에 적용될 수 있고 변화하는 사회 상황에 적응할 수 있는 법을 창조하는 역할을 법원의 판단에 남겨두었다 ……"[17)]

하고 지출한 계약준비비용과 같이 그러한 신뢰가 없었더라면 통상 지출하지 아니하였을 비용상당의 손해라고 할 것이며 ……"

16) S. Rowan(주 13), p.63.

17) Konrad Zweigert & Hein Kötz, *An Introduction to Comparative Law 3rd ed.*, Oxford

2016년 개정된 현행 프랑스 계약법은 내용을 더 명확하게 기술하면서도 현재까지의 프랑스 재판례의 법리를 반영하였지만, 구체적인 법리 형성에 관한 프랑스 재판례의 중요성은 앞으로도 계속될 것이다. 새로이 마련된 계약법 역시 일반 조항이 많아서 법원에 많은 해석의 권한을 부여하고 있기 때문이다.[18)]

It is well-known that the general clause approach in legislation originated in the French Civil Code. The Korean Civil Code adopts this approach in provisions, such as Article 390 (contractual liability) and Article 750 (tort liability), which are structured as general clauses. The Japanese Civil Code directly influenced these provisions before its 2017 revision, which itself was shaped by the Swiss Code of Obligations and, ultimately, the French Civil Code.

The drafters of the French Civil Code clearly understood that even the most brilliant legislators could not anticipate every future scenario. As a result, they entrusted the courts with the responsibility of developing the law to address unforeseen individual cases and respond to evolving social circumstances. This judicial discretion continues to be reflected in the Korean Civil Code.

University Press(1998), p.90.

18) S. Rowan(주 13), p.26.

French Civil Code[19)]

Art. 1231-1
A debtor is condemned, where appropriate, to the payment of damages either on the ground of the non-performance or a delay in performance of an obligation, unless he justifies this on the ground that performance was prevented by force majeure.

Art. 1240
Any human action whatsoever which causes harm to another creates an obligation in the person by whose fault it occurred to make reparation for it.

Art. 1241
Everyone is liable for harm which he has caused not only by his action, but also by his failure to act or his lack of care.

Korean Civil Code[20)]

Art. 390 (Contractual Liability)
If the debtor fails to perform in accordance with the terms of the obligation, the creditor may claim damages. However, this does not apply if the non-performance is due to a cause not attributable to the debtor, either intentionally or negligently.

19) The text of the reformed French law of obligations, which entered into force on 1 October 2016 and was partially revised, effective 1 October 2018, during the parliamentary ratification process, is cited according to the English translation by J. Cartwright, B. Fauvarque-Cosson, and S. Whittaker. https://www.justice.gouv.fr/sites/default/files/migrations/textes/art_pix/Translationrevised2018final.pdf)

20) All English translations of provisions from the Korean Civil Code are the author's own.

Art. 750 (Tort Liability)
A person who causes damage to another by an unlawful act, whether intentionally or negligently, shall be liable to compensate for the damage.

4. 계약불이행으로 인한 손해배상책임의 구조

Contractual Liability

1. 결과책임적 구조

(1) 우리 민법 제390조에 상응하는 프랑스 민법 규정은 다음과 같다.

> **제1231-1조**
> 채무자가 채무를 이행하지 않거나[1] 이행을 지체한 경우,[2] 그 불이행이 불가항력(force majeure)으로 인하여 이행하지 못한 것임을 증명하지 못하면 그로 인한 손해를 배상하여야 한다.

위 규정은 프랑스 민법상의 일반 불법행위책임 규정(제1240조와 제1241조)과 달리, 과책(faute)이라는 귀책사유를 책임 발생의 소극적 요건으로도 언급하지 않고 있다. 우리 민법 제750조에서는 가해자의 고의 또는 과실을 적극 요건으로 규정하고 있고, 제390조에서도 소극 요건으로나마 이를 규정하고 있는 점과 대비된다. 프랑스에서는 계약상 채무불이행책임에 대해서 다음과 같이 설명되고 있다.

> "…… 채무를 이행하지 않는 것은 [그 자체로] 이를 약정한 채무자에게 귀책하는 것으로 볼 수 있다. 약정한 급부를 이행해야 할 의무를 부담하는 채무자는 그 불이행의 결과에 대하여 책임을 져야 하는 것이 논리적이다. 용어의

1) 전보배상(dommages-intérêts compensatoires)을 의미한다.

2) 지연배상(dommages-intérêts moratoires)을 의미한다.

> 편의상, 우리는 종종 채무자에게 책임 있는 불이행을 《계약상 과책(faute contractuelle)》이라고 부르고는 있지만, 여기서 과책이라는 것은 계약 외 배상책임(responsabilité ex-contractuelle)에서 도입한 용어일 뿐이고, 역사적으로 계약의 불이행과 관련하여서는 나타나고 있지 않았다. 판례와 학설이 이 개념을 도입하고 사용하고 있는 것은, 계약관계에 있어서는 [위와 같은 의미에서] 채무자에게 귀책할 수 있는 계약채무의 불이행을 의미하는 것에 다름 아니다 ……"[3)]

프랑스 민법 제1231-1조는 원칙적으로 결과채무(obligation de résultat)의 법적 근거를 제공하던 조항이었다.[4)] 결과채무의 경우 채무자가 약정한 결과에 이르지 못한 것 자체로 채무자에게 귀책하는 불이행이 되며, 이는 프랑스 민법 제1231-1조의 '문언으로부터(textuellement)' 도출되는 결론이다.[5)] 채무자는 자신의 채무불이행이 프랑스 민법 제1218조 소정의 불가항력으로 인한 것임을 증명하여야만 면책될 수 있으며, 자신으로서는 가능한 모든 주의를 모두 기울였음을 증명하더라도 손해배상책임의 성립에는 영향을 미치지 않는다.

⑵ 불가항력(force majeure)의 의미

그렇다면, 프랑스 민법 제1231-1조에서 말하는 면책사유로서의 '불가항력'이란 무엇을 의미하는가? 프랑스 민법은 2016년 채권법 개정을 통하여 다음과 같은 규정을 마련하였다.

---

3) Lionel Andreu et Nicolas Thomassin, *Cours de droit des obligations 9ᵉ éd.*, Gualino Lextenso(2024), n°657(p.257).

4) Gaël Chantepie et Mathias Latina, *Le nouveau droit des obligations – Commentaire théorique et pratique dans l'ordre du Code civil - 3ᵉ éd.*, Dalloz(2024), n°678 (p.736-737).

5) L. Andreu et N. Thomassin(주 3), n°663(p.259).

第1218条
① 채무자의 통제를 벗어나 계약 체결 당시에 합리적으로 예측할 수 없었거나 적절한 조치를 취함으로써 그 결과를 회피할 수 없었던 일이 발생하여 채무자가 채무를 이행할 수 없었던 경우, 계약에 있어서 불가항력(force majeure)이 있다.

전통적으로 프랑스 민법상의 불가항력은 '예견불가능성(imprévisibilité)', '회피불가능성(irrésistibilité)', '외부성(extériorité)' 등을 그 개념적 요소로 하고 있고, 위 규정은 이 개념을 명문화한 것으로 평가되고 있다. 비록 위 규정은 불가항력의 효과로서 계약 해제에 대해서만 규정하고 있으나, 불가항력의 주요한 효과가 면책효에 있음은 의문의 여지가 없다. 불가항력이 일시적이라면 채무자는 이행이 지체된 기간 동안에는 지연배상책임이 없고, 불가항력이 확정적이라면 전보배상책임이 없다.[6)]

(3) 우리 민법 제390조 구조와의 비교

① 우리 민법 제390조는 프랑스 민법 제1231-1조와 달리 채무자의 귀책사유를 명시하고는 있으나, 불법행위에 관한 민법 제750조와 달리 채무자의 귀책사유에 대한 증명책임을 채무자에게 넘기고 있다. 그 이유는 다음과 같이 설명되고 있다.

> "…… 채권관계, 특히 채무불이행책임이 주로 문제되는 계약관계에 있어서 약속된 급부는 채무자가 그 실현을 의도적으로 인수한 것이다 …… 그러므로 채무의 이행이 이루어지지 아니한 경우에는 채무자측에서 그 이유를 주장하고 설명하여야 하는 것이 사리에 맞는다고 할 것이다. 또한 채무의 이행이 이루어지지 아니한 경우에는 그 이유가 채무자의 지배영역에 있다고 추

6) G. Chantepie et M. Latina(주 4), n°617(p.662).

정하는 것이 합당한 것이다 ……"[7]

프랑스 민법 제1231-1조가 채무자의 귀책사유를 명시하지 않고 있는 것은, 채무를 이행하지 않은 것은 그 자체로 이를 약정한 채무자에게 귀책하는 것으로 볼 수 있고, 약정한 급부를 이행해야 할 의무를 부담하는 채무자는 그 불이행의 결과에 대하여 책임을 져야 하는 것이 논리적이라는 것에 근거를 두고 있는 것과 일맥상통한다고 볼 수 있다.

② 우리 민법상으로는 결과채무로 인정되는 경우라 하더라도 채무자는 자신에게 고의 또는 과실이 없음을 들어 채무불이행책임으로부터 벗어날 수 있는 논리적 구조가 마련되어 있다. 이러한 점에서 채무자는 자신의 채무불이행이 불가항력에 기한 것임을 증명하여야만 면책될 수 있으며, 자신으로서는 가능한 모든 주의를 기울였음을 증명하더라도 결과채무에는 영향을 미치지 않는 프랑스 민법의 구조와는 차이가 있다.

③ 그러나, 채무불이행의 경우 우리 민법상으로도 채무자의 귀책사유가 실질적으로 요구되거나 문제 되는 경우는 많이 축소되어 있다. 그 이유는 다음과 같이 말할 수 있다. 첫째, 금전채무의 경우 민법 제397조 제2항에 의하여 금전채무자의 귀책사유를 문제 삼지 않는다.[8] 둘째, 불완전이행이나

7) 民法注解[IX] 債權(2), 353면(梁彰洙 집필부분)

8) 프랑스 민법도 마찬가지이다.

프랑스 민법 제1231-6조

① 금전채무 이행의 지체로 인한 손해배상은 이행의 최고를 받은 날로부터 법정이율에 따른다.

② 위의 손해배상은 채권자가 어떠한 손해도 증명할 필요가 없이 배상책임이 있다.

③ 채권자는 지체 중인 그의 채무자가 악의로 이 지체와 무관한 손해를 발생시킨 경우, 지연이자와 별도로 손해배상을 받을 수 있다.

부수의무 위반이 문제된 경우, 채권자가 해야 하는 채무자의 채무불이행 사실에 대한 주장·입증이 통상 채무자의 귀책사유에 대한 것도 포함하게 되고, 적어도 귀책사유의 유무에 대한 판단의 전제가 되는 사실도 대상으로 하게 되어서, 실제에 있어서는 채무불이행책임의 객관적 요건과 주관적 요건을 나누어 관념하는 것 자체가 거의 무의미하다.[9] 셋째, 채무불이행으로서의 이행거절이 인정되려면 채무자의 고의성이 명확하여야 하기 때문에[10] 별도로 채무자의 귀책사유가 독자적인 요건으로 문제될 소지는 매우 적다.

④ 이렇게 본다면 계약책임으로서의 손해배상책임의 구성요건을 운영함에 있어서 우리 민법과 프랑스 민법이 교차하는 영역은 실질적으로 작지 않다고 할 수 있다.

2. 손해배상의 범위

일반 채무불이행책임에 관한 프랑스 민법 제1231-1조의 규정 형식과 그 취지는 손해배상의 범위를 판단하는 기준에도 영향을 주고 있다.

---

9) 民法注解[IX] 債權(2), 354면, 380면(梁彰洙 집필부분)

10) 채무불이행으로서의 이행거절이란 채무자가 채무의 이행이 가능함에도 이를 행할 의사가 없음을 채권자에 대하여 <u>진지하고 종국적으로 표시</u>하여 객관적으로 보아 채권자로 하여금 채무자의 임의의 이행을 더 이상 기대할 수 없는 행태를 말한다. 民法注解[IX] 債權(2), 11면(梁彰洙 집필부분)

(1) 프랑스 민법 제1231-3조

> **제1231-3조**
> 불이행이 중대한 또는 의도적 과책에 기인하지 않는 한, 채무자는 계약 체결 당시에 예견하였던 또는 예견할 수 있었던 손해에 대하여만 배상책임이 있다.

① 규정의 취지

위 규정은 우리 민법 제393조 제1항과 달리 채무불이행으로 인한 손해배상책임 범위에 대하여 '채무자의 예견가능성'을 판단기준으로 제시하고 있다. 계약이라는 것은 근본적으로 예견할 수 있는 행위이므로, 계약 당사자는 그가 제공하여야 할 급부 그 자체뿐만이 아니라 그가 이를 완전하게 이행하지 못할 경우 어떠한 상황에 처하게 될지도 예측할 수 있기 때문이다. 다시 말해서 계약 당사자는 자신들이 체결한 계약으로부터 얻을 이익과 불이행으로 처하게 될 위험을 비교형량하여 그가 부담한 위험에 대해서만 책임이 있어야 한다는 점을 근거로 한다.[11]

예를 들어, 철도회사의 여객 운송이 지연된 경우, 이로 인하여 승객이 여행을 하지 못하게 되었다든가, 철도 탑승 이후 비행기 탑승이 예정되어 있었는데 철도의 지연으로 예정된 비행기를 탑승하지 못하게 되었다면, 이러한 사정들은 철도회사가 예견할 수 없었던 것이므로 승객의 여행비용, 비행기표값 등에 대해서 철도회사가 배상할 의무는 없다.[12] 철도 시간의 지연으로 승객인 변호사가 변론에 참석하지 못하여 의뢰인에게 배상해야 할 손해, 신뢰도의 하락 등에 대해서도 철도회사가 예견할 수 없는 손해이므로 철도회사는 배상할 책임이 없다.[13] 이러한 채무자의 예견가능성은 채권자가 증

11) G. Chantepie et M. Latina(주 4), n°683(p.742-743).

12) Civ. 1re 28 avril. 2011, n°10-15.056; Civ. 1re 14 jan. 2016, n°14-28.227; Civ. 1re 23 juin 2011, n°10-11.539.

명하여야 한다.[14]

② 우리 민법과의 비교

'당사자의 예견가능성'이라는 프랑스 민법상의 손해배상 범위에 판단기준의 기본 축은 객관적인 제3자의 시각에 따라 판단하고 있는 우리 민법 제393조 제1항('통상의 손해')과 기본적인 시각 차이가 있다. 물론, 프랑스 판례는 여기서의 손해는 '통상적으로(normalement)' 예견되는 것이어야 한다고 설시하고 있어서[15] 실제 사건의 해결에 있어서 인정되는 손해의 범위는 우리 민법 제393조 제1항에 이하여 판단되는 것과 크게 다르지 않을 가능성이 있다. 또한, 의도적 과책에 있어서는 타인을 해할 의도까지는 요구되지 않고 의식적으로 채무를 이행하지 않을 것만을 의미하기 때문에 실제 분쟁에 있어서는 채무자의 예견가능성에 의존하지 않고 상당인과관계에 있는 전 손해를 배상받는 일이 드물지 않다는 지적[16]도 이러한 짐작을 충분히 가능하게 한다.

다만, 여기서 우리는 프랑스 민법의 체계일관적 논리 구도, 즉 '사적자치의 원칙 → 자기책임의 원칙 관철 → 계약불이행책임의 결과책임적 구조 → 손해배상의 범위의 판단기준으로서의 채무자의 예견가능성' 에 대해서는 깊이 음미해볼 필요가 있다.

(2) 의도적 과책, 중대한 과책의 경우

채무불이행이 의도적 또는 중대한 과책에 기한 경우에는 위와 달리 상당

13) Civ. 1re 26 sept. 2012, n°11-13.177.

14) G. Chantepie et M. Latina(주 4), n°682(p.741).

15) Civ. 3e 22 mars 1989, n°87-16.780.

16) Solène Rowan, *The New French Law of Contract*, Oxford University Press(2022), p.233.

인과관계에 있는 범위의 손해 전부를 배상하여야 한다. 의도적이거나 부정직하게 계약을 위반한 행위는 비난 가치가 크므로 그만큼 엄격한 취급을 받는 것이 마땅하고, 이렇게 함으로써 계약 당사자가 의도적으로 채무를 이행하지 않으려는 것을 억지(抑止)할 수 있기 때문이다.[17)]

제1231-4조 채무불이행이 중대한 또는 의도적 과책에 기인한 경우, 불이행으로 인하여 즉각적이고 직접적으로 발생한 손해에 대하여만 배상을 한다.

그런데, 위 규정의 문언만을 바라보면 마치 중대한 과책 또는 의도적 과책의 경우에는 손해배상의 범위를 상당관계에 있는 범위보다 축소하여 직접적이고 즉각적인 것으로 한정하고 있는 것이 아닌가 하는 의문을 불러일으키기도 한다. 그러나 그렇지 않다.

첫째, 위 규정상의 손해배상 요건은 계약외적 손해배상책임(예를 들어 불법행위)과 같다.[18)] 둘째, 그렇다면 손해배상의 범위에 관한 판단기준을 등가이론(théorie de l'équivalence des conditions)에 기초할 것인가, 아니면 상당관계이론(théorie de la causalité adéquate)에 기초할 것인가에 대해서, 개정된 프랑스 민법도 직접 답하고 있지는 않으나 후자의 입장을 취하고 있는 것으로 해석하는 견해[19)]가 유력하고, 프랑스 판례도 상당인과관계론을 채택하고 있다[20)]고 한다. 셋째, 현재 프랑스에서 진행되고 있는 손해배상법 개정안에서는 계약불이행으로 인한 손해배상책임에 관하여 인과관계만을 요구하고 있고, 계약불이행으로 직접 발생한 손해라는 언급은 하고 있지 않다.[21)]

---

17) S. Rowan(주 16), p.233-234.
18) G. Chantepie et M. Latina(주 4), n°686(p.745).
19) G. Chantepie et M. Latina(주 4), n°686(p.745).
20) Marjorie Brusorio Aillaud, *Droit des obligations 15e éd.*, Bruylant(2024), n°468(p.327).

2020 프랑스 손해배상법 개정안

제1239조
손해배상책임은 피고로부터 기인한 행위와 손해 간의 인과관계를 전제로 한다.

제1250조
이행지체를 포함하여 채권자에게 손해를 발생시킨 모든 계약 불이행에 대하여는, 채무자가 그 손해를 배상하여야 한다.

제1251조
중대한 또는 의도적 과책의 경우를 제외하고, 채무자는 불이행으로 발생한 손해 중 계약 성립 당시 합리적으로 예견할 수 있었던 것에 한하여 배상하여야 한다.

(3) 불법행위로 인한 손해배상의 범위 판단기준과의 비교

① 우리 민법은 제763조에서 제393조를 준용함으로써 채무불이행으로 인한 손해배상의 범위와 불법행위로 인한 손해배상의 범위를 동일한 판단기준으로 규율하고 있다. 반면, 프랑스 민법은 양자의 판단기준을 달리하고 있다. 불법행위로 인한 손해배상의 범위에 대해서는 '가해자의 예견가능성'을 고려하지 않고 별도의 인과관계론(주로 상당인과관계론)에 따라 판단하고 있다. 즉, 손해에 대한 채무자의 예견가능성은 계약책임에서 특별히 요구되는 것이고, 불법행위책임에서는 요구되지 않는다.[22]

---

21) L. Andreu et N. Thomassin(주 3), n°777(p.298).
프랑스 손해배상법에 관한 프랑스 상원의 의결을 거친 2020년안 참조.
https://www.senat.fr/leg/ppl19-678.html

22) Yvaine Buffelan-Lanore et Virginie Larribau-Terneyre, *Droit civil – Les obligations 19e éd.*, Dalloz(2024)., n°1975(p.646).

② 그런데, 우리 민법 제393조 제2항은 채권자가 특별한 사정으로 인한 손해를 배상받기 위해서는 채무자가 그 사정을 알았거나 알 수 있었을 것을 요건으로 하고 있어서 이때에는 '채무자의 예견가능성'을 손해배상의 판단 기준으로 규율하고 있다. 앞의 프랑스 민법의 논리구도를 음미해가다 보면, 가해자의 예견가능성이 불법행위로 인한 손해배상의 기준으로 작동하는 것이 적절한 것인지는 의문의 여지가 있다. 일본도 우리 민법 제393조와 유사한 일본 민법 제416조[23]가 불법행위에도 적용되는 것으로 보고 있는데, 불법행위로 인한 손해배상의 범위를 가해자의 예견가능성을 기준으로 제한하는 것이 타당한 것인지에 대하여 의문이 많이 제기되고 있다고 한다.[24]

3. 손해방지경감의무(duty to mitigate loss)

(1) 영미법에서는 채권자 또는 피해자(불법행위의 경우)에게 그가 입은 손해를 경감하기 위한 노력을 해야 할 손해방지경감의무(duty to mitigate loss)가 인정되고 있으나, 프랑스 민법은 이에 대하여 규정하는 바가 없고 실제로 인정되지 않고 있다. 그 이유는, 연혁적으로는 1804년 나폴레옹 민법 제정 당시에는 손해방지경감의무가 조문화할 수 있을 만큼 일반 법리화가 충분히 이루어지지 못했다는 점에 있었다.

더 나아가 다음과 같은 이론적 근거로 인정되지 않고 있다. 첫째, 계약불이행으로 인한 손해배상은 이행이익, 즉 계약이 체결되었더라면 채권자가

---

23) **일본 민법 제416조 (손해배상의 범위)**

① 채무불이행으로부터 발생한 손해배상청구는 그로 인해 통상적으로 발생하는 손해의 배상을 목적으로 한다.

② 특별한 사정으로 인한 손해에 대하여는 당사자가 예견하였거나 예견할 수 있었던 경우에 채권자가 손해배상을 청구할 수 있다.

24) Hiroshi Oda, *Japanese Law 4th ed.*, Oxford University Press(2021), p.151.

취득하였을 이익의 배상이어야 하는데, 이러한 손해배상의 원칙과 채권자의 손해방지경감의무는 양립되기가 어렵다. 둘째, 특히 불법행위에 있어서 손해가 확장되었더라도, 가해자는 자신의 행위로 인한 피해자에게 손해에 대하여 수동적으로 있을 자격만을 부여하고 있다. 셋째, 채권자에게 적극적인 조치를 요구하는 것은 계약불이행으로 야기된 불편을 더욱 악화시키고, 그가 초래하지도 않은 상황에서 행위의 자유에 대한 침해가 되므로 받아들이기 어렵다. 넷째, 피해자가 보상 여부의 확실성이 없는 상태에서 손실을 경감하기 위해 미리 금전을 지출해야 한다는 것은 그에게 부담이 되고 또한 부당하다.[25)]

(2) 프랑스 파기원은 불법행위책임과 계약책임에서 모두 손해방지경감의무를 부인하고 있다. 예를 들어 2013년 7월 10일 민사3부 판결의 사안[26)]은 다음과 같았다. A는 건축업자 B와 주택 건축 도급계약을 체결하였는데, 작업의 결함으로 인하여 지하 부분이 내려앉게 되었다. B는 임시 기둥을 설치하여 받쳐놓았는데, 이 기둥이 도난되는 바람에 주택 건물 전체를 철거하고 새로 건축해야 하는 상황이 되었다. B는 기둥이 도난된 이후 A가 이를 무시하고 건축 중인 건물을 수개월이나 방치하였는데 만일 도난 이후 A가 이를 알려서 바로 버팀목 설치를 하였으면 건물 철거 사태는 막을 수 있었다고 주장하였으나, 파기원은 채무를 이행하지 않은 채무자는 불이행으로 인해 발생하는 모든 손해를 배상할 책임이 있고 채권자에게는 이를 제한[경감]할 의무가 있지 않다고 하여 B의 주장을 받아들이지 않았다.

(3) 그러나, 외견상 프랑스가 채권자의 손해방지경감의무를 인정하고 있지 않을지라도, 실제로는 그 취지가 관철되고 있는 법리들이 작동하고 있다.

---

25) S. Rowan(주 16), p.237-238.

26) Civ. 3^{e} 10 juillet 2013, n°12-13.851.

예를 들어, 인과관계를 부정하는 방법이다. A가 자동차 사고를 당해서(불법행위 사안) 이로 인한 상해로부터 회복하기 위하여 수개월 동안 영업을 하지 못하였는데, 몽펠리에 항소법원은 손해배상으로서 이 기간 동안의 영업을 하지 못한 경제적 손실은 사고로 인한 불가피한 결과로 볼 수 없다는 이유로 배상을 인정하지 않았다. 적어도 그가 지적 능력과 관리 능력이 회복된 때로부터는 그가 영업 현장에 복귀하기까지 대체 인력을 고용하여 영업을 재개했어야 한다고 보았기 때문이다.[27] 그밖에 프랑스 법원과 학설은 채권자 또는 피해자의 과책이 인정되는 경우 배상액을 감경하는 방법(우리 법상의 과실상계), 신의칙에 의한 배상액 감경 등을 인정하고 있다.[28]

(4) 한편 위와 같이 프랑스 판례는 확고하게 채권자의 손해방지경감의무를 부인하고 있는데 반하여, 현재 개정 작업이 진행 중인 프랑스 손해배상책임법안에는 다음과 같이 채권자의 손해방지경감의무를 명시하고 있다.[29]

> 2020 프랑스 손해배상법 개정안
>
> **제1264조**
>
> ① 피해자가 그의 능력을 고려하여 볼 때 손해의 악화를 회피하기에 적합한, 확실하고 합리적이고 비례적인 조치를 취하지 않은 경우, 손해배상은 감경될 수 있다.
>
> ② 전항의 감경은 신체적 피해로 발생한 손해의 배상에는 적용될 수 없다.

그런데, 파기원은 여전히 채권자의 손해방지경감의무를 부인하는 판시를 내고 있어서,[30] 앞으로 프랑스가 어떠한 입법을 단행할 것인지 예측이 쉽지

---

27) Montpellier 9 Déc. 1965, D.1967.477.

28) S. Rowan(주 16), p.235-236.

29) 프랑스 손해배상법 개정안(주 21).

30) Com. 23 Sept. 2020, n°15-28.898.

않아 보인다.

In this chapter, I examine contractual liability in French civil law and compare it with Korean law.

First, under French civil law, even after the 2016 reform, the debtor's fault (faute) is not, in principle, required to establish contractual liability. In this respect, French law resembles the common law. By contrast, Article 390 of the Korean Civil Code explicitly allows a debtor to avoid liability by proving the absence of fault.

Second, regarding the scope of damages, French law limits compensation to damages foreseeable at the time of contract formation. Korean law limits recovery to ordinary damages (Article 393(1)), which case law interprets as those with a reasonable causal relationship to the breach.

While actual damage awards may be similar in practice, these distinctions reflect fundamentally different legislative structures.

French Civil Code

Art. 1231-3

A debtor is bound only to damages which were either foreseen or which could have been foreseen at the time of conclusion of the contract, except where non-performance was due to a gross or dishonest fault.

Korean Civil Code

Art. 393 (Scope of Damages)

① Damages for non-performance of an obligation shall be limited to ordinary damages.

② Damages resulting from special circumstances shall be compensated only if the creditor knew, or could have known, of those circumstances.

5. 수단채무와 결과채무
Obligation de moyens and Obligation de résultat

1. 의의

수단채무(手段債務, obligation de moyens)와 결과채무(結果債務, obligation de résultat)는 프랑스 민법학에서 유래된 것으로서 우리 판례도 이 개념을 받아들이고 있다.[1] 1804년 나폴레옹 민법은 수단채무와 결과채무 개념을 법문에서 명시하지 않았고, 2016년 프랑스 채권법 개정 이후에도 이러한 태도에는 변함이 없다. 그럼에도 프랑스 학설과 판례가 위 개념들을 도입하게 된 배경은 다음과 같다.

(1) 구(舊) 프랑스 민법 제1147조와 제1137조

우리 민법 제390조에 상응하는 구 프랑스 민법 제1147조는 다음과 같이 규정하고 있었다.

---

1) 대법원 1988. 12. 13. 선고 85다카1491 판결 "…… 의사가 환자에게 부담하는 진료채무는 질병의 치유와 같은 결과를 반드시 달성해야 할 결과채무가 아니라 환자의 치유를 위하여 선량한 관리자의 주의의무를 가지고 현재의 의학수준에 비추어 필요하고 적절한 진료조치를 다해야 할 책무 이른바 수단채무라고 보아야 하므로 진료의 결과를 가지고 바로 진료채무불이행사실을 추정할 수는 없으며 이러한 이치는 진료를 위한 검사행위에 있어서도 마찬가지다 ……"; 그밖에 대법원 2001. 11. 9. 선고 2001다52568 판결; 대법원 2015. 10. 15. 선고 2015다21295 판결 등.

제1147조
채무가 이행되지 않거나 이행이 지체되는 경우, 채무자는 그 불이행이 그에게 기인하지 않은 불가항력에 의한 것이었음을 증명하지 못하고, 그에게 어떠한 악의가 없었더라도 이로 인한 손해를 배상하여야 한다.

위 조항에서 알 수 있는 바와 같이, 우리 민법 제390조와 달리 프랑스 민법은 채무불이행으로 인한 손해배상책임에 관한 일반조항에서 문언(文言)상 채무자의 귀책사유를 요구하지 않고 있었고, 이러한 태도는 현 프랑스 민법 제1231-1조에서도 그대로 유지되고 있다. 그런데, 주는 채무(obligation de donner)에 관하여 구 프랑스 민법 제1136조와 제1137조는 다음과 같이 규정되어 있었다.

제1136조[2)]
주는 채무는 물건을 인도하고 인도시까지 그것을 보관할 의무를 포함하며, 이에 위반할 경우 채권자에 대하여 손해를 배상하여야 한다.

제1137조
① 물건을 보관하는 채무는 …… 이를 부담하는 자로 하여금 선량한 관리자(bon père de famille)의 주의를 기울이도록 해야 한다.
② 이러한 채무는 일정한 계약에 다소 확장되며, 이에 대한 효과는 관련된 절에 설명되어 있다.

주는 채무의 물건 보관의무에 대해서는 채무자에게 주의의무가 부과되고 있고 이러한 주의의무는 규정에 의하여 다른 채무에도 확장될 수 있다는 내용이다. 이와 같이 주는 채무에 있어서는 채무자의 귀책사유를 요구하면서

2) 우리 민법 제374조에 상응하는 조항이다.

기타 다른 채무에 있어서는 귀책사유를 요구하지 않는 이유는 무엇이가? 구 프랑스 민법 제1147조와 제1137조의 내용상 모순을 어떻게 해결할 것인가?

(2) 이러한 모순을 해결하기 위하여 프랑스의 저명한 법학자 드모그(René Demogue, 1872-1938)가 수단채무와 결과채무를 구분하는 이론을 제시하였고, 그의 이론은 현재까지도 프랑스 판례와 학설의 광범위한 지지를 얻고 있다. 그는 채무의 목적에 따라 수단채무와 결과채무 개념을 구분하고 있다. 즉, 당사자들이 약정한 채무의 목적에 따라 일정한 결과에의 도달이 채무자의 노력뿐만 아니라 다른 사정에도 영향을 받는 경우, 채무자는 그러한 결과에 도달하기 위하여 노력할 채무만 부담하는데, 이러한 채무는 수단채무이다. 대표적으로 의사의 진료채무,[3] 변호사의 수임사무 등이 이에 해당한다. 반면, 약정한 결과에 도달하는 것이 일반적으로 확실한 채무는 결과채무이며, 운송계약에 있어서 운송업자가 물건을 운송할 채무[4]가 대표적이다.

수단채무에 있어서는 일정한 결과가 발생하지 않은 것만으로는 채권자가 채무자에게 손해배상책임을 물을 수 없으며, 채권자는 채무자가 채무의 이행에 필요한 주의를 기울이지 않았음(채무자의 과책)을 증명하여야만 채무자에게 손해배상을 청구할 수 있다. 반면, 결과채무의 경우에는 약정한 결과가 발생하지 않은 것만으로도 채무불이행으로 인정되고 채무자가 그 불이행이 불가항력에 의한 것임을 증명하지 않는 한 손해배상책임을 면할 수 없고, 자신에게 과책이 없음을 증명하는 것으로도 손해배상책임에서 벗어날 수 없다.

---

3) 의사의 해당 진료가 관례적이고 특별한 요행성이 존재하지 않는 경우에도 수단채무로 보고 있다. Civ. 1re 28 juin 1989, n°86-19.318.

4) Com. 1re juill. 1997, n°94-21.931.

(3) 2016년 채권법 개정 이후

2016년 프랑스 채권법 대개정 이후에도 위 규정들의 내용은 다음과 같이 유지되고 있다.

> **제1231-1조**
> 채무자가 채무를 이행하지 않거나 이행을 지체한 경우, 그 불이행이 불가항력(force majeure)으로 인하여 이행하지 못한 것임을 증명하지 못하면 그로 인한 손해를 배상하여야 한다.
>
> **제1197조**
> 물건을 인도할 채무에는 그 인도시까지 합리적인 사람이 주의를 기울여 보관해야 할 채무가 포함된다.

구 프랑스 민법 제1137조는 위의 제1197조에, 구 프랑스 민법 제1147조는 위의 제1231-1조에 그대로 유지되고 있으므로, 수단채무와 결과채무의 구분론은 2016년 개정 이후에도 지속되고 있다고 보아야 한다는 견해가 지배적이다.

(4) 다만, 불법행위에 기한 손해배상책임을 판단할 때에는 가해자의 귀책사유가 적극 요건으로 규정되어 있기 때문에(프랑스 민법 제1240조와 제1241조) 가해자의 귀책사유 유무를 판단하는 데에 수단채무론은 논리체계상 필요하지 않다. 프랑스 불법행위법에서는 수단채무론은 전혀 언급되지 않고 있다.

2. 구별기준

(1) 수단채무와 결과채무의 개념은 위와 같으나, 구체적으로 어떠한 채무를 수단채무 또는 결과채무로 파악할 것인가에 대해서는 명확한 기준이 제시되지 못하고 있다. 특히 특정한 계약이 두 가지 유형의 채무를 모두 발생시킬 수 있다는 점에서 이를 느낄 수 있다. 예를 들어, 의사 또는 치과의사의 환자에 대한 진료채무는 수단채무라고 할 수 있으나, 그가 진료에 사용하는 기구나 물질의 안전성이나 신뢰성은 결과채무가 될 수 있다. 음식점 주인은 음식의 맛에 대해서는 수단채무를 부담하지만, 음식에 독성이 없어야 한다는 점에 대해서는 결과채무를 부담하고, 선술집 업주는 고객의 체중을 견딜 만큼 충분히 단단한 의자를 제공할 의무를 부담하므로 의자가 부실해서 고객이 주저앉게 되어 상해를 입었다면 업주는 불가항력을 증명하지 않는 한 배상책임에서 벗어나지 못한다.[5] 이러한 예는 프랑스 민법전 자체에서도 발견되고 있다. 임대차에 있어서 임차 목적물을 사용 수익하는 중에 발생한 멸실 또는 훼손에 대하여는 임차인의 수단채무로 규정하고 있는데(프랑스 민법 제1732조), 임차 목적물에 발생한 화재에 대하여는 임차인에게 결과채무를 부여하고 있다(프랑스 민법 제1733조).[6]

---

5) Barry Nicholas, *The French Law of Contract* 2nd ed., Oxford University Press(2005), p.53.

6) **프랑스 민법 제1732조** 임차인은 임차 목적물을 사용 수익하는 동안 발생한 멸실 또는 훼손이 그의 과책 없이 발생하였다는 것을 증명하지 않는 한, 이를 배상할 책임이 있다.
프랑스 민법 제1733조 임차인은 다음의 사항을 증명하지 않는 한 화재에 대하여 배상책임이 있다.
화재가 불가항력 또는 건축의 하자로 발생하였거나
이웃의 주택으로부터 불이 옮겨붙었다는 점

(2) 학설

프랑스 학설은 다음과 같은 것들을 수단채무와 결과채무의 구별기준으로 제시하고 있다. 이하의 기준들은 하는 채무(obligation de faire)에만 적용된다.[7)]

첫째, 당사자들의 의사이다. 당사자들은 본래는 수단채무인 것을 결과채무로 약정할 수 있고, 본래는 결과채무인 것을 수단채무로 약정할 수 있다.[8)] 당사자들이 채무의 내용을 명시한 경우, 그 채무는 결과채무로 인정되는 경향이 있다고 한다.[9)] 통상 수단채무로 평가되는 것이더라도 채무자가 결과를 약속한 경우 결과채무를 부담한다(예를 들어, 의사가 환자의 회복을 보장한 경우).[10)] 반대로 채권자인 고객이 어느 정도 위험을 감수할 의사가 있었다면 상대방 당사자인 채무자가 결과채무를 부담한 것으로 보기는 어렵다.[11)] 채무자가 최선의 노력을 다하겠다고 한 경우에는 수단채무로 해석되는 것이 일반적이나, 모회사가 자회사의 거래처에 대하여 자회사와 해당 거래처

---

7) 주는 채무, 부작위채무 등은 결과채무로 보고 있다. 관련 내용들이 상세하게 정리되어 소개한 문헌으로, A. Plancqueel, “Obligations de moyens, Obligations de résultat – Essai de classification des obligations contractuelles en fonction de la charge de la preuve en cas d’inexécution”, RTD civ. 1972. 334.

8) Lionel Andreu et Nicolas Thomassin, *Cours de droit des obligations 9e éd.*, Gualino Lextenso(2024), n°666(p.260); Civ. 3e 24 juin 1987, n°86-11.920; 도난방지장치나 경보장치 설치업자는 장치의 작동과 관련하여 결과채무를 부담하나, 당사자의 약정 내용(도난 방지장치의 재료, 도난방지의 수준과 비용 등을 인지하고 설치 의뢰인이 이를 수락)을 고려하여 수단채무로 인정한 사안으로는 Com. 3 déc. 2013, n°12-26.416. 해당 사안에서는 도난 사건에 대한 경보장치 설치업자의 귀책사유 입증이 없다는 이유로 손해배상책임을 인정하지 않았다.

9) Jacques Flour, Jean-Luc Aubert et Éric Savaux, *Droit civil Les obligations – l’acte juridique 18e éd.*, Dalloz(2024), n°969(p.1228); François Terré, Philippe Simler, Yves Lequette et François Chénedé, *Droit civil Les obligations 13e éd.*, Dalloz(2022), n°853(p.950).

10) Philippe Malaurie, Laurent Aynès et Philippe Stoffel-Munck, *Droit des obligations 13e éd.*, LGDJ(2024), n°594(p.545).

11) Alain Bénabent, *Droit des obligations 20e éd.*, LGDJ(2023), n°418(p.349).

와의 거래가 원활하도록 필요한 일을 하겠다거나[12] 최선을 다하겠다고 한 경우[13]에는 모회사가 자회사의 거래처에 대하여 결과채무를 부담하는 것으로 판시된 예들이 있다.[14]

둘째, 당사자들이 목적한 결과에의 도달에 요행(僥倖, aléa)이 개입되는지 여부이다. 당사자들이 목적한 결과에의 도달이 채무자의 노력뿐만 아니라 다른 사정에도 달려있는 경우, 채무자는 결과에 도달하기 위하여 노력하기만 하면 되는 수단채무만을 부담하고, 약정한 결과의 산출이 일반적으로 확실하다고 평가되는 경우는 결과채무로 파악한다.[15] 예를 들어서, 운송계약에 있어서는 통상적으로 운송의 목적이 된 여객이나 물건이 목적지까지 도달하지 못하는 경우는 생각하기 어려우므로 결과채무로 이해된다. 의사가 환자를 수술할 경우, 수술로 인하여 발생할 수 있는 위험요소는 환자가 받아들이는 것으로 이해되므로 이때 의사의 채무는 수단채무이다.[16]

셋째, 채무의 이행에 채권자가 행하는 역할을 고려한다. 특히 뒤에서 보는 바와 같이(안전배려의무) 프랑스 판례가 이 부분에 주의를 기울이고 있다. 채권자의 역할이 소극적이고 채무자가 채무 이행을 주도하고 있다면, 이때의 채무자는 결과채무를 부담한다.[17] 반면, 채무자의 채무 이행 과정에 채권자가 상당한 역할을 하고 있었다면, 채무자는 수단채무를 부담한다.[18]

(3) 판례

프랑스 법원은 학설보다도 수단채무와 결과채무를 구분하는 일반 기준을

---

12) Com. 26 févr. 2002, n°99-10.729; Com. 9 juill. 2002, n°96-19.953.

13) Com. 20 févr. 2007, n°05-18.882; Com. 17 mai 2011, n°09-16.186.

14) Bertrand Fages, *Droit des obligations 14e éd.*, LGDJ(2024), n°319(p.278).

15) J. Flour, J-L Aubert et É. Savaux(주 9), n°970(p.1229)

16) B. Nicholas(주 5), p.54-55.

17) J. Flour, J-L Aubert et É. Savaux(주 9), n°970(p.1229).

18) Civ. 1re 24 nov. 1993, n°92-10.987.

제시하는 시도에 대해서 소극적이다.[19] 그래도 그 흐름을 추출해본다면, 첫째, 당사자들의 의사이다. 특히 목적한 채무가 수단채무인지 결과채무인지에 대하여 당사자들이 명시하였거나 적어도 이를 알 수 있는 경우 이를 고려한다. 둘째, 채무의 목적이다. 채무의 목적에 비추어 어느 한쪽에 속하는지 여부를 판단한다. 마지막으로, 이러한 요소만으로 판단하기 어려울 경우 형평성(équité)을 고려한다.[20] 형평성에 고려되는 요소는 매우 다양한데, 계약이 무상계약인지, 결과 달성에 있어서 요행적 요소가 있는지, 채권자가 채무자에 비하여 어느 정도로 넓은 행동의 자유가 있었는지, 당사자가 전문가로서 가지는 역량[21] 등이 거론되고 있다.[22]

3. 강화된 수단채무와 완화된 결과채무

(1) 프랑스 학설과 판례는 수단채무와 결과채무 두 가지 개념에 만족하지 않고, 사건의 구체적 타당성 있는 해결을 위해 다음과 같이 양자의 중간에 위치하는 개념들을 만들어서 사용하여 오고 있다. 2016년 프랑스 채권법 개정시 수단채무와 결과채무를 법문에 명시하지 않은 이유 중의 하나가, 이러

---

19) 프랑스 판례는 수단채무와 결과채무 구분의 난해함을 즐기고 있고 의도적으로 이를 유지하고 있다고까지 평가되고 있다. Yvaine Buffelan-Lanore et Virginie Larribau-Terneyre, *Droit civil - Les obligations 19e éd.*, Dalloz(2024), n°2996(p.1020).

20) Y. Buffelan-Lanore et V. Larribau-Terneyre(주 19), n°2994(p.1020).

21) Civ. 1re 30 nov. 2004, n°01-13.632(도급인이 수급인에게 건설 엔진 설치 업무를 맡겼는데 완성 몇 주 후 오작동이 발생한 사안에서, 도급인 역시 건설업자로서 이 분야에 대하여 전문가이고 비용 절감을 위하여 수선에 필요한 몇 가지 재료를 수급인에게 제공한 바도 있었으므로, 도급인에게는 위와 같은 상황이 발생할 위험을 감수할 의사가 인정된다고 보아 수급인의 손해배상책임을 인정하지 않은 사안).

22) Y. Buffelan-Lanore et V. Larribau-Terneyre(주 19), n°2995(p.1020); L. Andreu et N. Thomassin(주 8), n°667(p.260).

한 중간 단계의 개념들이 많이 활용되고 있었기 때문이다.[23)]

(2) 강화된 수단채무(obligation de moyens renforcée)

① '강화된 수단채무'라 함은 채무불이행의 사실로써 채무자의 과책을 추정하되, 채무자가 자신에게 과책이 없음을 증명함으로써 손해배상책임으로부터 벗어날 수 있는 경우를 말한다. 우리에게는 익숙한 이 논리가(우리 민법 제390조의 논리 구조에 해당하므로) 프랑스에서는 '해석론'으로서 등장한 이유는, 구 프랑스 민법 제1147조, 현 프랑스 민법 제1231-1조가 계약불이행으로 인한 손해배상책임 성립 요건으로 채무자의 귀책사유를 전혀 언급하고 있지 않기 때문이다. 프랑스 민법의 문언만을 따른다면, 채무자는 채무불이행의 결과에 대하여 과책의 유무를 묻지 않고 손해배상책임을 져야 하고 불가항력에 의한 면책만이 가능한다. 이러한 결과책임적 구조는 때로는 채무자에게 지나친 부담이 되고 구체적 타당성 있는 해결 도출에 적절하지 않은 경우들이 있게 마련이었다.

② 강화된 수단채무 개념이 도출되는 데에는 개별 계약에 관한 프랑스 민법 규정들과 이에 관한 프랑스 판례의 해석론이 영향을 미쳤다. 대표적으로 임대차에 관한 규정과 판결례를 소개하면 다음과 같다.

임대차에 있어서 임대인의 목적물 관리 유지의무에 대하여 프랑스 민법은 다음과 같은 규정을 두고 있다.

---

23) P. Jourdain, "Quel avenir pour la distinction des obligations de résultat et de moyens ?", JCP 2016. 909.

제1719조
임대인은 특별한 약정이 없으면 계약의 성질에 따라 [다음의 의무가 있다]
1° 임차인에게 임대목적물을 인도할 의무 …… [뒷부분 생략]
2° 임대목적물을 임대 목적에 적합한 상태로 유지할 의무
3° 임차인이 임대차 기간 동안 평온하게 용익하도록 할 의무
4° 수목의 영속성과 질을 또한 보장할 의무

위 프랑스 민법 제1729조 2°는 우리 민법 제623조에 상응하는 조항이라고 할 수 있는데, 다음의 사안을 보면 임대인의 목적물 유지 관리의무는 수단채무로 해석되고 있음을 알 수 있다. 사안의 A는 필요한 가구 등이 부착되어 있는 B 소유의 스튜디오(studio)를 임차하고 있었는데, 설치되어 있는 옷장을 열다가 옷장이 A에게 떨어지면서 상해를 입게 되었다. 이에 A가 임대인 B를 상대로 손해배상을 청구하였는데, 항소심은 B는 A의 피해가 불가항력에 의한 것임을 증명하지 못하였다고 하여 배상책임을 인정하였다. 그러나 파기원은 임대 목적물에 하자가 존재하였는지, 임대인에게 관리의무 위반이 있었는지 여부 등을 살펴보지 않았다고 하여 파기환송하였다.[24]

(3) 완화된 결과채무(obligation de résultat atténuée)

본래는 결과채무이나 채무자에게 과책이 없음을 증명함으로써 면책될 수 있게 하는 경우를 말한다. 다음의 프랑스 민법 제1732조가 그 예이다.

제1732조
임차인은 임대목적물을 사용 수익하는 동안 발생한 멸실 또는 훼손이 그의 과책 없이 발생하였다는 것을 증명하지 않는 한, 이를 배상할 책임이 있다.

24) Civ. 3e 29 avril. 1987, n°84-10.558.

파기원도 위 조항에 따라 귀책사유에 대한 증명책임을 임차인에게 부과하고 있고,[25] 동산 대차의 경우에도 위 프랑스 민법 제1732조와 같은 논리가 적용되고 있다.[26] 반면, 은행이 고객에게 대여한 은행에 설치된 대여금고에 보관된 물품이 도난당한 경우, 은행은 결과채무를 부담하므로 손해배상책임이 있다고 하였다.[27]

(4) 분석

결국 프랑스 민법학계와 판례는 채무불이행으로 인한 손해배상책임과 관련하여 ① 수단채무, ② 강화된 수단채무, ③ 완화된 결과채무, ④ 결과채무 등 4단계의 스펙트럼을 만들어서 활용하고 있음을 알 수 있다.

먼저 ① 수단채무 개념을 통하여 구 프랑스 민법 제1147조와 현 프랑스 민법 제1231-1조가 전혀 언급하지 않은, 채무자의 귀책사유를 일반 불법행위로 인한 손해배상책임에서와 같이 요구하면서 채권자가 채무자로부터 손해배상을 받기 위해서는 이를 증명하도록 하고 있다. 이러한 논리 구도는 증명책임에 관한 법률요건분류설에 따라 채무자의 귀책사유에 대한 증명책임을 채무자에게 지우고 있는 우리 민법 제390조와는 차이가 있다. 그러나 우리 판례도 수단채무 개념을 도입하고 있고 이로써 채무자의 귀책사유에 대한 증명책임을 사실상 채권자에게 전환시킬 수 있는 길을 열어놓고 있으므로 실질적인 운용의 모습은 우리 민법과도 교차하는 영역이라고 평가할 수 있을 것이다.

다음으로, ② 강화된 수단채무와 ③ 약화된 결과채무의 경우, 채무불이행 사실로써 채무자의 과책이 추정되고 채무자가 손해배상책임으로부터 벗어나기 위해서는 자신에게 과책이 없음을 증명하여야 한다. 이는 우리 민법

25) Civ. 3^{e} 28 janv. 2004, n°02-11.814 et n°02-14.429.

26) Civ. 1re 22 juill. 1968, Bull. civ. I. n°218.

27) Civ. 1re 29 mars 1989, n°87-17.262.

제390조가 예정하고 있는 모습이며 실제로 이 부분에 많은 프랑스 재판례가 쌓여왔다.

마지막으로 ④ 결과채무의 경우에는 채무자의 귀책사유 없음을 증명하는 것만으로는 면책이 될 수 없으므로(불가항력의 경우에만 면책이 가능하므로), 우리 민법 제390조가 예정하고 있는 영역은 아니라고 할 수 있다.

4. 안전배려의무(obligation de sécurité)

프랑스에서 수단채무와 결과채무의 역동적인 모습을 잘 보여주는 분야가 철도 여객운송 중 승객에게 발생한 사고에 대한 철도회사의 손해배상책임에 관한 재판례들이다. 철도운송이라도 물건 운송업자의 운송의무는 결과채무로 인식되고 있다.[28] 이하에서는 여객운송에 관한 프랑스 재판례의 흐름을 살펴본다.

⑴ 결과채무

운송계약에 있어서 운송업자의 물건 운송업무뿐만 아니라 여객 운송업무도 결과채무로 인식되었던 영역이고, 다음의 1911년 프랑스 파기원 판시가 이에 관한 선구적 판결례(leading case)로 소개되고 있다.

> "…… 운송인은 운송계약에 의하여 여객들을 목적지까지 안전하게(sain et sauf) 운송할 의무를 부담한다. 따라서 운송 중의 사고에 대하여는 그에게 귀책하지 않은 외부적 요인(cause étrangère)의 존재에 기인한다는 점을 증명한 경우에만 그 책임을 면할 수 있다 ……"[29]

---

28) Civ. 1re 9 juill. 2015, n°14-13.423.

29) Civ. 21 nov. 1911. S. 1912. 1. 74. note Lyon-Caen (Y. Buffelan-Lanore et V. Larribau-

이에 따라 파기원은 여객 운송 중의 사고뿐만 아니라, 열차를 타고 목적지에 도착한 후 개찰구에 표를 넣고 나오다가 역의 계단에서 넘어져서 발목 골절을 입은 피해자에 대하여도 철도회사의 계약상 손해배상책임을 인정하기까지 하였다.[30] 그런데, 이러한 판시는 피해자 보호를 위하여 철도회사의 운송계약상의 운송 채무와 관련이 없는 부분까지 채무의 범위를 인위적으로 확장하였다는 점에서 이론적인 문제점이 지적되었다.[31]

(2) 수단채무로 인정되는 영역의 등장

결국 프랑스 판례에 의하여 운송계약에 있어서도 일정한 영역에서는 수단채무로 인정되는 영역이 나타나게 되었다. 즉, 운송업자의 안전배려의무가 기본적으로 결과채무로 인정되더라도, 결과채무로 인정되는 시간적 구간을 설정하였다. 운송계약에 있어서 운송업자가 결과채무를 부담하는 구간은 승객이 교통수단에 탑승하는 순간부터 목적지에 도착하는 순간이며 (철도회사가 불가항력에 의한 사고였음을 증명하지 않는 한 승객이 입은 피해에 대한 배상책임이 있다), 승객이 역이나 플랫폼에 있는 때에 발생한 사고에 대하여는 운송업자의 안전배려의무는 수단채무로 평가되었다.[32]

Terneyre(주 19), n°3011(p.1024)에서 재인용); 드모그(Demogue)가 결과채무/수단채무 구분론을 제시한 것은 1928년에 이르러서였기 때문에, 엄밀히 말하면 이 판시가 나왔던 1911년에는 아직 결과채무라고 명명하기는 어렵다고 할 수 있다(C. Mascala "Accident de gare : le déraillement de l'obligation de sécurité", D. 1991. chron. 80). 다만, 운송업자의 승객에 대한 안전배려의무 위반 여부를 판단함에 있어서 운송업자의 귀책사유를 묻지 않았다는 점에서 결과채무의 취지와 동일하다고 할 수 있다.

30) Civ. 1re 17 mai 1961. Bull. civ. I. n°254.

31) C. Mascala, D. 1991. chron. 80.

32) Civ. 1re 1er juill. 1969. Bull. civ. I. n°260.

(3) 불법행위책임의 적용

① 이후 1989년의 발베르데 판결(arrêt Valverde)에서는 운송업자의 안전배려의무가 결과채무로 작용하는 시간적 구간을 설정함과 동시에, 플랫폼에서 발생한 사고에 대한 운송업자의 안전배려의무를 수단채무로만 파악하는 경향에 제동을 거는 의미있는 판결이 선고되었다.33) 해당 사안은 원고가 철도역 유리판 바닥 승강장에서 미끄러지면서 철도 위에 떨어졌는데, 마침 그 순간에 열차가 출발하면서 원고는 두 다리를 절단하는 상해를 입게 되었고 프랑스 국영 철도회사(SNCF)인 피고를 상대로 손해배상을 청구한 것이었다. 항소심은 피고의 안전배려의무는 수단채무인데, 피고에게 과책이 있다는 점을 원고가 증명하지 못하였다는 이유로 원고의 청구를 기각하였다. 이에 대하여 파기원은 운송계약상의 안전배려의무는 소정의 시간적 구간 내에 존재하지만, 그 외의 영역에서는 피고는 불법행위책임으로서 물건 관리자의 책임34)을 부담하므로, 열차의 관리자로서 원고에게 손해를 배상할 책임이 있다고 하여 파기환송한 사안이었다. 이 판시 이후 역이나 승강장에서 발생한 사고에 대하여 철도회사는 불법행위책임을 부담하게 되었다.35)

② 위 사안을 이해하기 위해서는 다음의 사항들을 알고 있어야 한다. 첫째, 계약불이행으로 인한 손해배상책임과 불법행위로 인한 손해배상책임에 관하여 우리 판례는 확고하게 청구권 경합 입장을 취하고 있으나, 프랑스는 청구권 불경합 원칙을 취하고 있어서 (뒤의 6. 계약책임과 불법행위책임과

---

33) Civ. 1re 7 mars 1989, n°87-11.493; 이후의 판시도 마찬가지이다. Civ. 1re 26 juin 1990, n°88-12.937; Civ. 1re 21 oct. 1997, n°95-19.136.

34) 프랑스 민법 제1242조
① 누구나 자기의 행위로 인하여 발생한 손해뿐만 아니라 …… 자기가 관리하고 있는 물건 의 작용으로 인하여 발생한 손해에 대하여 배상할 책임이 있다.
(2016년 프랑스 채권법 개정 전 제1384조 제1항 문언과 동일하고, 우리 민법 제758조 공작물 책임에 상응하는 조항이다)

35) Civ. 1re 19 févr. 1991, n°89-19.999.

의 관계 참조) 당사자들 간에 계약관계가 존재할 경우 불법행위로 인한 손해배상책임은 원칙적으로 문제되지 않는다. 둘째, 우리의 공작물책임(민법 제758조)에 상응하는 프랑스 민법상 물건관리자의 책임 조항은 실질적으로 무과실책임으로 운영되어 왔다(뒤의 15. 물건 관리자의 책임 참조).

③ 그렇다면, 운송계약 관계가 적용되지 않는 영역에서 오히려 피해자인 승객이 철도회사로부터 손해를 배상받기가 용이해지는 결과가 발생한다. 예를 들어, 승차권을 소지하지 않은 승객에게 운송 중 사고가 발생한 경우, 승객은 운송업자의 계약책임을 추궁하지 못한다.36) 그러나 이 경우 무과실책임인 물건관리자의 책임을 철도회사에 추궁할 수 있게 되어서37) 오히려 승차권을 소지하지 않은 피해자에게 유리하게 된다는 문제점이 지적되고 있다.38)

5. 우리 민법상 논리와의 비교

(1) 우리 판례상으로도 수단채무 개념이 도입되고 있으나 이 개념이 직접 등장하는 판결례는 프랑스 판례와 비교하여 현저하게 적다. 그 이유는 다음과 같다고 생각한다. 앞에서 언급한 바와 같이 채무불이행으로 인한 손해배상책임과 불법행위로 인한 손해배상책임의 관계에 대해서 불경합 원칙을

36) Civ. 1re 12 déc. 1978, n°77-14.300.

37) Civ. 2e 19 févr. 1992, n°90-19.237.

38) P. Malaurie, L. Aynès et P. Stoffel-Munck(주 10), n°601(p.546); F. Terré, P. Simler, Y. Lequette et F. Chénedé(주 9), n°857(p.956); D. Mazeaud, "La distinction des obligations de résultat-obligations de moyens : le saut sans le vide?" D. 2017. 198. n°13; 참고로 철도여객운송업자의 안전배려의무를 최초로 인정한 1911년의 프랑스 파기원 판시가 나왔던 당시에는 아직 물건관리자의 책임이 파기원에 의하여 무과실책임으로서의 지위를 완전하게 자리잡기 전이었다. E. Savaux, "La fin de la responsabilité contractuelle?", RTD civ. 1999. 1. spéc. n°15.

취하고 있는 프랑스와 달리 우리는 양자의 경합을 인정하고 있으므로, 계약당사자 간에 있어서도 수단채무 개념을 통해 채무자의 귀책사유를 적극 요건으로 내세워 채권자로 하여금 증명하도록 해야 할 필요가 이미 민법 제750조를 통해서 상당 부분 해결되고 있기 때문이다. 의료소송의 경우 프랑스에서는 의료진에 대하여 계약불이행 책임을 추궁해왔던 반면, 우리의 경우 불법행위 소송으로 이루어지는 경우가 훨씬 많다[39]는 점이 이를 방증하고 있다.

(2) 프랑스는 계약불이행으로 인한 손해배상책임에 관한 규정의 결과책임적 구조의 한계를 느끼고 개별 사안에서 구체적 형평에 맞는 해결책을 강구하기 위하여 우리 민법 제390조와 같은 논리 구도를 해석론(강화된 수단채무론)으로써 도출하여 활용하여 오고 있다. 실제로 이 논리가 적용된 재판례들이 무수히 많다.

(3) 수단채무와 결과채무의 개념이 담당하였던 기능에 대한 다음의 지적은 그 의미를 깊이 음미할 수 있도록 도와준다.

> "…… 결론적으로 수단채무와 결과채무의 구분 기준이 완전하게 예상가능하면서도 완전하게 설득력 있게 제시되기는 어렵다고 할 것이다. 이러한 틈을 타 프랑스 민법 체계에 편의주의(opportunism)가 슬그머니 들어와서, 법관이 기대하는 결과를 고려하여 채무의 성격을 결정하는 일이 드물지 않다. 수단채무와 결과채무의 구분론은 이와 같은 한계에도 불구하고, 계약상 채무자의 과책에 대한 증명 문제를 더 잘 구분하게 해주었을 뿐만 아니라, 계약에서

---

39) 그 주요한 원인 중의 하나가 계약책임에 있어서 수단채무론이 도입되어 있어서 결과적으로 환자가 의사의 과실을 입증해야 하는 불법행위책임의 경우가 다르지 않게 되었기 때문이다. 양창수·권영준, 『권리의 변동과 구제 제5판』, 박영사(2023), 807면.

발생하는 의무의 내용을 다채롭게 더 잘 음미할 수 있도록 해주었다는 것을 인정해야만 할 것이다 ……"[40]

어떠한 채무가 수단채무인지 결과채무인지를 규정하는 것은 법정책적(politique juridique)인 면이 고려되는 것이고,[41] 특히 피해자 보호의 필요성이 있는 경우 결과채무로 판단되며,[42] 수단채무와 결과채무 간의 배분을 지배하는 계약적 보호주의(protectionnisme contractuel)에 따라 판단되는 것[43]이라는 프랑스 학자들의 지적은 수단채무와 결과채무의 실질적인 역할이 어디에 있는가를 우리에게 잘 알려주고 있다.

This chapter introduces the concepts and functions of *obligation de moyens* and *obligation de résultat* in French civil law. While the notion of an *obligation de moyens* has also been adopted in Korean case law, it is not as actively applied as it is in French jurisprudence. These concepts are not explicitly codified in the French Civil Code but have been developed through legal interpretation and doctrinal writings by French scholars and courts. By contrast, the concept of a reinforced *obligation de moyens* (*obligation de moyens renforcée*) under French law is expressly stated in Article 390 of the Korean Civil Code. In other words, since this type of obligation is explicitly codified in South Korea, there is significantly less need, compared to France,

---

40) J. Flour, J-L Aubert et É. Savaux(주 9), n°970(p.1230).

41) P. Malaurie, L. Aynès et P. Stoffel-Munck(주 10), n°600(p.545); F. Terré, P. Simler, Y. Lequette et F. Chénedé(주 9), n°853(p.950).

42) Stéphanie Porchy-Simon, *Droit des obligations 17e éd.*, Dalloz(2025), n°616(p.332).

43) Christian Larroumet et Sarah Bros, *Traité de droit civil t. 3 Les obligations Le contrat 10e éd.*, Economica(2021), n°584(p.602).

to construct it through legal interpretation.

As noted earlier, this approach reflects the influence of the pre-2017 Japanese Civil Code, itself shaped by the Swiss Code of Obligations.

French Civil Code

Art. 1231-1
A debtor is condemned, where appropriate, to the payment of damages either on the ground of the non-performance or a delay in performance of an obligation, unless he justifies this on the ground that performance was prevented by force majeure.

Korean Civil Code

Art. 390 (Contractual Liability)
If the debtor fails to perform in accordance with the terms of the obligation, the creditor may claim damages. However, this does not apply if the non-performance is due to a cause not attributable to the debtor, either intentionally or negligently.

6. 계약책임과 불법행위책임의 관계

No-Option Rule on Contractual and Extra-Contractual Liability

1. 불경합 원칙

채무불이행으로 인한 손해배상책임과 불법행위로 인한 손해배상책임과의 관계에 대하여 우리 판례는 청구권 경합의 원칙을 확고하게 유지하고 있고[1] 이에 대한 학설의 이견은 별로 보이지 않는다. 그런데, 프랑스는 우리와 달리 양자의 관계에 대하여 청구권 불경합의 원칙을 취하고 있다. 당사자가 계약관계에 있을 경우 손해를 입은 당사자는 원칙적으로 상대방에게 계약불이행책임만을 물을 수 있고 불법행위책임은 물을 수 없다. 프랑스 파기원은 다음과 같이 판시하고 있다.

> "…… 피해를 입은 당사자는 계약을 불이행한 상대방에 대하여 불법행위책임에 관한 규정에 의거할 이익이 있다고 하더라도 이를 원용할 수 없다 ……"[2]

---

1) 대법원 2021. 6. 24. 선고 2016다210474 판결 "…… 채무불이행책임과 불법행위책임은 각각 요건과 효과를 달리하는 별개의 법률관계에서 발생하는 것이므로 하나의 행위가 계약상 채무불이행의 요건을 충족함과 동시에 불법행위의 요건도 충족하는 경우에는 두 개의 손해배상청구권이 경합하여 발생하고, 권리자는 위 두 개의 손해배상청구권 중 어느 것이든 선택하여 행사할 수 있다. 다만 동일한 사실관계에서 발생한 손해의 배상을 목적으로 하는 경우에도 채무불이행을 원인으로 하는 배상청구와 불법행위를 원인으로 한 배상청구는 청구원인을 달리하는 별개의 소송물이므로, 법원은 원고가 행사하는 청구권에 관하여 다른 청구권과는 별개로 그 성립요건과 법률효과의 인정 여부를 판단하여야 한다. 계약 위반으로 인한 채무불이행이 성립한다고 하여 그것만으로 바로 불법행위가 성립하는 것은 아니다 ……"

2) Com 26 sept. 2018, n°17-15.306; Com 10 mars 2015, n°13-10.003.

프랑스가 청구권 불경합 원칙을 취하는 근거에 대해서는 다음과 같이 설명되고 있다. 첫째, 프랑스는 계약관계와 계약외 관계를 분리하는 법리에 대한 선호가 있다. 둘째, 계약에 의하여 당사자들이 스스로 위험 분배를 할 수 있는 영역이 계약 외의 관계에 의하여 침해되는 것을 막기 위함이다. 채권자에게 이러한 선택을 거부함으로써 예견가능한 행위로서의 계약의 기능과 효율성을 보호할 수 있다는 것, 즉 계약 당사자들은 스스로 장래의 관계에 대하여 계획하고 대비할 수 있다.[3)] 셋째, 불법행위법이 일반조항 형식을 취하고 있음으로 인하여, 소송 당사자들이 계약관계에 있음에도 불구하고 계약책임을 추궁하지 않고 불법행위책임을 추궁함으로써 불법행위책임이 지나치게 확장되는 것을 경계하기 위함이다.[4)] 넷째, 더 나아가 우리 민법 제758조 공작물 책임에 해당하는 프랑스 민법 제1242조 제1항 규정(물건 관리자의 책임)이 넓은 범위에 걸쳐서 적용되어 왔고 피해자 보호를 위하여 무과실책임으로까지 운용되어 왔던 것도 불법행위책임 책임 영역이 확장되는 것을 경계하고자 하는 데에 한몫하였다(뒤의 15. 물건 관리자의 책임 참조).[5)]

아직 입법은 이루어지지 않았으나 현재 진행 중인 2020년 프랑스 손해배상법 개정안[6)] 제1233조 제1항에 청구권 불경합 원칙이 선언되어 있다.

---

3) Solène Rowan, *The New French Law of Contract*, Oxford University Press(2022), p.17-18.

4) John Bell, Sophie Boyron and Simon Whittaker, *Principles of French Law, 2nd ed.* Oxford University Press(2014), *p.511;* Eva Steiner, *French Law – A Comparative Approach 2nd ed.*, Oxford University Press(2018), p.252-253.

5) J. Bell, S. Boyron and S. Whittaker(주 4), p.328 & p.332.

6) https://www.senat.fr/leg/ppl19-678.html

2020 프랑스 손해배상법 개정안

제1233조

① 계약상 채무불이행의 경우, 채무자나 채권자는 계약 외 배상책임에 적용되는 유리한 규정을 선택하기 위하여 계약책임에만 적용되는 조항을 회피할 수 없다.

2. 불경합 원칙으로 인한 문제

그러나 다음에서 보는 바와 같이 청구권 불경합 원칙은 여러 가지 측면에서 불편한 점을 야기하고 있다.

(1) 첫째, 당사자 간에 계약관계가 있음에도 불법행위로 인한 손해배상을 구하는 소를 제기하면 기각되므로, 우선 소송 당사자들은 발생한 손해가 계약관계에 기인한 것인지 아니면 불법행위에 기인한 것인지를 확인하여야 하고, 실제로 이 쟁점이 소송에서 많이 등장하고 있다.[7] 계약 당사자 간에 발생한 손해일지라도 당해 손해가 단지 계약이 존재하는 기회에 발생한 것일 뿐이고 계약불이행으로 인한 것이 아니라면 불법행위로 인한 손해배상책임을 추궁할 수 있을 뿐이므로,[8] 결국 이는 당사자들의 의사 또는 계약해석의 문제로 귀착된다. 해당 계약으로부터 도출되는 의무는 어디까지인가? 특히 주된 의무를 넘어서 어느 범위까지 계약상의 부수적 의무가 발생

---

7) Juris-Classeur Civil Code Art. 1240 à 1245-17 Fasc. 176-10 Droit à réparation – Rapports entre responsabilités délictuelle et contractuelle par Michel Espagnon (4 juin 2021), n°1.

8) Civ. 1re 7 nov. 1961, Bull. civ. Ⅰ. n°509 "…… 계약책임이 발생하기 위해서는 계약의 기회에 손해가 발생한 것만으로는 충분하지 않고, 손해가 계약상 채무의 불이행으로 발생한 것이어야 한다 ……"

한다고 볼 것인가? 앞에서 살펴본 안전배려의무(5. 수단채무와 결과채무 참조)도 이러한 배경에서 논의가 되었던 쟁점이다.

(2) 둘째, 계약책임과 불법행위책임의 요건이 동일한다면 실질적인 결과는 동일할 것임에도 불구하고, 계약책임에 의거하지 않고 불법행위책임에 의거해 소송을 제기하였다는 이유만으로 기각된다.

(3) 셋째, 신체 침해로 인한 손해배상의 경우, 계약책임과 불법행위책임에 따라 요건이 달라지는 것은 바람직하지 않다.[9] 이에 따라 2020 프랑스 손해배상법 개정안 1233조제2항은 다음과 같은 내용으로 규정하고 있다.

> 2020 프랑스 손해배상법 개정안
>
> **제1233조**
>
> ② 그러나, 이러한 불이행이 인적 침해를 야기한 경우에는, 피해자인 계약 당사자는 계약외 배상책임에 기한 규정에 따라서도 손해배상을 받을 수 있다.

3. 청구권 불경합 원칙의 완화

다음에서 보는 바와 같이 프랑스 판례는 피해자 보호를 위하여 청구권 불경합 원칙을 엄격하게 관철하지는 못하고 있고, 이러한 사고는 프랑스의 여러 입법에도 반영되어 있다.

9) Juris-Classeur Civil Code Art. 1240 à 1245-17 Fasc. 176-10(주 7), n°20 & n°90.

(1) 제3자를 위한 계약(stipulation pour autrui)의 묵시적 체결

① 프랑스 법원은 계약 당사자 간에 제3자를 위한 약정이 체결되지 않았을지라도 일정한 경우 이러한 약정이 묵시적으로 체결된 것으로 의제하고 있다. 그 이유는 계약 당사자 일방의 채무불이행으로 제3자(대개의 경우 피해자의 가족)가 심각한 피해를 입어서 보호 가치가 있다고 판단됨에도 불구하고 그 제3자가 채무불이행한 계약 당사자를 상대로 계약 외의 손해배상책임(주로 불법행위책임)을 물을 수가 없거나 계약상의 손해배상책임을 추궁하는 것이 계약 외의 손해배상책임을 추궁하는 것보다 더 유리한 경우에 이러한 해석론을 전개하고 있다. 주로 물건이나 여객 운송계약, 혈액 공급계약[10] 등에서 나타나고 있다.

대표적인 사안인 파기원 민사부 1932년 12월 6일의 판결을 예로 들면 다음과 같다. A가 B 철도회사의 철도를 이용하여 목적지로 향하다가 열차 궤도 위에 떨어져 즉사하는 사고가 발생하였다. 이에 A의 유족들(배우자와 자녀들)이 B 철도회사를 상대로 계약상 손해배상책임을 청구하였다.

사안의 경우, A가 즉사하지 않았으면 우선 A에게 B 철도회사에 대한 계약상 손해배상청구권이 발생하고 이후 A가 사망한 때에 A의 손해배상청구권이 유족들에게 상속되기 때문에 상속인들의 보호에 무리가 없는데, 즉사의 경우 A는 권리의 주체가 될 수 없기 때문에 A에게 손해배상청구권이 발생할 수 없게 되고 따라서 상속인들에게 손해배상을 인정하는 데에 이론적인 문제점이 있었다.

항소심은 피해자가 즉사한 경우에는 사고가 발생한 순간과 A가 사망한 순간 사이에는 '미세한 시간적 간격'이 존재한다고 이론을 구성하여 A의 B에 대한 계약불이행으로 인한 손해배상청권이 상속된다고 판단하여 상속인들의 청구를 인용하였다.[11]

---

10) Civ. 2^{e} 20 oct. 2005, n°03-19.420.

11) 우리 판례의 입장이다. 대법원 1969. 4. 15. 선고 69다268 판결 "…… 피해자가 불법행

이에 대하여 B 철도회사는, 첫째, 상속인들은 피해자는 즉사하였다는 점, 둘째, 원고는 피고의 과책을 증명하지 않았다는 점 등을 들어 원고의 청구는 기각되어야 한다고 주장하며 파기원에 상고하였다. 두 번째 상고이유에 대하여 파기원은 피고에게는 목적지까지 승객을 안전하게 운송해야 할 운송계약상의 의무가 있다고 하여 피고의 주장을 받아들이지 않았다. 첫 번째 상고이유에 대하여 파기원은 항소심처럼 시간적 간격설을 취하지 않고 제3자를 위한 계약 이론을 도입함으로써 결과적으로 B 회사의 손해배상책임을 인정하였다.12)

> "…… [프랑스] 민법 제1147조(현 프랑스 민법 제1231-1조)에 따라 철도회사는 고객에 대하여 목적지까지 안전하게 운송해야 할 운송계약상의 의무가 있다. [운송] 계약의 이행 도중에 발생한 사망 사고의 경우, 민법 제1147조에 의한 손해배상청구권은 [피해자의] 배우자와 자녀들에게도 인정되는데, 이는 피해자가 계약상 명시하지 않았더라도 그들에게 이익이 되는 한 이러한 내용을 삽입한 것으로 볼 수 있기 때문이다 ……"

② 이와 같은 프랑스 법원의 해석론에 대해서는 논리적으로 적지 않은 비판이 제기되고 있다. 첫째, 위와 같은 해석론은 지나치게 가정적이고 의제적이다. 둘째, 채무불이행한 당사자(철도회사)의 잠재적인 책임을 예측하거나 상정하기가 어렵다. 셋째, 사고로 치명적인 피해를 입은 자의 부양가족을 최대한 보호하기 위한 강력한 사회적 정책에만 근거하여 민사 손해배상책임을 인정하는 것은 납득하기 어렵다는 등의 견해이다.13)

위로 인하여 상실한 정신적 이익을 비재산 손해의 내용으로 할 수 있는 것이어서 피해자가 즉사한 경우라 하여도 피해자가 치명상을 받은 때와 사망과의 사이에는 이론상 시간적 간격이 인정될 수 있는 것이므로 피해자의 위자료청구권은 당연히 상속의 대상이 된다고 해석함이 상당하고 ……"

12) Civ. 6 déc. 1932, DP 1933. 1. 137. note Josserand.

③ 이에 프랑스 법원은 이러한 비판을 인지하면서 위와 같은 해석론을 제한하고 있다. 운송계약에 있어서 제3자를 위한 계약이 묵시적으로 체결된 것으로 보는 경우의 제3자를 피해자인 승객이 '법적' 부양의무를 부담하는 제3자에 한정하고 있고, 이러한 해석론이 적용되는 사례 자체도 점점 줄어들고 있다.[14)]

⑵ 청구 원인을 불문하고 손해배상을 통일적으로 규율하는 특별 규정

다른 한편, 피해자의 손해배상청구 원인을 묻지 않고 손해배상을 통일적으로 규율하는 입법을 마련하고 있다. 대표적인 예로, ① 우리의 자동차손해배상보장법에 상응하는 『교통사고 피해자의 상황의 개선과 신속한 손해배상절차를 위한 1985년 7월 5일 법률』[15)] 제1조는 육상 교통사고의 피해자가 계약에 의하여 운송되는 중에 사고가 발생하였더라도 이 법률이 적용된다는 점을 명시하고 있다. ② 우리의 제조물책임법에 상응하는 규정들은 프랑스 민법 제1245조 이하 규정되어 있는데, 프랑스 민법 제1245조는 피해자와 제조자 사이에 계약관계가 있는지 여부를 묻지 않고 적용된다는 점을 명시하고 있고, 제1245-17조 제1항은 제조물책임 규정과는 별도로 피해자는 계약책임이나 불법행위책임 기타 특별책임을 제조자에게 추궁할 수 있음을 규정하고 있다. ③ 프랑스 민법은 2008년 시효법 개정으로 손해배상청구의 원인이 계약인지 불법행위인지를 불문하고 5년의 시효를 적용하고 있고(제2224조), 신체 손해로 인한 손해배상청구권에 대하여는 10년의 시효를 적용하고 있다(제2226조 제1항).[16)]

---

13) S. Rowan(주 3), p.164.

14) S. Rowan(주 3), p.164.

15) Loi n° 85-677 du 5 juillet 1985 tendant à l'amélioration de la situation des victimes d'accidents de la circulation et à l'accélération des procédures d'indemnisation

16) 손해배상청구의 원인을 묻지 않고 통일적으로 규율하는 모습은 우리 법에서도 찾아볼 수 있다. 예를 들어, 상법 제5편 해상 제765조 제1항은 선박소유자는 '청구원인의 여하

4. 민사소송절차 관련

계약불이행책임과 불법행위책임에 관한 프랑스의 청구권 불경합 원칙은 민사소송 변론절차를 통해서 실질적으로는 다음과 같은 모습으로 운영되고 있다.

(1) 당사자들이 청구하는 손해배상의 법적 성질에 대하여 확신이 서지 않을 경우, 계약불이행으로 인한 손해배상을 주위적으로, 불법행위로 인한 손해배상을 예비적으로 청구할 수 있다.[17)]

(2) 당사자가 계약불이행을 원인으로 하는 손해배상청구의 소를 제기하여야 함에도 불구하고 불법행위를 원인으로 하는 손해배상청구의 소로 잘못 제기한 경우 프랑스 민사소송법 제12조가 적용된다.

> **프랑스 민사소송법 제12조**
> ① 법원은 적용가능한 법규정에 의거하여 사안을 해결한다.
> ② 법원은 당사자들이 주장할 수 있었던 명칭에 구속되지 않고 계쟁 사실과 행위의 정확한 [법적] 성질을 부여하거나 복원하여야 한다.

위 규정에 따라 법원은 당사자들이 불법행위책임이 아닌 계약책임을 추궁하였더라면 승소하였을 것이라고 판단될 경우, 청구원인의 오류를 수정하여 직권으로 정확한 청구원인에 기하여 재판할 수 있다. 단, 프랑스 민사소송법 제16조[18)] 소정의 대심주의(對審主義) 원칙에 따라 소송 당사자들로 하

에도 불구하고' 다음 각호의 채권에 대하여 제770조에 따른 금액의 한도로 그 책임을 제한할 수 있다고 규정한다.

17) Juris-Classeur Civil Code Art. 1240 à 1245-17 Fasc. 176-10(주 7), n°93.

여금 법정에서 해당 내용을 설명하게 하는 절차를 거쳐야만 한다.[19] 더 나아가 이 경우 법원은 직권으로 정확한 청구원인을 밝혀야 할 '의무'까지 부담하는가에 대하여 파기원은 부정하고 있다.[20]

반대로, 당사자들이 계약불이행으로 인한 손해배상을 청구하였으나 불법행위로 인한 손해배상책임을 청구하였어야 할 경우에도 마찬가지로 법원은 직권으로 청구원인을 바로잡아 판단할 수 있다.[21]

5. 소결

우리 판례가 계약책임과 불법행위책임에 관하여 청구권 경합을 인정하고 있는 이유는 ① 양자는 각각 요건과 효과를 달리하는 별개의 법률관계에서 발생하는 것이고, ② 권리자로 하여금 그 중 어느 것이든 선택하여 행사할 수 있게 하는 것이 피해자인 권리자를 두텁게 보호하는 길이라는 점에 근거하고 있다.[22] 그리고 이러한 입장은 소송물이론에 대하여 우리 판례가 구소송물론을 유지하고 있는 것을 배경으로 하여 이해될 것이다.

이와 달리 프랑스 판례는 청구권 불경합 입장을 취하고 있으므로 피해자

---

18) **프랑스 민사소송법 제16조**

① 법원은 어떠한 경우에도, 대심주의(對審主義) 원칙을 준수하도록 하여야 하고 그 자신도 이를 준수하여야 한다.

② 법원은 당사자들이 원용하거나 제출한 이유, 해명 그리고 서류 등이 대심적(對審的)으로 다투어질 수 있을 때에 한하여 채택할 수 있다.

③ 법원은 당사자들이 그들의 진술을 제출하도록 사전에 권고하지 않고는, 직권으로 발견한 법적인 이유에 의거하여 재판할 수 없다.

19) Juris-Classeur Civil Code Art. 1240 à 1245-17 Fasc. 176-10(주 7), n°97.

20) Ass. plén. 12 déc. 2007, n°06-11.343.

21) Civ. 1re 28 janv. 1997, n°94-19.747.

22) 대법원 1983. 3. 22. 선고 82다카1533 전원합의체 판결.

인 권리자의 보호가 소홀해질 수 있지 않은가 하는 의문이 제기될 수 있다. 이러한 측면은 권리자가 계약책임을 주위적으로, 불법행위책임을 예비적으로 청구할 수 있는 방법에 의하여, 그리고 프랑스 민사소송법 제12조에 의하여 우리와 달리 엄격한 구소송물이론에서 벗어나서 판단할 수 있는 여지가 마련됨으로써 상당한 부분이 보완되고 있다.23)

In this chapter, I examine the relationship between contractual liability and tort liability, specifically, whether a creditor may pursue tort liability, in addition to contractual liability, when a debtor fails to perform their obligation and the conditions for tort liability are also met. French jurisprudence and academic doctrine firmly uphold their mutual exclusivity. This question intrigued me early in my studies, especially because the prevailing view in Korean case law and legal scholarship allows for the concurrence of both types of liability without significant objection. This reflects the influence of German doctrine.

Naturally, France's adoption of the non-concurrence principle presents certain challenges, most notably, the potential for an inadequate protection of victims. To address these concerns, French law has developed interpretive and

23) 당사자들은 계약책임을 주위적 청구로, 불법행위책임을 예비적 청구로 하여 소를 제기할 수 있으며, 프랑스 민사소송은 소송물론에 관하여 우리와 달리 신소송물이론을 취하고 있다고 한다는 것으로 보인다. "…… 프랑스법에서는, 기판력에 있어서 동일한 사실에 기초하여 동일한 법적 목적을 달성하려는 것은 <u>그 법적 근거를 달리할지라도</u> 금지되고 있다 ……" Yves-Marie Laithier, "The Relationship between Contractual and Extra-Contractual Liability as between Parties to a Contract", in *French Civil Liability in Comparative Perspective*, ed. by Jean-Sébastien Borghetti & Simon Whittaker, Hart Publishing(2019), p.50.

legislative exceptions that permit the coexistence of contractual and tort liability in specific cases. Conversely, while South Korea generally embraces the principle of concurrence, it also recognizes certain exceptional circumstances in which the simultaneous assertion of both types of liability is not permitted.

2020 French Draft Bill on the Reform of Civil Liability[24)25)]

Art. 1233

① In the case of non-performance of a contractual obligation, neither the debtor nor the creditor may escape the application of provisions special to contractual liability in order to opt in favour of rules specific to extra-contractual liability.

② However, losses resulting from personal injury are subject to reparation on the basis of the rules of extra-contractual liability, even if they are caused in the course of performance of a contract.

---

24) An official English version of the 2017 French Draft Bill on the Reform of Civil Liability is available. (https://www.justice.gouv.fr/sites/default/files/migrations/textes/art_pix/reform_bill_on_civil_liability_march_2017.pdf); however, no official English version of the 2020 French Draft Bill appears to have been published. Accordingly, the English translation of the 2020 Bill presented here has been prepared on the basis of the 2017 Draft Bill.

25) The French Civil Code does not number its paragraphs. For the convenience of readers, paragraph numbers such as ①, ②, etc., have been added to the provisions of the French Civil Code cited in this book.

7. 계약불이행에 대한 구제책 일반

Remedies for Breach of Contract

1. 개관

이하에서는 프랑스 민법상 계약불이행에 대한 구제책의 주요 내용을 개관하기로 한다. 다음에서 보는 바와 같이 프랑스 민법 제1217조가 이를 요약하여 규정하고 있다.

> **제1217조**
> ① 채무를 이행 받지 못하였거나 불완전하게 이행 받은 [계약] 당사자는 :
> - 자신의 채무 이행을 거절하거나 중단할 수 있고,
> - 본래 채무의 이행을 구할 수 있고,
> - 대금 감액을 구할 수 있고,
> - 계약을 해제할 수 있고,
> - 불이행의 결과에 대한 배상을 청구할 수 있다.
>
> ② [위의] 제재가 양립할 수 없는 것이 아니라면, 경합할 수 있다; 손해배상은 언제나 부가할 수 있다.

제1항에서 열거하고 있는 채무불이행에 대한 구제책에는 우열이 없어서 채권자가 선택할 수 있고 제2항에 따라 양립할 수 없는 것이 아닌 한 채권자는 경합하여 행사할 수 있다.

이하에서는 위 조항에서 규정하고 있는 권리 중에서 이행청구권과 대금감액청구권, 그리고 프랑스 민법 제1219조와 제1220조에서 규정하고 있는 동시이행의 항변권에 대하여 설명하고, 계약해제에 대해서는 장(章)을 바꾸

어 설명한다. 계약불이행으로 인한 손해배상청구권에 대해서는 앞의 4. 계약불이행으로 인한 손해배상책임의 구조 부분에서 설명하였다.

2. 이행청구권

제1221조
채권자가 이행의 최고를 한 이후에는, 채무의 이행이 불가능하거나 그 이행으로 선의의 채무자가 부담할 비용과 그로 인한 채권자의 이익 간에 명백한 불균형이 있는 경우 외에는 본래 채무의 이행을 청구할 수 있다.

(1) 이행청구권의 취지

채무불이행에 대한 구제책으로서 손해배상청구권이 중심으로 되어 있는 영미법과는 달리, 프랑스는 전통적으로 손해배상이 아니라 본래 채무의 이행청구권이 구제책의 중심으로 인식되고 있는데, 그 이유는 대체로 다음과 같이 설명되고 있다.[1)]

첫째, 계약의 구속력(principe de la force obligatoire du contrat)에 따라 계약 당사자는 본래 자신이 약정했던 바를 이행하는 것이 그들의 의사일 뿐만 아니라 이로써 계약의 효력이 충분히 발휘되기 때문이다.

둘째, 전통적으로 프랑스에서는 손해배상은 이행청구보다 채권자의 만족을 주지 못하는 열등한 구제책으로 인식되어 왔다. 손해배상은 계약 위반자에게 오히려 이득이 되고 손해를 입은 채권자에게는 불만족스러운 미봉책으로 여겨져 왔다.

---

1) Solène Rowan, *The New French Law of Contract,* Oxford University Press(2022), p.205-206.

셋째, 채무불이행에 대한 구제책으로서 이행청구권은 거래의 안전을 높이는 역할을 한다. 만일 이행청구보다 손해배상을 선호하게 되면 계약상의 본래 채무 이행 여부를 선택적 사항으로 만들어버리게 되는 결과가 된다.

넷째, 일반적으로 손해배상을 하게 되면 본래 이행하고자 했던 급부가 저평가되는 경우가 많다. 이는 계약 위반을 억지(抑止)하고자 하는 데에 비효율적이다.[2)]

(2) 이행청구의 예외

① 제1221조는 이행청구의 예외사유로서 두 가지를 명시하고 있다. ⅰ) 이행불능인 경우와 ⅱ) 채무자가 이행하는 데에 드는 비용과 [그 이행으로 인하여 얻는] 채권자의 이익 간에 명백한 불균형이 존재하는 경우이다. 첫 번째 경우는 전보배상청구권만 인정될 수 있고 우리 민법상의 논리도 이와 다르지 않다. 여기서 우리는 두 번째 예외 사유를 눈여겨볼 필요가 있다. 이는 2016년 채권법을 개정하면서 처음 명시한 것으로서 당시의 중요한 개정사항들 중의 하나로 평가되고 있다.[3)] 채권자가 다른 구제책을 구할 수 있음에도 악의적으로 권한을 남용하여 본래 채무의 이행만을 고집하는 것을 막기 위한 취지이다.[4)]

---

2) 프랑스법의 이러한 태도는 다음의 대법원 판시와도 일맥상통하는 면이 있다고 생각한다. 대법원 2016. 5. 12. 선고 2016다200729 판결 "…… 채무의 이행불능이란 단순히 절대적·물리적으로 불능인 경우가 아니라, 사회생활의 경험법칙 또는 거래상의 관념에 비추어 채권자가 채무자의 이행 실현을 기대할 수 없는 경우를 말한다. 이와 같이 사회통념상 이행불능이라고 보기 위해서는 이행의 실현을 기대할 수 없는 객관적 사정이 충분히 인정되어야 하고, 특히 계약은 어디까지나 내용대로 지켜져야 하는 것이 원칙이므로, 채권자가 굳이 채무의 본래 내용대로의 이행을 구하고 있는 경우에는 쉽사리 채무의 이행이 불능으로 되었다고 보아서는 아니된다 ……"

3) S. Rowan(주 1), p.203

4) Alain Bénabent, *Droit des obligations 20ᵉ éd.*, LGDJ(2023), n°379(p.326-327); Stéphanie Porchy-Simon, *Droit des obligations 17ᵉ éd.*, Dalloz(2025), n°548(p.299);

② 계약 당사자들은 자신이 한 약속에 엄격하게 구속되는 것이 원칙이기 때문에, 채무자에게 무거운 결과가 발생하더라도 본래 채무의 이행을 명하는 것이 프랑스법의 전통적인 입장이었다.[5] 예를 들어, 건축 도급 계약의 내용보다 건축물의 높이가 33㎝ 모자란 경우 이를 부수고 재건축을 명한 사안[6], 타일에 균열이 일어났는데 그 위에 타일을 덧붙이기만 하는 것은 채무이행 비용이 적게 들더라도 채권자에게 불쾌감을 초래할 수 있기 때문에 채권자로서는 기존 타일을 뜯어내고 새로 타일을 붙일 것을 요구할 수 있다고 한 사안[7], 새로 지은 건축물이 건축상의 착오로 기존 건축물의 창의 일부를 가릴 경우 건축물을 부수고 새로 건축할 것을 명한 사안[8] 등이 그러한 예이다.

반면, 이보다 완화된 판결들도 나타나기 시작하였다. 예를 들어, 파기원 민사3부 2015년 10월 15일 판결[9]은 계약의 무효로 인한 원상회복과 관련하여 이행강제금을 부과하면서 채무자의 비용으로 완성물을 부술 것을 명한 항소심을 파기하면서, 항소심은 당사자가 주장한 바와 같이 완성물의 파괴가 해당 장애와 불일치 상태의 심각성에 비추어 그에 비례한 제재인지 여부를 살펴보았어야 한다고 판시한 바 있다.[10]

③ 위 규정은 어떠한 경우에 채무자의 채무 이행 비용과 이로 인하여 얻

Anne-Sophie Choné-Grimaldi, *La réforme du droit des contrats, du régime générale et de la preuve des obligations sous la direction de Thibault Douville, 2e éd.*, Gaulino(2018), p.222.

5) Muriel Fabre-Magnan, *Droit des obligations* - *1. Contrat et engagement unilatéral 7e éd.*, puf(2024), n°976(p.801).

6) Civ. 3e 11 mai 2005, n°03-21.136; 0.5㎝ 차이에 대하여도 유사한 판시를 한 사안으로 Civ. 3e 20 mars 2002, n°00-16.015.

7) Civ. 3e 27 mars 2012, n°11-11.798.

8) Civ. 3e 21 janv. 2016, n°15-10.566.

9) Civ. 3e 15 oct. 2015, n°14-23.612.

10) 그밖에 유사한 취지로, Civ. 3e 22 nov. 2018, n°17-12.537; Civ. 3e 19 déc. 2019, n°18-25.113.

는 채권자의 이익 간에 명백한 불균형이 존재하는가에 대한 구체적인 판단 기준에 대하여는 언급이 없다. 이에 대하여는, 계약 위반의 심각성 정도, 채권자의 손실의 범위, 약정된 급부를 제3자로부터 취득하기가 어려운지 여부, 채무자의 채무불이행으로 인하여 채권자가 제3자와 체결한 계약을 위반하게 되는지 여부, 손해배상을 받을 경우 그 불이행이 저평가될 위험 등등이 고려 대상으로 언급되고 있다.[11)]

④ 이러한 입법에 대하여 찬성하는 견해들도 있지만[12)], 이러한 예외 사유를 명시하는 것은 계약의 구속력과 어울리지 않을 뿐만 아니라 채무 이행 비용이 많이 든다는 이유로 채무자가 본래 채무 이행의 약속을 파기할 수 있는 빌미를 제공한다는 비판도 적지 않다.[13)] 따라서 프랑스에서의 대체적인 견해는 이행청구가 허용되지 않는 예외사유는 매우 제한적으로 좁게 해석되어야 한다고 보고 있다.[14)] 2016년 개정시에는 없었던 '채무자의 선의' 문구가 2018년 4월 개정에 의해 추가된 것도 이와 무관하지 않다. 이행청구권과 손해배상청구권의 선택은 채권자가 할 수 있는 것인데, 채무자가 악의적으로 본래 채무의 이행을 회피하는 것을 막기 위하여 추가한 것이라고 설명되고 있다.[15)] 특히 부동산 개발업자나 건축업자가 의식적으로 불량한 건

11) S. Rowan(주 1), p.205.

12) 예를 들어, 2016년 프랑스 채권법 개정 덕분에 이렇게 희한한 상황에서 강제이행을 해야만 하는 쓰라린 결과를 감당하지 않을 수 있게 되었다는 지적으로 Bertrand Fages, *Droit des obligations 14e éd.*, LGDJ(2024), n°298(p.259).

13) François Terré, Philippe Simler, Yves Lequette et François Chénedé, *Droit civil Les obligations 13e éd.*, Dalloz(2022), n°780(p.872); Olivier Deshayes, Thomas Genicon et Yves-Marie Laithier, *Réforme du droit des contrats, du régime générale et de la preuve des obligations 2e éd.*, LexisNexis(2018), p.549

14) S. Rowan(주 1), p.205.

15) Yvaine Buffelan-Lanore et Virginie Larribau-Terneyre, *Droit civil – Les obligations 19e éd.*, Dalloz(2024). n°1838(p.607); Lionel Andreu et Nicolas Thomassin, *Cours de droit des obligations 9e éd.*, Gualino(2024), n°709(p.273-274); F. Terré, P. Simler, Y.

축을 하고 나서 이후 객관적으로 비용이 많이 든다는 이유를 들어 재개축 등을 거부하는 일들이 있었기에 이를 방지하기 위함이다.[16)]

⑤ 이러한 내용의 개정에 대하여 손해배상을 채무불이행의 원칙적 구제책으로 인정하고 있는 영미법상의 사고를 도입한 것으로 평가하는 견해,[17)] 독일 민법(BGB) 제275조 제2항에 가까운 입법이라는 견해[18)] 등이 있다.

(3) 그밖의 예외사유

제1221조에서 명시하고 있지는 않지만, 이행청구가 허용되지 않는 경우로서 채무자가 이행거절의 의사를 명확하게 표시한 경우[19)], 이행을 강제할 경우 채무자의 권리와 자유를 심각하게 침해하는 채무(배우의 무대 출연 채무, 그림 제작 채무 등)[20)] 등이 언급되고 있다.

(4) 이행강제금(astreinte) 제도

한편, 프랑스 민사집행법에 있는 이행강제금 제도도 이행청구권이 채무불이행에 대한 주요한 구제책으로서 기능하는 데에 도움이 되는 역할을 하고 있다.[21)]

Lequette et F. Chénedé(주 13), n°780(p.872); Philippe Malaurie et Laurent Aynès et Philippe Stoffel-Munck, *Droit des obligations 13ᵉ éd.*, LGDJ(2024), n°549(p.506).

16) M. Fabre-Magnan(주 5), n°975(p.800).

17) M. Fabre-Magnan(주 5), n°974(p.799); S. Rowan(주 1), p.251.

18) B. Fages(주 12), n°298(p.260).

독일 민법 제275조 [給付義務의 排除]

② 급부가 채권관계의 내용과 신의성실의 요청에 비추어 채권자의 급부이익에 대하여 현저한 불균형을 이루는 비용지출을 요구하는 경우에는 채무자는 급부를 거절할 수 있다. 채무자에게 기대될 수 있는 노력을 정함에 있어서는 채무자가 그 급부장애에 대하여 책임 있는지 여부도 고려되어야 한다.

19) Marjorie Brusorio Aillaud, *Droit des obligations 15ᵉ éd.*, Bruylant(2024), n°445(p.305)

20) B. Fages(주 12), n°297(p.258); Anne-Sophie Choné-Grimaldi(주 4), p.221-222.

21) S. Rowan(주 1), p.206; 이행강제금 제도에 대해서 여러 가지 비판이 제기되고는 있으나,

프랑스 민사집행법

L131-1조

① 모든 법관은 직권으로 재판의 이행을 확보하기 위하여 이행강제금을 명할 수 있다.
② 집행법원은 상황에 따라 필요하다고 보일 경우, 다른 법원이 내린 재판에 대하여 이행강제금을 부가할 수 있다.

L131-2조

① 이행강제금은 손해배상으로부터 독립적이다.
② 이행강제금에는 임시적인 것과 확정적인 것이 있다. 법원이 확정적이라고 명시하지 않는 한, 이행강제금은 임시적인 것으로 본다.
③ 확정적 이행강제금은 임시적 이행강제금이 선고된 이후에만, 그리고 법원이 정한 기간에 대해서만 명할 수 있다. 이와 같은 요건이 충족되지 않았을 경우, 이행강제금은 임시적 이행강제금과 같은 [방식으로] 산정된다

L131-3조

이행강제금은 확정적인 것일지라도, 이를 명한 법원에 당해 사건이 계류되어 있거나 그 법원이 이에 관한 권한을 명시적으로 자신에게 유보한 것이 아닌 한, 집행법원에 의하여 산정된다.

L131-4조

① 임시적 이행강제금의 금액은 그 명령을 받은 사람의 행위와 그가 이를 이행하는 데에 겪는 어려움 등을 고려하여 산정한다.
② 확정적 이행강제금의 가액은 결산시에 전혀 수정될 수 없다.
③ 법원이 명한 이행강제금의 불이행 또는 그 지연의 전부 또는 일부가 불가항력에 기인함이 증명된 경우, 임시적 또는 확정적 이행강제금의 전부 또는 일부를 취소할 수 있다.

그럼에도 불구하고 프랑스는 이 제도를 정착시켜 운영하여 오고 있는 것이 현실이다.

3. 대체집행

제1222조

① 채권자는 채무의 이행을 최고한 후, 상당한 기간 내에 합리적인 비용으로 스스로 채무를 이행하거나 법원의 사전 허가를 얻어서 채무에 위반하여 발생한 결과를 제거할 수 있다. 채권자는 이를 위하여 발생한 금액의 상환을 채무자에게 청구할 수 있다.

② 채권자는 또한 이와 같은 채무를 이행하거나 [불이행의 결과를] 제거하기 위하여 필요한 비용을 채무자가 사전에 지급할 것을 법원에 청구할 수도 있다.

(1) 위 조항은 우리 민법상의 대체집행에 상응하는 내용이다(민법 제389조 제2항 후단 및 제3항). 이는 채무불이행에 대한 구제책으로서 이행청구를 원칙으로 하는 프랑스법적 요소와 손해배상을 원칙으로 하는 영미법적 요소의 하이브리드(hybrid) 성격을 가진 구제책이라고 할 수 있는데, 다만, 기존에 프랑스에서는 대체집행의 법적 성격을 손해배상보다는 이행청구에 가까운 것으로 파악하는 경우가 다수였기 때문에 제1221조의 이행청구권 바로 뒤에 위의 내용을 배치하였다.[22)]

(2) 과거 프랑스 판례는 이 경우 법원의 사전 허가를 얻도록 하고 있었으나[23)], 2016년 개정시 채무자에게 이행의 최고만 하고 법원의 사전 허가는 얻지 않아도 되는 것으로 입법하였다.[24)] 다만, 부작위채무 위반의 결과(건물의 철거 등)를 제거하는 경우에는 예전과 같이 법원의 사전 허가를 얻어야

22) S. Rowan(주 1), p.208.

23) Civ. 3e 21 déc. 2017, n°15-24.430 등.

24) M. Fabre-Magnan(주 5), n°982(p.806); François Chénedé, *Droit des obligations et des conrtats 3e éd.,* Dalloz(2023), n°128.121(p.167-168); Anne-Sophie Choné-Grimaldi(주 4), p.223-223.

하는 것으로 하였다. 채권자의 철거청구권 등의 남용을 막기 위함이다.25)

(3) 이때 채권자가 채무자에게 이행을 최고할 것을 요구하는 이유는, 채무자에게 스스로 이행할 기회를 주지 않는다면 채무자로서는 채권자가 대신 집행함으로써 발생할 손해에 대한 계산을 할 기회도 없이 모두 배상을 하여야 하기 때문이다.26) 제1221조의 '명백한 불균형이 존재할 경우 강제이행을 허용하지 않는다'는 취지는 제1222조에도 유추적용하여 대체집행에 드는 비용과 그로 인하여 얻는 채권자의 이익 간에 명백한 불균형이 있는 경우에는 대체집행을 허용하지 말아야 한다는 견해가 유력하다. 이 경우 강제이행을 허용하지 않으면서 제3자에 의한 대체집행(간접적인 강제이행)을 허용하는 것은 일관적이지 못하기 때문이다.27)

4. 대금감액청구권

제1223조
① 급부가 불완전하게 이행되었을 경우, 채권자가 이행을 최고한 후에도 급부의 전부 또는 일부를 여전히 이행 받지 못하고 있다면, [급부에] 비례하여 감액을 받기를 [원한다는] 결정을 가능한 신속하게 채무자에게 통지할 수 있다. 채권자의

25) Alain Sériaux et Gwendoline Lardeux, *Manuel de droit des obligations 5e éd.*, puf (2023), n°63(p.148).

26) L. Andreu et N. Thomassin(주 15), n°712(p.274-275).

27) O. Deshayes, T. Genicon et Y-M. Laithier(주 13), p.556; P. Malurie, L. Aynès et P. Stoffel-Munck(주 15), n°550(p.507); F. Chénedé(주 24), n°128.122(p.168); F. Terré, P. Simler, Y. Lequette et F. Chénedé(주 13), n°783(p.874); Jaques Flour, Jean-Luc Aubert et Éric Savaux, *Droit civil Les obligations – l'acte juridique 18e éd.*, Dalloz(2024), n°878(p.1119).

> 대금 감액 결정에 대한 채무자의 승낙은 서면으로 작성되어야 한다.
> ② 채권자가 이미 대금을 지급하였다면, 당사자 간 합의가 이루어지지 않을 경우 법원에 대금 감액을 청구할 수 있다.

(1) 1804년 프랑스 민법에는 대금감액을 인정하는 취지의 개별 규정들이 산재해 있었을 뿐이고,[28] 프랑스 판례도 일반원칙으로서 대금감액을 인정하지 않고 있었다.[29] 채권자는 채무자에 대하여 채무불이행으로 인한 손해배

---

28) 1. 매매의 경우

프랑스 민법 제1617조

① 부동산 매매가 일정한 단위에 따라 면적을 명시하면서 이루어진 경우, 매수인이 이를 [계속] 요구한다면 매도인은 매수인에게 계약에 명시된 분량을 인도하여야 한다.

② 그러한 물건의 인도가 가능하지 않거나 매수인이 이를 요구하지 않을 경우, 매도인은 그이 비례하여 대금을 감액받을 것을 수인하여야 한다.

프랑스 민법 제1644조 제1641조와 제1643조의 경우, 매수인은 목적물을 반환하고 매매대금을 반환받거나, 목적물을 보유하고 대금의 일부를 반환받는 것 중에서 선택할 수 있다.

프랑스 민법 제1637조 매도된 토지의 일부가 추탈되었으나 매매가 해제되지 않은 경우, 매수인은 추탈당한 부분의 가치에 대하여 매매 대금 전체에 비례하여서가 아니라 매도된 물건의 가치가 상승하거나 하락하였는지 등 추탈 당시의 평가에 따라 상환받는다.

2. 임대차의 경우

프랑스 민법 제1722조 임대차 기간 동안에 임대목적물 전부가 불가항력에 의하여 멸실되었다면, 임대차는 당연히 해지된다; 임대 목적물의 일부가 멸실된 경우, 임차인은 상황에 따라 차임의 감액 또는 임대차의 해지를 요구할 수 있다. 어느 경우에도 손해배상은 없다. (≒ 우리 민법 제627조)

프랑스 민법 제1726조 반대로, 건물 임차인 또는 농지 임차인이 [목적]부동산의 소유권에 관한 소권으로 용익에 방해를 받을 경우, 그러한 방해와 장애를 임대인에게 통지하기만 하면 건물 임대차나 농지 임대차의 차임에 비례하여 차임의 감액을 요구할 권리가 있다.

프랑스 민법 제1765조 농지 임대차에 있어서 실제 [약정한] 농지보다 면적이 작거나 큰 농지를 인도받은 경우, 매매 편에서 정한 경우와 그 규정에 따라 농지 임차인에게 차임을 증액 또는 감액한다.

상청구권을 가지고 있고, 채무자의 채권자에 대한 대금청구권과 상계를 하는 것으로 처리하면 된다고 인식하고 있었기 때문이다. 그러나, 뒤에서 보는 바와 같이 이러한 메커니즘이 대금감액청구권이 행사되는 경우와 동일한 결과를 가져오는 것은 아니고[30] 유럽계약법원칙(제9:401조)이 대금감액청구권을 규정하고 있는 바에서 영향을 받아 2016년 개정에 새롭게 도입한 규정이다. 제1항은 채권자가 아직 급부에 대한 대가로서의 대금을 지급하지 않은 경우를, 제2항은 채권자가 대금의 일부나 전부를 이미 지급한 경우를 규정하고 있다.

(2) 동시이행의 항변권(제1219조), 계약 해제(제1224조 이하) 등의 경우와 달리, 대금감액청구권에 있어서는 채무불이행이 중대할 것을 요하지 않는다. 채무자의 귀책사유도 요하지 않을 뿐만 아니라 불가항력의 경우에도 대금감액청구권을 행사할 수 있고,[31] 손해의 발생도 요구되지 않는다. 채무자의 불완전한 이행이 있으면 족하다.[32]

(3) 대금감액과 손해배상은 다음과 같이 구별된다는 견해가 유력하다.[33]

---

29) Civ. 3e 10 mars 2015, n°13-27.660 "…… 법원은 당사자가 정한 매매 가격을 수정할 수 없고, 매도인이 인도 의무의 불이행으로 인하여 발생한 손해는 손해배상의 [양 당사자에게로] 할당함에 의하여 보상될 수 있을 뿐이다 ……" ; François Chénedé(주 24), n°128.131(p.169).

30) F. Terré, P. Simler, Y. Lequette et F. Chénedé(주 13), n°785(p.876).

31) O. Deshayes, T. Genicon et Y-M. Laithier(주 13), p.560-561; L. Andreu et N. Thomassin(주 15), n°717(p.276); F. Chénedé(주 24), n°128.141(p.170); Alain Sériaux et Gwendoline Lardeux(주 25), n°70(p.161); F. Terré, P. Simler, Y. Lequette et F. Chénedé(주 13), n°787(p.878 et s.).

32) O. Deshayes, T. Genicon et Y-M. Laithier(주 13), p.560.

33) F. Chénedé(주 24), n°128.151(p.173); F. Terré, P. Simler, Y. Lequette et F. Chénedé(주 13), n°791(p.883); 대금감액청구권은 약정 급부에 비하여 이행된 급부가 부족한 가치분을 가격에 반영하기 위한 것이지, 손해배상의 할당과는 독립적인 것이라고 보는 견

즉, ① 손해배상 = 약정 금액 - (약정한 급부의 시장가치 - 수령한 급부의 시장가치)인 반면, ② 대금감액 = 약정 금액 × (수령한 급부의 시장가치/약정한 급부의 시장가치)이다. 예를 들어서, A가 B에게 6만 유로(euro)를 공사대금으로 하여 수영장을 건설해주기로 하는 도급계약을 체결한 후 수급인 A가 공사를 완공하였을 때 수영장의 시장가치는 4만 유로로 평가되는데, 부실공사로 인하여 현재 3만 유로밖에는 평가되지 못하는 상황이라고 하자. 이때 도급인 B가 A를 상대로 손해배상을 청구한다면 1만 유로(4만 유로 - 3만 유로)를 청구하게 되므로, 결국 공사대금 6만 유로에서 1만 유로를 상계하고 5만 유로를 지급하게 될 것이다(①의 경우). 한편, B가 A를 상대로 대금감액청구권을 행사하게 되면, 약정 공사금액 6만 유로 × 0. 75(3만 유로/4만 유로)의 대금인 4만 5천 유로의 공사대금만 지급하게 된다(②의 경우).

다시 말해서, 목적물이나 급부의 시장가치가 당사자들이 약정한 가액보다 더 높을 경우에는 채권자의 입장에서 대금감액이 손해배상보다 유리하고, 반대로 시장가치가 약정한 가액보다 더 낮을 경우에는 채권자의 입장에서 손해배상이 대금감액보다 유리하다.

(4) 한편, 다음의 견해들을 보면 현실 분쟁의 해결에 있어서 대금감액과 손해배상을 기능적으로 완전히 분리해서 적용할 수 있을지는 의문의 여지가 있어 보이기도 한다. 대금감액과 손해배상은 구별되는 것이나(매도인의 담보책임에서처럼), 당사자의 의도를 살펴서 대금감액으로 분쟁을 마무리하고자 하는 의도라면 별도로 손해배상을 구할 수 없다고 해야 한다는 견해,[34] 계약의 해제와 관련하여 부분 해제에 대해서는 규정하고 있지 않으나(프랑스 민법 제1229조 참조), 위의 대금감액청구권이 부분 해제의 역할을 할 수 있을 것으로 보는 견해,[35] 대금감액청구권은 실질적으로 손해배상청

해도 이러한 입장이다. B. Fages(주 12), n°300(p.262).

34) Anne-Sophie Choné-Grimaldi(주 4), p.227.

구권의 역할도 하고 있으므로, 당사자 간에 대금감액에 관한 약정이 있을 경우 손해배상액의 예정으로서 프랑스 민법 제1231-5조에 따라 법원의 통제 대상이 되는 것은 아닌지도 살펴볼 필요가 있다는 견해[36] 등이 그러하다.

(5) 여기서 특히 제1항의 운용의 현실적인 어려움을 지적하는 견해들이 많다는 점에도 유의할 필요가 있다. 제1항 제2문은 '채권자의 대금 감액 결정에 대한 채무자의 승낙은 서면으로 작성되어야 한다'고 하고 있기 때문이다. 채권자의 일방적 의사표시에 의하여 대금감액 효과가 발생한다는 논리를 구성하게 되면 이에 대하여 채무자가 이의를 제기할 수 있는 가능성이 봉쇄되므로, 이러한 채무자의 이익을 고려하여 절충안으로서 이와 같은 규정을 두게 되었다고 한다.[37] 그러나, 현실적으로 위 규정이 채권자의 일방적 의사표시에 의한 대금 감액을 규정하고 있다면, 여기서 채무자의 승낙은 무엇을 의미하는 것인지 의문이고 이 규정이 실제로 운용되는 데에 어려움이 있을 것임이 지적되고 있다.[38]

---

35) Gaël Chantepie et Mathias Latina, *Le nouveau droit des obligations 3e éd.*, Dalloz (2024), n°670(p.728); M. Fabre-Magnan(주 5), n°985(p.807).

36) Alain Bénabent(주 4), n°387(p.331) et n°442(p.365).
프랑스 민법 제1231-5조
① 채무를 이행하지 않은 사람이 손해배상의 명목으로 일정한 금액을 지급하기로 계약에 명시된 경우, 다른 당사자에게 그보다 초과 또는 미만인 금액을 지급할 수 없다.
② 그러나, 약정된 위약금이 명백하게 과도하거나 과소한 경우 법원은 직권으로 이를 감액하거나 증액할 수 있다.
③ 채무가 일부 이행된 경우, 약정된 위약금은, 전항의 적용과 별도로, 부분 이행이 채권자에게 이익이 되었던 것에 비례하여 법원이 직권으로 감액할 수 있다.
④ 전 2항에 위배된 약정 조항은 기재되지 않은 것으로 본다.
⑤ 불이행이 확정되지 않는 한, 채무자에게 이행최고가 있은 후에 위약금이 발생한다.

37) G. Chantepie et M. Latina(주 35), n°643-1(p.702).

38) L. Andreu et N. Thomassin(주 15), n°716(p.276); F. Terré, P. Simler, Y. Lequette et F. Chénedé(주 13), n°789(p.882); 따라서 이 규정의 내용상 실제로 채권자와 채무자의 합의에 의한 대금 감액을 의미한다는 견해도 있다. M. Fabre-Magnan(주 5), n°986

⑹ 위 규정의 적용범위와 관련하여서는, 위 규정이 대금 감액'에 대해서만 규정하고 있으나, 반대급부가 비금전채무이더라도 가분적인 경우 위 규정을 유추적용할 수 있다는 견해,[39] 반대급부가 주는 채무, 하는 채무 등의 경우 본 규정이 적용되지 않고 전통적인 방법인 손해배상으로 해결해야 한다는 견해[40] 등이 있다.

⑺ 앞에서 살펴본 바와 같이 프랑스 내에서도 위 규정의 운용상의 현실적인 어려움에 대해서 많이 지적되고 있고, 앞으로 어떠한 모습으로 운용될 것인지는 더 지켜보아야 할 문제이다. 이와 동시에, 프랑스 민법이 채무불이행의 효과로서 '대금감액청구권'을 일반 조항으로 인정한 것은 우리에게도 적지 않은 생각할 거리를 주고 있다고 생각한다. 대금감액청구권은 우리 민법상 담보책임이 주요한 내용을 이루고 있는데 (민법 제569조 이하의 규정들의 내용 참조), 최근 일본 민법이 2017년 채권법 대개정으로 (2020년부터 시행되고 있는) 담보책임을 원칙적으로 폐지하고 일반 채무불이행의 체계에 흡수하였다는 점[41]을 생각하면 향후 우리 민법이 나아가야 할 방향 설정에 필요한 자료가 될 수 있을 것으로 생각한다. 현행 민법이 매도인의 담보책임으로서의 매수인의 대금감액청구권을 일부 타인권리의 매매, 수량부족·일부멸실의 경우, 즉 양적 일부 불이행의 사안에만 인정하고 있는 것(민법 제52조 제1항, 제574)과 달리, 2024 계약법 개정안은 권리의 하자 또는 물건의 하자를 이유로 하는 대금감액청구권을 마련하고 있다.[42]

(p.808).

39) G. Chantepie et M. Latina(주 35), n°645(p.704); O. Deshayes, T. Genicon et Y-M. Laither(주 13), p.560; Y. Buffelan-Lanore et V. Larribau-Terneyre(주 15), n°1863(p.614).

40) F. Chénedé(주 24), n°128.151(p.172); F. Terré, P. Simler, Y. Lequette et F. Chénedé(주 13), n°791(p.882).

41) 梁彰洙, 民法硏究 第10卷, 博英社, 2019, 530면 이하.

42) **2024 계약법 개정안 제573조(대금감액)**

5. 동시이행의 항변권

제1219조
당사자는 자신의 채무가 이행기에 있음에도 불구하고 상대방이 채무 이행을 하지 않고 그 불이행이 충분히 중대할 경우, 자기 채무의 이행을 거절할 수 있다.

제1220조
당사자는 계약 상대방이 채무의 이행기가 도래하여도 채무를 이행하지 않고 그 불이행의 결과가 그에게 충분히 중대할 것임이 명백하다면, 자신의 채무 이행을 [미리] 중단할 수 있다. [채무 이행의] 중단은 가능한 빨리 통지되어야 한다.

(1) 구 프랑스 민법은 동시이행의 항변권에 관한 일반 규정을 두지 않았고, 이에 관한 개별적인 규정들만 두고 있었다.[43] 그러나 프랑스 판례는 이

---

① 매매의 목적인 권리 또는 물건의 하자가 있는 경우에 매수인은 대금의 감액을 청구할 수 있다. 이 경우 제543조, 제547조를 준용한다.
② 제1항의 경우에 대금은 하자로 인하여 매매 당시 목적물의 가치가 감소되는 비율에 따라 감액된다.
③ 상당하게 산정된 하자 제거의 비용은 제2항에 따라 감액되는 금액으로 추정한다.

43) 1. 매매의 경우

제1612조 매수인이 매매대금을 지급하지 않고 있고 매도인이 그에게 기한의 유예를 부여하지 않는 한, 매도인이 목적물을 인도할 의무는 없다.

제1613조 [대금의] 지급에 대하여 기한[의 유예]를 부여하였더라도, 매매계약 이후 매수인이 파산 또는 지급불능의 상태에 빠져서 매도인이 대가를 상실할 급박한 위험에 처한 경우, 매수인이 기한까지 보증인을 세우지 않는 한 매도인은 더 이상 [목적물을] 인도할 의무가 없다.

제1653조 매수인이 [매매 목적물에 관한] 저당권, 반환청구 등으로 인하여 방해를 받고 있거나 방해를 받을 염려가 있는 경우, 이러한 사유가 있음에도 매수인이 대금을 지급하기로 약정하였거나 또는 매도인이 보증인을 세우지 않는 한, 매도인이 그러한 방해를 중단시킬 때까지 매수인은 매매대금의 지급을 유보할 수 있다. (≒ 우리 민법 제588조)

2. 교환의 경우

규정의 취지를 일반화하여 쌍무계약의 경우에 확장하여 적용하여 오고 있었다.[44] 2016년 프랑스 채권법 개정으로 위와 같이 기존 프랑스 판례를 입법화하여 동시이행의 항변권에 관한 일반 규정이 마련되었다. 프랑스 민법 제1219조는 우리 민법 제536조 제1항에, 프랑스 민법 제1220조는 우리 민법 제536조 제2항(불안이 항변권)에 각 상응하는 내용들이다.

(2) 동시이행의 항변권-제1219조

제1219조를 우리 민법 제536조 제1항과 비교하여 보면 다음과 같은 특징이 있음을 알 수 있다.

① 첫째, 동시이행의 항변권을 쌍무계약에 한정하지 않고 있다. 프랑스 판례도 채무 상호간의 견련성이 덜 명확한 불완전 쌍무계약에 있어서도 동시이행의 항변권을 인정하였었고,[45] 계약 실효의 경우 원상회복 상호 간 등에서도 마찬가지로 동시이행의 관계를 인정하여 왔었기 때문이다.[46] 더 나

제1704조 교환의 일방 당사자가 교환의 목적인 물건을 이미 수령하였는데 상대방 당사자가 이 물건의 소유자가 아님을 증명한 경우, 그는 교환의 반대급부로 약속한 물건을 인도할 것을 의무 없이 단지 그가 수령한 물건을 반환해야 하는 것으로 할 수 있다.

3. 유상임치의 경우

제1948조 수치인은 임치에 대한 보수 전액을 받을 때까지 임치물을 유치할 수 있다.

44) Y. Buffelan-Lanore et V. Larribau-Terneyre(주 15), n°1842(p.608); A. Bénabent(주 4), n°371(p.322); M. Fabre-Magnan(주 5), n°961(p.793); S. Porchy-Simon(주 4), n°534 (p.294); F. Chénedé(주 24), n°128.51 et 128.52(p.161).
Civ. 5 mai 1920, DP 1926 1. 37 (M. Brusorio Aillaud(주 19), n°441(p.303)에서 재인용) "…… 쌍무계약에 있어서 일방 당사자의 채무는 상대방 채무의 원인(cause)이 되므로, 일방 당사자의 채무가 이행되지 않았다면 그 자체로 타방 당사자의 채무의 원인이 부재하게 되는 이유가 된다 ……"

45) Y. Buffelan-Lanore et V. Larribau-Terneyre(주 15), n°1845(p.609); L. Andreu et N. Thomassin(주 15), n°689(p.268); F. Terré, P. Simler, Y. Lequette et F. Chénedé(주 13), n°746(p.840), n°764(p.858) et n°767(p.859); J. Flour, J-L Aubert et É. Savaux(주 27), n°861(p.1100-1101).

아가 상대방 당사자가 비록 별개의 계약에서 발생하는 채무를 이행하지 않았을지라도 이러한 채무의 불이행이 본 합의의 불이행과 관련이 있을 경우, 본합의의 채무불이행은 정당화된다.47)

둘째, 우리 민법상의 동시이행의 항변권과 달리 '채무불이행의 중대성'을 성립 요건으로 명시하고 있다. 채무불이행이 충분히 중대하여 상대방 당사자에게 있어 계약을 체결할 실익과 존재 이유가 없게 되었을 정도를 의미한다. 예를 들어, 임차인이 임차 목적물을 사용하고 있으면서 목적물 상태가 불량하다는 것만으로 차임 지급을 거절할 수는 없다. 임차 목적물을 계약 목적대로 사용할 수 없을 정도가 되어야 차임 지급 거절이 정당화된다.48)

② 위의 두 가자의 차이점에 대해서 우리 민법상의 내용을 비교해보면 다음과 같다.

첫째, 우리 민법 제536조 제1항은 동시이행의 항변권을 문언상 쌍무계약에 한정하고 있으나, 이 규정이 여러 군데에서 준용이 되고 있을 뿐만 아니라(제317조, 제549조, 제583조, 제561조, 제667조 제3항, 제728조 등), 우리 판례는 당사자가 부담하는 각 채무가 쌍무계약에 있어 고유의 대가관계가 있는 채무가 아니라고 하더라도 구체적인 계약관계에서 각 당사자가 부담하는 채무에 관한 약정 내용에 따라 그것이 대가적 의미가 있어 이행상의 견련관계를 인정하여야 할 사정이 있는 경우 동시이행의 관계를 인정하고 있다.49) 더 나아가 양 채무가 동일한 법률요건으로부터 생겨서 공평의 관점

---

46) Rémy Cabrillac, *Droit des obligations 16e éd.*, Dalloz(2024), n°179(p.191); F. Terré, P. Simler, Y. Lequette et F. Chénedé(주 13), n°767(p.859).

47) J. Flour, J-L Aubert et É. Savaux(주 27), n°861(p.1101); B. Fages(주 12), n°289(p.253).

48) F. Terré, P. Simler, Y. Lequette et F. Chénedé(주 13), n°770(p.862; A. Bénabent(주 4), n°373(p.323-324); M. Brusorio Aillaud(주 19), n°442(p.303-304).

49) 대법원 2006. 2. 24. 선고 2005다58656,58663 판결; 대법원 2006. 6. 9. 선고 2004다24557 판결; 대법원 2007. 6. 14. 선고 2007다3285 판결 등.

에서 보아 견련적으로 이행시킴이 마땅한 경우에는 비쌍무계약에도 동시이행의 항변권을 확장하고 있을 뿐만 아니라, 하나의 계약 혹은 그 계약에 추가된 약정으로 둘 이상의 민법상의 전형계약 내지 민법상의 채권적 권리의무관계가 포괄되어 있고, 이에 따른 당사자 사이의 여러 권리의무가 동일한 경제적 목적을 위하여 서로 밀접하게 연관되어 있는 경우에도 당사자 일방의 여러 의무가 포괄하여 상대방의 여러 의무와 사이에 대가관계에 있다고 인정되면 이러한 당사자 일방의 여러 의무와 상대방의 여러 의무는 동시이행의 관계를 인정하고 있다.[50] 따라서 동시이행의 항변권을 쌍무계약에 한정하지 않고 있는 프랑스 민법의 입장과 실질적으로 유사한 상황이라고 생각된다. 동시이행의 항변권을 문언상 '쌍무계약'에 한정하고 있는 우리 민법 제536조 제1항은 재고할 필요가 있다고 생각한다.

둘째, 우리 민법 제536조는 동시이행의 항변권 성립요건으로 채무불이행이 중대할 것을 요구하고 있지는 않다. 그런데 이에 관한 프랑스 문헌의 설명 내용들을 보면 우리 판례가 신의칙 적용을 통하여 관철시키고 있는 취지와 다르지 않다고 생각된다.[51] 한편, 프랑스 내에서도 동시이행의 항변권 규정에 계약 해제의 경우와 동일하게(프랑스 민법 제1224조 이하 참조) 채무불이행의 중대성 요건을 규정한 것이 과연 타당한가 하는 의문을 제기하는 견해들이 있다. 계약 해제는 계약을 종료시키는 구제책인 반면, 동시이행

---

50) 대법원 1995. 8. 22. 선고 95다1521 판결; 대법원 2010. 3. 25. 선고 2007다35152 판결; 대법원 2019. 6. 13. 선고 2019다208533, 208540 판결 등.

51) 대법원 1999. 11. 12. 선고 99다34697 판결 "…… 동시이행의 항변권은 근본적으로 공평의 관념에 따라 인정되는 것인데, 임차인이 불이행한 원상회복의무가 사소한 부분이고 그로 인한 손해배상액 역시 근소한 금액인 경우에까지 임대인이 그를 이유로, 임차인이 그 원상회복의무를 이행할 때까지, 혹은 임대인이 현실로 목적물의 명도를 받을 때까지 원상회복의무 불이행으로 인한 손해배상액 부분을 넘어서서 거액의 잔존 임대차보증금 전액에 대하여 그 반환을 거부할 수 있다고 하는 것은 오히려 공평의 관념에 반하는 것이 되어 부당하고, 그와 같은 임대인의 동시이행의 항변은 신의칙에 반하는 것이 되어 허용할 수 없다 ……"

의 항변권은 이행을 독려하고 해제에 호소할 필요를 피하고자 하는 구제책이기 때문이다. 프랑스는 전통적으로 채무불이행에 대한 구제책으로서 손해배상보다는 원칙적으로 계약의 이행을 독려하는 체제이기 때문에 계약 해제의 경우와 같은 수준의 문턱을 둔다는 것은 적절하지 않다는 비판이다.[52)]

⑶ 불안의 항변권 제1220조

프랑스 민법 제1220조는 우리 민법상 불안의 항변권에 상응하는 내용이다. 이는 기존 프랑스 판례에 의해서도 인정되지 않던 것을 새롭게 인정한 내용이며, 프랑스 민법 제1653조[53)]에서 영감을 받아서 입법화한 것이라거나[54)] 영국법의 영향을 받아서 입법화되었다는 견해[55)]가 있다. 이 경우 제1219조와과 달리 '가능한 빨리' 상대방에게 통지할 것을 요한다.

This chapter provides an overview of the remedies available for breach of contract under French civil law. Unlike the common law, where the primary remedy is a claim for damages, French law emphasizes specific performance. Although the Korean Civil Code lacks a counterpart to Article 1221 of the French Civil Code, Korean legal scholars have long shared this understanding. Furthermore, the current draft amendment of the Korean contract law includes a provision explicitly recognizing this remedy. In this respect, too, it can be said that Korean civil law remains deeply influenced by the continental legal tradition rooted in French law. Nonetheless, in both France and South Korea,

---

52) G. Chantepie et M. Latina(주 35), n°629-1(p.680-681).

53) 주 43) 참조.

54) L. Andreu et N. Thomassin(주 15), n°695(p.270).

55) R. Cabrillac(주 46), n°179(p.192)

damages are actively pursued as a remedy for breach of contract, going beyond mere reliance on claims for specific performance.

French Civil Code

Art. 1221
A creditor of an obligation may, having given notice to perform, seek performance in kind unless performance is impossible or if there is a manifest disproportion between its cost to the debtor and its interest for the creditor.

2024 Draft Bill on the Korean Law of Contracts

Article 387 (Right to Demand Performance)
The creditor shall have the right to demand performance of the obligation from the debtor.

8. 계약의 해제

Termination

1. 재판상 해제의 원칙

다음의 구 프랑스 민법 제1184조는 형성권으로서의 해제권을 원칙적인 모습으로 취하고 있는 우리 민법(제544조 이하)의 시각에서 바라보면 매우 어색해 보인다. 제1항에서 알 수 있는 바와 같이 계약 해제를 쌍무계약에 한정하고 있는 모습, 계약 해제를 해제조건의 일환으로 규정하고 있는 모습, 제3항에서 계약 해제를 반드시 법원에 청구하도록 하고 있는 모습 등이 그러하다. 이와 같은 규정이 나타나게 된 연혁적인 이유를 설명하면 다음과 같다.[1)]

> **제1184조**
> ① 쌍무계약에 있어서는, 당사자 일방이 의무를 이행하지 않을 경우를 위하여 항상 해제조건이 내재되어 있다.
> ② 이 경우 계약이 당연히 해제되지 않는다. 채무불이행의 상대방은 계약의 이행이 가능할 경우 그 이행을 청구할 수 있고, 손해배상과 함께 해제를 청구할 수 있다.
> ③ 해제는 법원에 청구하여야 하고, 경우에 따라서 상대방에게 기한이 부여될 수 있다.

---

1) 이하의 내용은, 여하윤, "프랑스 민법상 재판상 해제(résolution judiciaire) 요건 검토", 재산법연구 제34권 제2호, 한국재산법학회(2017. 8.) 36면 이하에 더 자세하게 소개되어 있다.

(1) 해제조건의 일환

구 프랑스 민법이 계약 해제를 '조건'의 일환으로서 규정하게 된 것은 연혁적인 이유에 기인한다. 고대 로마법에서는 계약 해제를 규율하는 일반 규정을 두지 않고 있었다. 매매로 물건을 인도한 매도인은 매수인이 매매대금을 지급하지 않을 경우, 그 이행을 구하는 소권을 행사할 수밖에 없어서 매매대금의 반환을 구할 수가 없었으며, 따라서 채무자가 무자력일 경우 매도인은 이행소권을 행사할 실익이 없었다. 이에 매도인은 채무자의 채무불이행에 대비하여 정지조건(매도인이 매매대금을 다 지급받을 때까지 매매 목적물의 점유 이전이나 그에 관한 물권은 양도하지 않는다는 등의 내용)이나 해제조건(매매대금이 지급되지 않을 경우 매매계약은 해제되어 물권도 이전되지 않는다는 등의 내용)을 약정에 포함시키는 관행이 생겨났고, 특히 해제조건을 약정하는 것이 일반화되었다.

이후 1804년 프랑스 민법이 제정되기 이전의 프랑스 고법(古法, Ancien Droit) 시대에는 계약 해제에 관하여 두 가지 경향이 나타났다. 하나는 앞에서 본 것처럼 쌍무계약에 묵시적으로 자동해제약정(pacte commissoire)이 체결되어 있다는 관념이 생겨나게 되었고, 다른 하나는 중세 시대였으므로 카논법(droit canon, 교회법) 학자들의 영향하에 계약 해제에 관한 법리가 형성되어갔다. 즉, '신뢰를 저버린 사람에게는 더 이상 신뢰를 줄 수가 없다(Frangenti fidem non est fides servanda)'는 법리에 근거하여 계약 해제 여부에 대한 판단을 위해서는 신의칙과 형평의 원리에 따라 당사자들의 도덕성(선의이냐 악의이냐 등) 판단이 필요하기 때문에 법원의 개입이 필요하다고 보았다.

이에 따라 내용적으로 서로 모순되는 듯한 조항, 즉 해제조건이면 법원의 개입 없이도 당연히 해제될 수 있다는 표현(위 제1항)과 계약 해제에는 반드시 법원이 개입해야 한다는 것(위 제3항)이 함께 나타나게 되었다.

(2) 쌍무계약

우리 민법 제544조 이하와 달리 구 프랑스 민법 제1184조는 적어도 '문언상으로는' 계약 해제를 쌍무계약에 한정시키고 있다. 그 이유는, 프랑스에서는 계약 해제를 동시이행의 항변권에 대한 보충 수단으로 이해하고 있었기 때문이다. 즉, 채권자는 동시이행의 항변권으로 대항해 보다가 최후의 수단으로서 계약 해제를 구하여야 한다는 관념이 지배했기 때문이다. 계약은 지켜져야 하는 것(pact sunt servanda)이므로. 그런데, 동시이행의 항변권은 쌍무계약에 인정되던 권리이므로(우리 민법 제536조가 문언상으로는 동시이행의 항변권을 쌍무계약에 한정하고 있는 것을 생각해본다면 잘 이해될 수 있을 것이다), 계약 해제도 쌍무계약에 적용되는 것이라고 생각하였다.

그러나 프랑스 법원은 법문에서처럼 계약 해제를 쌍무계약에 한정하지 않고 유상 편무계약에까지 확장 적용하여 왔고, 프랑스 학자들은 모든 계약에 해제를 인정해야 한다는 주장을 펼치고 있었다. 이에 따라 뒤에서 보는 바와 같이 2016년 채권법 개정으로 계약 해제에 있어서 쌍무계약이라는 표현은 삭제되었다.

(3) 법원의 허가

프랑스가 계약 해제에 법원의 허가를 얻어야 하는 것으로 규정하였던 이유는 다음과 같이 정리할 수 있다.

첫째, 앞에서 설명한 바와 같이 연혁적으로 카논법학자들의 영향이 배경으로 작용하였다. 둘째, 계약에 있어서는 이행이 우선되어야 하는 것이므로 해제는 예외적인 최후의 수단이라는 사고가 지배하고 있었다.[2] 셋째, 이러한 사고의 연장에서 계약 당사자로 하여금 법원의 허가 없이 계약으로부터

---

2) 채무불이행에 대한 구제책으로서 손해배상이 아니라 본래 채무의 이행을 원칙적인 제1의 구제책으로 인식하고 있는 프랑스법의 사고방식과 일맥상통하고 있다.

벗어날 수 있게 한다는 것은 계약의 구속력 원칙(principe de la force obligatoire du contrat)과 계약 윤리(moralisme contractuel)에 어긋난다고 보아 왔기 때문이다.[3)]

2. 자동해제약정(clause résolutoire)의 등장

자동해제조항(自動解除條項) 내지 실권약관(失權約款)이라 함은 채무불이행의 경우 채권자 쪽의 특별한 의사표시가 없더라도 당연히 계약의 효력을 잃게 하고 채무자의 계약상의 권리를 상실하게 하는 취지의 조항을 말한다.[4)] 앞에서 본 바와 같이 구 프랑스 민법은 재판에 의해서만 계약이 해제될 수 있도록 규정하고 있었기에 당사자들은 시간과 비용이 많이 드는 불편함으로부터 벗어나기 위해 법원의 개입 없이 계약이 해제될 수 있도록 자동해제약정을 널리 체결하여오고 있었다.

자동해제약정에 의한 해제의 경우, 해제 사유는 당사자들의 약정에서 정하게 되므로 중대한 채무불이행이 있어야 한다는 요건은 필요하지 않았다. 이러한 취지는 현행 프랑스 민법 제1224조에 나타나 있다.[5)]

---

3) Solène Rowan, *The New French Law of Contract,* Oxford University Press(2022), p.217-218.

4) 과거 대법원 판결례는 '실권약관'이라고 표현하고 있었으나(대법원 1988. 12. 20. 선고 88다카132 판결 등), 이후 대법원 판결례는 자동해제조항이라는 표현을 주로 사용하고 있어서(대법원 2014. 2. 13. 선고 2012다71930, 71947 판결 등), 필자는 자동해제약정으로 번역하고 있다.

5) 자세한 내용은, 여하윤, "프랑스 민법상 자동해제조항(clause résolutoire)에 관하여", 민사법의 이론과 실무 제20권 제3호, 민사법의 이론과 실무학회(2017. 8.), 151면 이하 참조.

3. 일방적 의사표시에 의한 해제의 인정

한편, 계약이 바로 해제 또는 해지되지 않으면 안 되는 위급한 상황, 즉 계약을 유지시키면 즉각적인 위험이 발생할 수 있는 상황에서 당사자 간 자동해제약정이 체결되지 않았다고 하여 재판상 해제 원칙을 고집하는 것은 적절하지 않았다. 이에 프랑스 판례는 제1184조 제3항의 문언에 반하여서까지(congra legem) 채권자의 일방적 의사표시에 의한 해제권 행사를 인정하기 시작하였다.

(1) 토크빌 판결(arrêt Tocqueville)의 출현

채권자의 일방적 의사표시에 의한 계약 해제를 인정한 대표적인 판시로 종종 언급되는 재판례는 1998년 10월 13일 파기원 민사1부에서 선고한 소위 '토크빌 판결'[6)]이다.

마취과 의사이자 심폐소생수술 전문의였던 토크빌(Tocqueville)은 A 병원과 근로계약을 체결하면서 1986년 1월 1일부터 30년간 A 병원 내에서만 의료행위를 하고 그에 대한 대가로 주식회사인 A 병원의 주식의 일정분을 지급받기로 약정하였다. 그런데, 토크빌이 위 계약에 위반하여 A 병원 밖에서도 진료행위를 하자 A 병원 환자들의 불편이 접수되었고, 토크빌이 당직인 때에도 그에게 연락이 닿지 않아서 그로부터 시술을 받은 환자들의 건강이 중대한 해를 입거나 그의 난폭한 행동으로 환자들이 위협을 느끼는 일들이 발생하였다. 이에 1995년 1월 30일 A 병원 측에서 6월 내에 병원 외의 진료행위를 중지하지 않으면 계약을 해지하겠다는 통지를 하였다. 그러나 토크빌이 이를 무시하고 의무 위반행위를 계속하자 병원측이 해지권을 행사하였다. 이에 토크빌이 병원측이 일방적으로 계약을 종료시키는 행위는 권리

---

6) Civ. 1re 13 oct. 1998, n°96-21.485.

의 남용이라는 확인을 구함과 동시에 이로 인한 손해배상을 구한 사안이었다. 토크빌의 청구는 기각되었고, 파기원은 다음과 같이 판시하였다.

> "…… 계약 당사자는 법원에 재판을 구하지 않고 일방적으로 계약을 종료시킬 수 있다. 만일 이에 대하여 이의가 있는 경우, 법원은 일방적 의사표시로 계약을 종료시키는 것을 정당화할 수 있을 만큼 상대방의 행동이 중대한 것이었는지를 심사하여야 하고 …… 계약 일방 당사자의 행위의 중대성은 상대방이 그의 위험 부담으로 일방적으로 계약을 종료시킬 수 있는 것을 정당화한다 ……"

(2) 프랑스에서는 일방적 의사표시에 의한 해제권이 실제로 판례상 인정되고 있었음에도 불구하고 프랑스 민법 문언상으로는 재판상 해제만 인정되고 있었기 때문에, 프랑스 해제 제도의 현실과 법 문언 간에 큰 괴리가 있었다. 프랑스는 성문법주의를 취하고 있고 원칙적으로 판결례에 구속력이 인정되지 않는 국가라는 것을 생각해보면 이는 매우 아이러니한 현상이었다.7)

4. 프랑스 민법상의 해제

제1224조
해제는 자동해제조항, 중대한 채무불이행의 경우에는 채권자의 채무자에 대한 [해제] 통지, 법원의 재판 등에 의하여 이루어진다.

---

7) S. Rowan(주 3), p.3; François Ancel et Bénédicte Fauvarque-Cosson, *Le Nouveau Droit des Contrats*, LGDJ(2019), n°16(p.24).

제1225조
① 자동해제조항에는 불이행시 계약이 해제되는 채무들을 명시하여야 한다.
② 채무불이행만으로 해제된다는 점에 대하여 합의한 바가 없다면, 채무자에게 이행의 최고를 하여야 하고 그럼에도 불구하고 채무자가 이행하지 않아야 해제된다. 이행 최고시 자동해제조항[의 내용]을 명시하여야만 그 효력이 발생할 수 있다.

제1226조
① 채권자는 자신의 위험 부담으로 [채무자에게] 통지함으로써 계약을 해제할 수 있다. 긴급한 경우가 아니면, 채권자는 상당한 기간 내에 채무의 이행을 채무자에게 미리 최고하여야 한다.
② 이행의 최고에는 채무자가 채무를 이행하지 않을 경우 채권자가 계약을 해제할 수 있음을 명시하여야 한다.
③ 채무불이행이 계속될 경우, 채권자는 계약의 해제와 그 사유를 통지하여야 한다.
④ 채무자는 언제든지 법원에 해제에 대한 이의를 청구할 수 있다. 이때 채권자는 중대한 채무불이행임을 증명하여야 한다.

제1227조
어떠한 경우에도 법원에 해제를 청구할 수 있다.

(1) 3가지 방식의 해제

위 규정에서 보는 바와 같이 2016년 프랑스 채권법 개정으로 기존 프랑스 민법과 판례에 의하여 인정되고 있던 3가지 방식의 해제를 모두 명문화하기에 이르렀다. 채권법을 개정하기 이전에도 이미 일방적 의사표시에 의한 해제가 프랑스 판례에 의하여 인정되기는 하였으나, 형식상 명문 규정(구 프랑스 민법 제1184조)의 예외로서 인정되는 방식이었으므로 가끔씩 산발적으로 인정되고 있었고 이는 현실에 있어서 그 인정 범위와 영향력이 불확실하였음을 의미한다. 그러나 이제는 예외적인 방식이 아니라 재판상 해제, 자동해제조항과 동등한 지위에 있는 해제의 방식으로 명문으로 인정되었으므로 프랑스에서도 일방적 의사표시에 의한 해제가 그 지위가 확실하

게 올라서게 되었다.[8)]

⑵ 채무불이행이 충분히 중대한 경우

자동해제약정에 의한 해제가 아닌 한, 재판상 해제, 일방적 의사표시에 의한 해제가 인정되기 위해서는 '채무자의 채무불이행이 충분히 중대할 것'이 요구되고 있다(제1224조). 어느 정도가 되어야 계약 해제가 정당화될 수 있을 정도로 채무불이행이 충분히 중대한 것인가에 대해서는 법문에 전혀 나타나 있지 않고, 결국 사실심 법원의 판단 사항으로 남게 되어 거래의 확실성에 기여하지 못하고 있다는 평가를 받기도 한다. 현재로서는 기존 프랑스 판례에서 고려되었던 사항들이 판단기준으로 고려될 것으로 보인다. 계약 위반의 결과, 계약이 본래 의도했던 목적대로 기능하고 있는지 여부, 계약의 성질, 채무 전체가 불이행된 것인지 부분만 불이행된 것인지, 계약 당사자의 행동, 특히 선의인지 악의인지 여부 등이다.[9)]

⑶ 채무자의 귀책사유와 계약 해제

위 ⑵와 관련하여 생각하여 볼 것은, 우리 민법상으로는 채권자가 해제권을 행사하기 위해서 채무자의 귀책사유 있는 채무불이행일 것이 요구되고 있는데 프랑스에서도 채무자의 귀책사유가 요구되는가 하는 점이다. 구 프랑스 민법과 현행 프랑스 민법은 이에 관한 언급을 하지 않고 있다. 계약 해제의 경우 채무자의 귀책사유를 요하지 않고 채무자의 계약 위반이나 불이행이 있으면 해제할 수 있는 것이 국제상사계약에 관한 원칙(PICC), 유럽계약법원칙(PECL) 등의 입장이라고 이해되는 것으로 보인다.[10)] 프랑스 민

8) S. Rowan(주 3), p.215.
9) S. Rowan(주 3), p.216.
10) 조인영, "계약책임에 관한 국제적 변화와 우리 민법의 향후 과제", 비교사법 제29권 1호(통권 제96호), 한국비교사법학회(2022. 2.), 201-202면.

법도 채무자의 귀책사유를 요구하고 있지는 않지만, 앞에서도 언급한 것처럼 중대한 채무불이행인지 여부를 판단함에 있어서 불이행의 객관적인 측면뿐만 아니라 채무자의 태도 등 주관적인 측면도 중요한 고려 요소인 것만은 분명하다.[11)]

(4) 다만, 일방적 의사표시에 의한 해제는 재판상 해제와 달리, 거래 당사자, 특히 채권자를 위하여 신속하게 계약관계로부터 벗어날 수 있는 기회를 부여하고자 함에 그 취지가 있음에도 불구하고, 채권자는 '자신의 위험 부담으로' 해제권을 행사한다고 규정함으로써, 즉 채무불이행이 중대한지 여부에 대한 다툼이 있을 경우 결국 법원의 판단을 받아야 한다는 점에서 아직까지는 채무자 보호 측면에 치중하는 면이 보인다는 스페인 학자의 평가[12)]가 있고, 프랑스의 이러한 입법은 독일 민법상의 해제권에 아주 '신중하게' 접근해오고 있는 것일 뿐이어서 프랑스에서는 기존의 자동해제약정과 재판상 해제가 현실에서는 여전히 중요하게 작동할 것이라고 보는 독일 학자의 평가[13)]가 있다.

11) 여하윤, "프랑스 민법상 해제권에 관하여", 법과정책연구 제17집 제3호(통권 제47호), 한국법정책학회(2017. 9.), 375면.

12) Esther Arroyo Amalyuelas, "A Spanish Perspective on the General Theory of Contract", in *The Code Napoléon Rewritten* ed. by John Cartwrignt & Simon Whittaker, Hart Publishing(2017), p.382.

13) Birke Häcker, "La Troisième Jeunesse du Code Civil: A German Lawyer Looks at the Reform of French Contract Law", in *The Code Napoléon Rewritten* ed. by John Cartwrignt & Simon Whittaker, Hart Publishing(2017), p.402.

5. 계약 해제소송에서의 법원의 역할

> **제1228조**
> 법원은 사안에 따라서 해제를 확인 또는 선고하거나, 경우에 따라 채무자에게 기한을 부여함으로써 계약의 이행을 명할 수 있고, 손해배상만을 인정할 수도 있다.

(1) 당사자 일방이 계약 해제를 구하는 소송을 제기하였을 때, 프랑스 법원은 이를 확인 또는 선고하는 것뿐만 아니라, 해제 요건이 갖추어지지 않았다고 판단될 경우 청구 기각으로 그치지 않고, 직권으로 채무자에게 채무 이행기한을 유예하거나 채권자에게 손해배상만을 인정할 수 있다. 이는 계약은 가급적 유지되어야 하고 따라서 채무자의 채무 이행이 계약 해제보다는 우선적인 구제책이라고 믿는 프랑스법의 전통적인 태도의 일환이라고 할 수 있다. 이로써 채무자가 채무 이행에 대한 압박을 느끼게 되어 합당한 근거 없이 계약이 해제되도록 하는 시도를 억지(抑止)할 수 있고 궁극적으로 계약의 구속력에 부응할 수 있기 때문이다.[14)]

(2) 해제소송 당사자들이 청구하지도 않은 내용(채무 이행기의 유예, 손해배상 등)을 법원이 직권으로 인정할 수 있게 한 이러한 프랑스법의 태도는 우리 민사소송법상의 처분권주의(處分權主義) 원칙에 비추어 이해하기 어렵게 느껴지는 측면이 있음을 부인하기는 어렵다고 생각한다. 다만, ⅰ) 계약은 유지되어야 한다는 원칙, ⅱ) 따라서 계약불이행에 대한 구제책으로서 손해배상보다는 이행청구가 우선된다는 태도, 그리고 ⅲ) 계약해제는 최후의 구제수단이고 이보다는 계약을 유지시킬 수 있는 선에서 주장해볼 수 있는 동시이행의 항변 등이 우선적인 고려사항이었다는 프랑스법의 전통적인

14) S. Rowan(주 3), p.220.

입장을 고려하여볼 때,[15] 우리 식으로 비유하자면 채무이행 기한의 유예, 손해배상 등은 계약해제소송의 '질적 일부인용'으로 이해하고 있는 것으로 볼 수 있다고 생각한다.[16] 다시 말해서, 프랑스 법원은 의사표시의 불법, 사기, 강박, 착오 등을 이유로 계약의 무효 또는 취소 청구를 구하는 소송의 경우에는 그 인용 여부만을 판단하는 것과 달리, 계약 해제를 구하는 소송의 경우 그 인용 여부뿐만 아니라 위에서 본 바와 같은 '중간 단계의 해결책'을 인정할 수 있을 정도로 상당한 재량을 가지고 있다.[17]

우리 판례상으로도 이와 유사한 태도가 나타나는 국면을 찾아볼 수 있다고 생각하는데, 채권자취소소송에 있어서 사해행위인 계약 전부의 취소와 부동산 자체의 반환을 구하는 청구취지 속에는 그 일부취소와 가액배상을 구하는 취지도 포함되어 있다고 볼 수 있으므로 청구취지의 변경이 없더라도 바로 가액반환을 명할 수 있다고 하는 판결들이다.[18]

6. 계약 해제의 효과

제1229조
① 해제는 계약을 종료시킨다.
② 해제는 자동해제조항에서 정한 조건에 따라서, 또는 채무자가 채권자의 [해제] 통지를 수령한 날, 또는 법원이 정한 날, 법원이 날짜를 정하지 않은 경우 소를

---

15) S. Rowan(주 3), p.250.
16) 여하윤, "프랑스 민법상 계약 해제의 효과 −2016년 프랑스 민법 개정상의 논의를 중심으로-", 입법과 정책 제9권 제2호, 국회입법조사처(2017. 8.), 17면.
17) John Bell, Sophie Boyron and Simon Whittaker, *Principles of French Law 2nd ed.*, Oxford University Press(2008), p.441.
18) 대법원 2001. 6. 12. 선고 99다20612 판결; 대법원 2001. 9. 4. 선고 2000다66416 판결; 대법원 2002. 11. 8. 선고 2002다41589 판결 등.

제기한 날에 효력이 발생한다.

③ 상호교환된 급부가 해제된 계약상 완전한 이행이 되었을 경우에만 그 효용이 있을 경우, 당사자들은 상대방으로부터 취득한 급부 전부를 반환하여야 한다. 상호교환된 급부가 계약의 이행 정도에 비례하여 효용이 있는 경우, 반대 급부를 수령하지 못한 최종 급부 이전 기간 동안의 급부[19]에 대해서는 원상회복의무가 없다; 이 경우 해제는 해지의 성질을 가진다.

④ 원상회복은 제1352조 내지 제1352-9조가 정한 요건에 따라 이루어진다.

제1230조

분쟁해결조항, 비밀유지조항, 경업금지조항처럼 해제의 경우에도 효력을 발생하는 것을 목적으로 하는 조항에는 해제가 영향을 미치지 않는다.

(1) 해제의 소급효

프랑스는 전통적으로 판례와 학설이 일치하여 계약의 해제에 소급효를 인정하여 왔다. 그 이유는 다음과 같이 설명되고 있단. 첫째, 앞에서도 언급한 바와 같이 개정 전 프랑스 민법 제1184조는 계약 해제를 해제조건의 일환으로 규정하고 있었고, 그 전 조항인 제1183조 제1항은 '해제조건이 성취되면 채무는 소급하여 소멸하고, 물건은 채무가 존재하지 않았던 상태로 회복된다'고 하여 조건의 성취에 소급효를 인정하고 있었다.[20] 당사자들 간의 계약에 채무불이행에 대비하여 해제조건이 내재되어 있는 것으로 보고 있어서, 이후 실제로 계약이 해제되면 해제조건이 성취된 것이므로 계약 해제

---

19) 상호 간 반대급부를 수령한 기간 동안의 급부

20) 우리 민법 제147조는 조건의 성취에 소급효를 인정하고 있지 않다. 2016년 채권법 개정 이후에도 프랑스 민법은 해제조건의 성취에 소급효를 인정하고 있다.

프랑스 민법 제1304-7조

① 해제조건이 성취되면 채무는 소급적으로 소멸하고, 보전행위 및 관리행위에는 영향을 미치지 않는다.

② 당사자들 간의 합의가 있거나 상호 교환된 급부가 계약의 상호 이행의 정도에 따라서만 효용이 있을 경우에는 소급효가 없다.

에 소급효를 인정하는 것이 프랑스 민법의 구조상 자연스러웠다. 둘째, '양도인의 권리가 해소되면, 양수인의 권리도 해소된다(resoluto jure dantis, resolvitur jus accipientis)'는 로마법상의 법리도 계약 해제의 소급효를 뒷받침하는 근거로 작용하였다. 독일과 달리 프랑스는 계약 해제에 소급효가 인정되고 있었으므로, 계약 해제에 물권적 효과를 부여하는 이유를 설명할 수 있었다. 매매계약 해제의 경우 매도인은 소유자로서의 지위를 회복했다.[21][22]

(2) 소급효와의 결별

그러나, 프랑스는 2016년 채권법 개정으로 기존의 전통과 달리 해제의 효과에는 소급효를 결부시키지 않는 것으로 입법하였다.

첫째, 이러한 입법자의 의사는 현행 프랑스 민법 문언에 잘 나타나 있다. 제1229조 제1항은 해제는 계약을 '종료시킨다'고 하고 있는데, 이는 '무효로 된 계약은 존재하지 않았던 것으로 본다'고 규정하고 있는 제1178조 제2항과 문언상 차이를 보이고 있다.

둘째, 제1229조 제2항에서 해제의 효과가 발생하는 시기를 해제의 유형에 따라 명시하고 있다. 계약이 해제되면 계약이 처음부터 체결되지 않았던 것으로 보는 것이 아니라, 자동해제조항의 경우에는 당사자가 약정한 날에, 해

---

21) 여하윤, "프랑스 민법상 계약 해제의 효과 -2016년 프랑스 민법 개정상의 논의를 중심으로-", 입법과 정책 제9권 제2호, 국회입법조사처(2017. 8.), 7-8면.

22) 이와 같은 프랑스의 이론적 설명은 우리 판례가 취하고 있는 입장이다. 대법원 1977. 5. 24. 선고 75다1394 판결 "…… 민법 548조 1항 본문에 의하면 계약이 해제되면 각 당사자는 상대방을 계약이 없었던 것과 같은 상태에 복귀케 할 의무를 부담한다는 뜻을 규정하고 있는바 계약에 따른 채무의 이행으로 이미 등기나 인도를 하고 있는 경우에 그 원인행위인 채권계약이 해제됨으로써 원상회복 된다고 할 때 그 이론 구성에 관하여 소위 채권적 효과설과 물권적 효과설이 대립되어 있으나 우리의 법제가 물권행위의 독자성과 무인성을 인정하고 있지 않는 점과 민법 548조 1항 단서가 거래안정을 위한 특별규정이란 점을 생각할 때 계약이 해제되면 그 계약의 이행으로 변동이 생겼던 물권은 당연히 그 계약이 없었던 원상태로 복귀한다 할 것이다 ……"

제권 행사의 경우에는 채무자가 해제의 통지를 수령한 날에, 재판상 해제의 경우에는 법원이 정한 날에 해제의 효과가 발생한다.

(3) 원상회복의무

① 계약 해제로 인하여 계약이 처음부터 존재하지 않았던 것으로 취급되는 것은 아니나, 계약 당사자들 간에 서로 주고받은 것이 있으면 법률이 규정하고 있는 범위 내에서 이를 반환하여야 할 의무가 발생한다. 제1229조 제4항에 의하여 구체적인 반환범위는 제1352조 내지 제1352-9조에서 규정하고 있는데, 이에 대한 내용은 다음 장(章)에서 살펴본다.

② 여기서 눈여겨볼 점은 제1229조 제3항의 내용이다. 종래 프랑스에서도 급부의 이행이 한번으로 이루어지는 일시적 계약(contrat à exécution instantatnée)의 경우에는 소급효 있는 계약의 해제가 적용되고, 급부가 어느 기간 동안 계속해서 행해져야 하는 계속적 계약(contrat à exécution successive)의 경우에는 장래효가 있는 해지가 적용된다는 설명들이 행해지고 있었는데, 해제/해지의 적용대상을 일시적 계약인지 계속적 계약인지 여부에 따라 구분하는 것은 현실에 부합하지 않는다는 점이 지적되고 있었다. 예를 들어, 임차인이 차임을 지급해오다가 어느 시점 이후부터 차임을 지체하여 오고 있어서 상당 기간이 경과한 후 임대인이 임대차 계약을 해지한 경우, 임대인의 의사는 임대인이 해지한 이후의 시점뿐만 아니라 그 이전에 임차인이 차임을 지급하지 않은 시점부터 계약을 종료시키고자 하는 것으로 보는 것이 합리적일 것이다. 이에 따라 개정 프랑스 민법은 상호 교환된 급부가 계약의 이행 정도에 따라서 효용이 있는지 여부에 따라 해제/해지의 개념을 구분하였고, 이러한 기준은 우리도 참고할 만한 가치가 있다고 생각한다.

7. 이행기 전의 이행거절을 이유로 하는 해제

(1) 채무자가 이행기가 도래하기 전에 이행거절의 의사표시를 명확하게 표시한 경우, 이를 이유로 채권자가 계약을 해제할 수 있는가 하는 문제가 있다. 영미법에서는 'anticipatory breach' 라고 하여 인정되고 있고, 우리 판례상으로도 인정되어 오고 있으나,[23] 프랑스에서는 전통적으로 이를 인정하지 않았었고 2016년 채권법 개정에서도 결국 이에 대한 규정은 마련하지 않았다.

(2) 계약은 지켜져야 하고 따라서 가급적 그 의무가 이행될 수 있도록 독려해야 한다는 프랑스법의 전통상 이러한 해제는 인정되기가 어려웠다. 계약이 이행될 수 있는 일말의 가능성이라도 있다면, 이를 기다려보고 지켜보아야지 함부로 계약이 해제되지 못하도록 해야 한다는 사고를 바탕으로 하고 있다.[24]

In this chapter, I introduce the concept of contract termination under French civil law. Before 2016, Article 1184(3) of the French Civil Code required judicial termination, a rule unfamiliar to Korean scholars.

First, Korean law permits unilateral termination through a declaration of intent, so the French requirement appeared foreign. I present its historical

---

23) 대법원 2015. 2. 12. 선고 2014다227225 판결 "…… 채무자가 채무를 이행하지 아니할 의사를 명백히 표시한 경우에 채권자는 신의성실의 원칙상 이행기 전이라도 이행의 최고 없이 채무자의 이행거절을 이유로 계약을 해제하거나 채무자를 상대로 손해배상을 청구할 수 있지만, 이러한 이행거절이라는 채무불이행이 인정되기 위해서는 채무를 이행하지 아니할 채무자의 명백한 의사표시가 위법한 것으로 평가되어야 한다 ……"

24) S. Rowan(주 3), p.220.

origins.

Second, although the Korean Civil Code adopts general clause formats for both contractual liability (Article 390) and tort liability (Article 750), it provides differentiated rules for various types of non-performance in the context of contract termination. For instance, delay in performance is governed by Article 544, and impossibility of performance is governed by Article 546. These provisions were influenced by the pre-2017 Japanese Civil Code, which in turn was modeled on the pre-2000 German Civil Code.

Third, even before the 2016 revision, French courts had interpreted the law to allow unilateral termination, despite the formal requirement of judicial termination under Article 1184(3). This was exemplified in such cases as the *arrêt Tocqueville*. However, because Korean legal scholarship had traditionally focused more on the German model, these developments in French jurisprudence remained relatively unknown in South Korea.

The stark differences in the structure of legal provisions between the two jurisdictions, as well as the divergence between statutory law and judicial practice in France, have posed significant challenges for Korean scholars seeking to engage deeply with French civil law on the issue of contract termination.

That said, I believe that this gap is beginning to narrow. The 2016 revision of French contract law explicitly recognizes unilateral termination of contracts (Article 1226), and Korean civil law scholars, having gained appreciation for the flexibility of general clauses, have adopted a general clause approach to termination in the current draft amendment of the Korean Civil Code, abandoning the previous distinction based on types of non-performance.

Pre-2016 French Civil Code

Art. 1184

③ Termination must be applied for in court, and the defendant may be granted time according to circumstances

French Civil Code

Art. 1226

① A creditor may, at his own risk, terminate the contract by notice. Unless there is urgency, he must previously have put the debtor in default on notice to perform his undertaking within a reasonable time.

② The notice to perform must state expressly that if the debtor fails to fulfill his obligation, the creditor will have a right to terminate the contract.

③ Where the non-performance persists, the creditor notifies the debtor of the termination of the contract and the reasons on which it is based.

④ The debtor may at any time bring proceedings to challenge such a termination. The creditor must then establish the seriousness of the non-performance.

Korean Civil Code

Art. 543 (Exercise of Right to Terminate)

① When either one or both parties have the right to terminate the contract by virtue of the contract itself or legal provisions, such termination shall be effected by a declaration of intent addressed to the other party.

② The declaration of intent referred to in the preceding paragraph is irrevocable.

Art. 544 (Right to Terminate for Delayed Performance)

When one party fails to perform their obligation, the other party may set a reasonable time limit to demand performance. If the obligation is not fulfilled within that period, the contract may be terminated. However, if the debtor has already expressed an intention not to perform in advance, setting such a time limit is not required.

Art. 545 (Right to Terminate for Delayed Performance Where Time is of the Essence)
If, by the nature of the contract or the parties' declarations, the contract's purpose cannot be achieved unless performance is made by a specified date or within that period, then when one party fails to perform by that date or within that period, the other party may terminate the contract without setting a demand period as referred to in the preceding article.

Art. 546 (Right to Terminate for Impossibility of Performance)
If performance becomes impossible due to the debtor's fault, the creditor may terminate the contract.

2024 Draft Bill on the Korean Law of Contracts

Article 544 (Termination for Non-Performance)
① Where the debtor fails to perform the obligation in accordance with its terms, the creditor may fix a reasonable period for performance and, if performance is not rendered within that period, may terminate the contract. This shall not apply where the non-performance is minor and the purpose of the contract can still be attained.
② A demand for performance under paragraph (1) shall not be required in any of the following cases:
(1) performance of the obligation has become impossible;
(2) it is evident that performance will not be rendered within the period, notwithstanding a demand under paragraph (1);

(3) the debtor has expressly refused performance in advance;

(4) in contracts where performance at a specified time or within a specified period is essential to the purpose of the contract, if the debtor fails to perform at such time, or where delayed performance would be of no benefit to the creditor.

③ In the cases set forth in subparagraphs (1) to (3) of paragraph (2), the creditor may terminate the contract even before the time for performance has arrived.

9. 계약의 실효와 원상회복의무

Restitution

1. 의의

유효하게 성립한 계약을 기초로 하여 계약 당사자 간에 급부가 이행되었으나 이후 계약이 무효, 취소, 해제 등으로 실효되었을 경우, 원상회복으로서의 급부의 반환이 프랑스 민법에서는 어떠한 법리에 의하여, 어떠한 범위에서 이루어지는가? 프랑스는 2016년 채권법 대개정으로 프랑스 민법 제1352조 이하에 10개의 조문을 마련하였다. 프랑스 민법 제1352조 이하 규정들은 2016년 채권법 대개정의 가장 혁신적인 내용들의 하나로 평가받고 있다. 프랑스는 계약의 실효와 이미 이루어진 급부의 청산과 관련하여 2016년 개정 이전에는 민법에 규정을 두고 있지 않았을 뿐만 아니라, 우리나라와 같이 이 문제를 부당이득 법리로 해결하지 않고 (2016년 개정 이전에는 프랑스 민법에 부당이득에 관한 규정도 없었다) 판례에 의존하여 해결하여 왔었다. 이로 인해 일관성 있고 통일적인 법리가 수립되지 못하고, 그때그때 복잡하게 논의가 전개되어 갔다.[1)] 2016년 채권법 대개정을 통하여 프랑스는 이에 대한 통일적인 법리를 구축하게 되었다고 할 수 있다.

---

1) 부당이득반환을 포함한, 프랑스에서의 원상회복 법리는 계약법이나 불법행위법에 비하여 이질적인 것들의 집합체이면서 체계적이지 못했다. John Bell, Sophie Boyron and Simon Whittaker, *Principles of French Law* 2nd *ed.*, Oxford University Press(2008), p.420.

2. 계약적 법리

(1) 우리 민법상 유효하게 성립하였던 계약이 무효이거나 이후 취소된 경우 그 효력은 소급적으로 소멸하게 되고(민법 제141조 본문), 이미 이행된 급부는 부당이득으로서 반환을 하게 된다(민법 제741조). 계약이 해제된 경우에도 마찬가지이다.[2] 그러나 프랑스는 계약의 실효와 이미 이루어진 급부의 청산 문제를 부당이득 문제로 인식하지 않고, 계약적 법리를 적용하여 왔다. 이를 이해하기 위해서는 다음의 점들을 인식할 필요가 있다.

(2) 과거 민사법리가 발전된 법체계에서는 대부분의 민사상 권리는 계약 혹은 불법행위 영역에 속해 있었고, 이 두 영역의 어느 쪽에도 속하지 않는 권리들이 부당이득의 영역으로 인식되고 있었다. 말하자면, 부당이득은 계약 혹은 불법행위에 기한 권리처럼 적극적(positive)으로 인식되기보다는, 이에 속하지 않는 영역으로서 소극적(negative)으로 인식되었다.[3] 이러한 연유로 프랑스 민법은 부당이득에 관한 규정을 두지 않고 있었고, 2016년 채권법 개정으로 부당이득에 관한 규정을 마련은 하였으나 뒤에서 보는 바와 같이 다른 민사상 권리를 행사할 수 있는 경우에는 부당이득 반환을 허용하지 않고 있다(프랑스 민법 제1303-3조).

부당이득을 일반원칙으로 고양(高揚)시켜 명문화한 것은 독일 민법이었다. 이미 알려진 바와 같이 독일은 물권변동에 관하여 무인주의(無因主義)가 지배하고 있기 때문에, 예를 들어 유효하게 성립한 매매계약에 기하여 권리가 매수인에게 이전된 이후 매매계약이 실효되더라도 이미 이전된 권리는

2) 대법원 1995. 3. 24. 선고 94다10061 판결 "…… 계약이 해제되면 그 효력이 소급적으로 소멸함에 따라 이미 그 계약상 의무에 기하여 이행된 급부는 원상회복을 위하여 부당이득으로 반환되어야 하는 것이고 ……"

3) Konrad Zweigert & Hein Kötz, *An Introduction to Comparative Law 3rd ed.*, Oxford University Press(1998), p.538.

여전히 매수인에게 남아있고 매도인에게 당연히 복귀하지 않아서 매도인의 입장에서 매수인을 상대로 이전된 권리의 반환을 구할 논리가 필요했기 때문이다.[4] 반면, 프랑스는 유효하게 성립한 계약이 이후 실효될 경우 계약의 효력이 소급적으로 소멸한다고 보았을 뿐만 아니라, 그에 기하여 이전된 권리도 당연히 원래의 소유자에게 복귀한다고 인식하고 있었으므로(유인주의(有因主義)),[5] 독일처럼 부당이득 제도를 전면에 내세워야 할 절실한 필요는 별로 없었다.

(3) 우리 민법과의 비교

우리 민법 제741조(부당이득)는 제390조(계약불이행책임), 제750조(불법행위책임)와 어깨를 나란히 하면서 전면에 등장하고 있고, 우리 민법의 부당이득반환 제도는 계약이 실효되었을 경우에 이미 이루어진 급부 청산 기능이 중심을 이루고 있다고 해도 과언은 아니다.[6] 따라서 계약 실효와 급부의 청산을 이해하는 우리 민법과 프랑스 민법은 논리체계상 큰 차이를 보여주고 있다고 할 수 있다. 그러나, 이와 같은 큰 차이에도 불구하고, 다음에서 보는 바와 같이 프랑스 민법의 태도는 우리 민법의 법리와 맥(脈)이 닿는 부분들이 적지 않다.

① 우선, 독일과 달리 프랑스처럼 물권변동에 관하여 유인주의(有因主義)

4) K. Zweigert & H. Kötz(주 3), p.542.

5) '아무도 자신이 가진 권리 이상을 다른 사람에게 양도할 수 없다(*nemo plus juris trasferre potest ad alium quam ipse habet*)'는 로마법상의 원칙과 결합하여 프랑스 민법상 소급효는 일반적으로 적용되는 원칙이었다. 따라서 소급적으로 무효인 계약에 기초하여 권리를 취득한 전주(前主)로부터 권리를 취득한 사람은 권리를 상실한다. Philippe Malaurie, Laurent Aynès et Philippe Stoffel-Munck, *Droit des obligations 13e éd.*, LGDJ(2024), n°431(p.389).

6) 우리 민법의 부당이득에 관한 일반규정은 독일 민법을 본받은 것이고, 그 규정의 해석에 있어서도 독일 민법의 영향을 결정적으로 받았다. 民法注解[XVII] 債權(10), 146면(梁彰洙 집필 부분).

를 취하고 있는 우리 법제 하에서는,[7] 계약상의 의무가 물건의 소유권 이전을 내용으로 할 때에는 급부자가 여전히 소유자로서 급부수령자에 대하여 소유물반환청구권(민법 제213조) 등의 물권적 청구권을 행사할 수 있고, 이 경우 물권적 청구권은 소멸시효에 걸리지 않는 등 채권적 부당이득반환청구권보다 유리한 점이 있기 때문에 이 경우 실무상 계약상 급부의 반환에 관하여 부당이득법을 적용하는 것이 일반적이지 않다.[8] 이러한 측면에서 우리나라의 부당이득법은 독일 민법상의 그것에 비하여 적용 영역이 축소되어 있고, 프랑스법제와 공통 분모를 가지고 있다고 말할 수 있다.

② 우리 판례상으로도 쌍무계약이 무효 또는 취소 등으로 인하여 당사자 상호 간에 반환의무가 발생하는 경우 민법 제536조를 유추적용하여 동시이행관계를 인정한다든가,[9] 매매계약상의 채무가 불가분적이라면 그 청산관계에서의 부당이득반환의무도 불가분채무라고 하는[10] 등 계약의 청산관계

---

7) 대법원 1977. 5. 24. 선고 75다1394 판결 "…… 민법 548조 1항 본문에 의하면 계약이 해제되면 각 당사자는 상대방을 계약이 없었던 것과 같은 상태에 복귀케 할 의무를 부담한다는 뜻을 규정하고 있는바 계약에 따른 채무의 이행으로 이미 등기나 인도를 하고 있는 경우에 그 원인행위인 채권계약이 해제됨으로써 원상회복 된다고 할 때 그 이론 구성에 관하여 소위 채권적 효과설과 물권적 효과설이 대립되어 있으나 <u>우리의 법제가 물권행위의 독자성과 무인성을 인정하고 있지 않는 점</u>과 민법 548조 1항 단서가 거래안정을 위한 특별규정이란 점을 생각할 때 <u>계약이 해제되면 그 계약의 이행으로 변동이 생겼던 물권은 당연히 그 계약이 없었던 원상태로 복귀한다</u> 할 것이다 ……"

8) 民法注解[XVII] 債權(10), 180-181면(梁彰洙 집필 부분).

9) 대법원 2007. 12. 28. 선고 2005다38843 판결 "…… 쌍무계약이 무효로 되어 각 당사자가 서로 취득한 것을 반환하여야 할 경우, 어느 일방의 당사자에게만 먼저 그 반환의무의 이행이 강제된다면 공평과 신의칙에 위배되는 결과가 되므로 각 당사자의 반환의무는 동시이행관계에 있다 ……"; 대법원 2001. 7. 10. 선고 2001다3764 판결 "…… 매매계약이 취소된 경우에 당사자 쌍방의 원상회복의무는 동시이행의 관계에 있다 ……"

10) 대법원 1997. 5. 16. 선고 97다7356 판결 "…… 피고들은 이 사건 매매계약 당시 특약사항으로 분묘의 이장과 같은 여러 가지 불가분채무를 부담하였을 뿐만 아니라 피고들 상호간에 밀접한 신분관계를 가지고 있어 그 계약 이행에 관하여 전원의 의사나 능력이 일체로서 고려되었다고 할 것이므로 이 사건 매매계약이 확정적으로 무효로 되면서 발생한 피고들의 원고들에 대한 부당이득반환채무도 성질상 불가분채무라고 봄이 상

의 내용에 그 계약이 유효하였을 경우의 법률계약의 내용의 그대로 영향을 미치고 있는 예[11)]들이 어렵지 않게 발견되고 있다.

3. 원상회복에 관한 통일적 법리의 구축

(1) 프랑스 민법상의 원상회복

계약의 실효와 급부의 청산에 관하여 아무런 규정을 두지 않고 판례의 법리에 의존해왔던 프랑스는 2016년 채권법 대개정으로 제4편 제5장 제1352조 이하에서 다음과 같은 규정을 마련하였다. 아래의 규정들은 반환의 대상을 기준으로 물건의 반환, 금전의 반환, 하는 급부의 반환 등 세 가지로 분류한 다음 각각에 관하여 구체적인 내용들을 규정하고 있다.

제4편 채권의 일반 체계

제5장 원상회복

제1352조
금전 이외의 물건의 원상회복은 원물로 반환하고, 원물반환이 불가능한 경우 원상회복하는 날의 가치로 평가한 금액을 반환한다.

제1352-1조
물건을 반환하는 사람은 물건의 손상과 훼손[12)]으로 인하여 가치가 감소되었다면 이에 대한 책임이 있다. 이에 대하여 그가 선의이고 과책이 없는 경우에는 그러하지 않다.

당하다 ……"

11) 民法注解[XVII] 債權⑽, 185면(梁彰洙 집필 부분).

제1352-2조

① 선의로 물건을 수령하여 이를 매도한 사람은 그 매매가액만을 반환하여야 한다.
② 그가 악의로 물건을 수령하였다면, 반환할 때의 [물건의] 가액이 매매가액보다 높으면 반환할 때의 가액을 반환하여야 한다.

제1352-3조

① 원상회복에는 물건으로부터 취득한 과실, 사용이익이 포함된다.
② 사용이익은 법원의 판결 선고일을 기준으로 평가된다.
③ 다른 약정이 없는 한, 과실이 원물 상태로 존재하지 않을 경우 채무 변제일의 물건 상태를 고려하여 상환하는 날을 기준으로 한 가액으로 반환한다.

제1352-4조[13)]

친권에서 해방되지 않은 미성년자나 피후견 성년자의 반환범위는 무효로 된 행위로부터 취득한 이익을 한도로 한다.

제1352-5조

반환 금액을 정함에 있어서, 반환일에 증가된 가치를 한도로 하여, 물건을 반환해야 하는 사람이 이를 보전하기 위하여 지출한 비용과 물건의 가치 증가비용이 고려되어야 한다.

제1352-6조

반환하는 금전에는 법정이자와 금전을 수령한 사람이 납부한 세금이 포함된다.

제1352-7조

악의로 수령한 사람은 변제일 이후의 이자, 수취한 과실 또는 사용이익을 반환하여야 한다. 선의로 수령한 사람은 [반환]청구일 이후의 것만 반환한다.

제1352-8조

하는 급부의 반환은 가액으로 한다. 이는 급부가 제공된 날을 기준으로 평가한다.

제1352-9조

채무 변제를 위하여 설정된 담보는 원상회복의무에 당연히 이전되나, 보증인은 기한의 이익을 상실하지 않는다.

위 규정들과 함께 다음의 프랑스 민법 규정들도 함께 주목할 필요가 있다.

제1178조

① 유효 요건을 갖추지 못한 계약은 무효(nullité)이다. 당사자의 합의에 의하여 무효가 확인되지 않는 한, 무효는 법원이 선고해야 한다.[14]

② 무효로 된 계약은 존재하지 않았던 것으로 본다.

③ <u>이행된 급부는 제1352조 내지 제1352-9조에 정한 요건에 따라 원상회복된다.</u>

제1186조

① 유효하게 성립한 계약은 본질적 요소가 소멸한 경우 실효(caducité)[15]된다.

제1187조

① 실효는 계약을 종료시킨다.

② <u>실효되면 제1352조 내지 제1352-9조가 정한 요건에 따라 원상회복될 수 있다.</u>

제1229조

① 해제는 계약을 종료시킨다.

④ <u>원상회복은 제1352조 내지 제1352-9조가 정한 요건에 따라 이루어진다.</u>

제1302-1조[16]

착오 또는 고의로 채무 없는 자로부터 부당하게 변제를 수령한 사람은 변제자에게 이를 반환하여야 한다.

제1302-3조

① <u>원상회복은 제1352조 내지 제1352-9조에서 정한 규정에 의한다.</u>

---

12) 이 조항이 손상(dégradations)과 훼손(détériorations)은 동일한 의미이며, 법기술상 동어 반복을 피할 수 있었는데 그렇지 못했다는 점이 지적되고 있다. Gaël Chantepie et Mathias Latina, *Le noveau droit des obligations 3e éd.*, Dalloz(2024), n°1064(p.1096); Barthélemy Mercadal, *Réforme du droit des contrats*, Francis Lefebvre(2016), n°1235 p.328).

13) 우리 민법 제141조 단서에 상응하는 조항

위에서 보는 바와 같이 프랑스는 2016년 채권법 대개정으로 계약이 무효, 취소, 해제 등 어떠한 원인으로 실효되었든지 원상회복의 법리를 통일적으로 규율하겠다는 의지를 표명하였다.

⑵ 우리 민법과의 비교

① 계약이 실효된 경우, 주된 급부의 반환은 별론으로 하더라도 과실, 사용이익 등의 부수적 이익의 반환에 대해서 우리 판례는 계약이 취소 또는 무효로 되는 경우와 계약이 해제되는 경우에 있어서 반환범위를 달리 규율하고 있다.

첫째, 계약이 취소 또는 무효로 되는 경우, 민법 제201조와 제748조에 따라 급부수령자가 선의이냐 악의냐를 구분하여 급부의 반환 여부, 반환범위 등이 결정된다. 선의 점유자라면 건물을 사용함으로써 얻는 이득은 그 건물

14) 프랑스 민법은 우리 민법상 착오, 사기, 강박 등을 원인으로 '취소'하는 것에 상응하는 내용을 제3자에게 대항하지 못하는 무효라는 의미에서 상대적 무효(nullité relative)로 표현하고 있다. 절대적 무효(nullité absolue)의 내용은 우리 민법이 인식하는 것과 유사하다. 말하자면, 우리 민법상의 '취소' 개념은 기능적으로 프랑스 민법상 '상대적 무효'에 상응한다.

15) 프랑스 민법상 caducité는 '실효'라고 번역되고 있으나, 우리 민법상 계약의 실효와 의미를 같이 하지 않는다. 우리는 유효하게 성립한 계약이 무효, 취소, 해제 등으로 그 효력이 소급적으로 소멸한 경우를 통칭하여 실효하고 할 때가 많은데, 프랑스 민법상의 caducité란 프랑스 민법 제1186조 제1항에서 규정하고 있는 바와 같이 성립 과정에는 아무런 문제 없이 계약이 유효하게 성립되었는데, 이후의 사정으로 계약의 효력이 소멸된 경우만을 의미한다(계약 해제의 경우는 제외). 예를 들어, 부부가 이혼을 하면서 두 사람 사이의 아들을 부인이 양육하기로 하고, 아들의 양육과 교육에 관한 비용을 1972년 12월 1일부터 매달 3천 프랑(francs)씩 남편으로부터 지급받기로 하였는데, 남편이 이 비용을 거의 지급하지 않았다. 이후 부인은 전 남편으로부터 1972년 12월 1일부터 10년간의 양육비에 해당하는 36만 프랑의 지급을 청구하였다. 법원은 부인의 청구를 기각하였는데, 그 이유는 남편이 1974년 11월부터 사실상 아들을 양육해왔기 때문이었다. 이들 사이에 체결되었던 양육비 지급 약정은 이후의 사정으로 실효되었다고 보았다. Civ. 1re 30 oct. 2008, n°07-17.646.

16) 비채변제(paiement de l'indu)에 관한 규정

의 과실에 준하는 것이므로, 선의의 점유자는 그 점유·사용으로 인한 이득을 반환할 의무가 없다.[17] 반면, 악의의 점유자라면 민법 제748조 제2항에 따라 사용이익을 반환하여야 할 뿐만 아니라 그가 받은 이익에 이자를 붙여서 반환하여야 하고, 위 이자의 이행지체로 인한 지연손해금도 지급하여야 한다.[18]

둘째, 계약이 해제되는 경우에는 민법 제548조에 따라서 원상회복의무자의 선의·악의와 관계없이 받은 이익 전부를 반환하도록 하고 있다.[19] 따라서 계약당사자 일방이 목적물을 이용한 경우에는 그 사용에 의한 이익을 상대방에게 반환하여야 한다.[20]

---

17) 대법원 1996. 1. 26. 선고 95다44290 판결 "…… 민법 제201조 제1항에 의하면 선의의 점유자는 점유물의 과실을 취득한다고 규정하고 있는바, 건물을 사용함으로써 얻는 이득은 그 건물의 과실에 준하는 것이므로, 선의의 점유자는 비록 법률상 원인 없이 타인의 건물을 점유·사용하고 이로 말미암아 그에게 손해를 입혔다고 하더라도 그 점유·사용으로 인한 이득을 반환할 의무는 없다 ……"; 대법원 1995. 5. 12. 선고 95다573, 95다580 판결; 대법원 1987. 9. 22. 선고 86다카1996, 1997 판결 등.

18) 대법원 2003. 11. 14. 선고 2001다61869 판결 "…… 타인 소유물을 권원 없이 점유함으로써 얻은 사용이익을 반환하는 경우 민법은 선의 점유자를 보호하기 위하여 제201조 제1항을 두어 선의 점유자에게 과실수취권을 인정함에 대하여, 이러한 보호의 필요성이 없는 악의 점유자에 관하여는 민법 제201조 제2항을 두어 과실수취권이 인정되지 않는다는 취지를 규정하는 것으로 해석되는바, 따라서 악의 수익자가 반환하여야 할 범위는 민법 제748조 제2항에 따라 정하여지는 결과 그는 받은 이익에 이자를 붙여 반환하여야 하며, 위 이자의 이행지체로 인한 지연손해금도 지급하여야 한다 ……"

19) 대법원 1998. 12. 23. 선고 98다43175 판결 "…… 계약해제의 효과로서의 원상회복의무를 규정한 민법 제548조 제1항 본문은 부당이득에 관한 특별 규정의 성격을 가진 것이라 할 것이어서, 그 이익 반환의 범위는 이익의 현존 여부나 선의, 악의에 불문하고 특단의 사유가 없는 한 받은 이익의 전부라고 할 것이다 ……"

20) 대법원 1991. 8. 9. 선고 91다13267 판결 "…… 계약해제로 인하여 계약당사자가 원상회복의무를 부담함에 있어서 계약당사자 일방이 목적물을 이용한 경우에는 그 사용에 의한 이익을 상대방에게 반환하여야 하므로, 중기를 매수인이 인도받아 사용하던 중 그 매매계약이 해제된 경우에 있어 매도인이 위 해제로 인하여 매수인에게 그 중기의 사용에 의한 이익의 반환을 구함은 별론으로 하고, 그 중기가 매수인에 의하여 사용됨으로 인하여 감가 내지 소모가 되는 요인이 발생하였다 하여도 그것을 훼손으로 볼

② 그러나 이와 같이 반환범위를 달리 규율해야 하는 근거를 어디서 찾을 수 있을 것인가? 우리 민법상 원상회복에 관한 이러한 의문은 다음과 같이 일찍이 제기된 바 있다.[21)]

"…… 해제의 경우에는 원상회복의무자의 선의·악의에 관계없이 동일한 내용의 원상회복의 의무를 부담함에 대하여, 무효 또는 취소로 인한 부당이득반환의 경우에는 그 의무자의 선의·악의에 따라 그 의무의 내용이 달라지는 이유는 무엇일까? 특히 해제는 취소와 마찬가지로 계약의 효력을 소급적으로 소멸시킨다고 이해되고 있으므로, 양자를 구별할 이유는 더욱 찾기 어려워진다 ……"

"…… 해제의 경우나 취소의 경우 모두 그 계약에 기하여 이루어진 급부의 반환이라는 관점에서 보면 실행된 계약의 원상회복 내지 계약청산이 문제되는 것이므로, 양자를 통합하는 계약청산에 관한 일반법의 형성이 바람직하고 ……"

계약이 무효 또는 취소되는 경우와 달리, 계약이 해제되는 경우 민법 제548조 제2항에서 반환할 금전에 대해서는 받은 날로부터 이자를 가해야 한다고 뚜렷하게 규정하고 있어서 과실, 사용이익 등의 받은 이익 전부를 반환하도록 함에 형평상 타당하다고 볼 수 있으므로, 우리 판례는 현행 민법의 테두리 안에서 나름대로 형평에 맞는 해결책을 강구해왔다고 볼 수 있

수 없는 한 그 감가비 상당은 매수인이 원상회복의무로서 반환할 성질의 것은 아니다 ……"; 梁彰洙, 民法硏究 第3卷, 博英社(2006), 507면 "…… 민법은 매매계약에서 매매대금의 이자와 목적물로부터의 과실은 서로 그 취득권능에 있어서 대응하는 것으로 이해하고 있다(민법 제587조). 그러므로 매매계약의 해제로 매도인이 취득한 대금에 이자를 붙여 반환해야 한다면, 매수인이 인도받은 목적물로부터 받은 사용이익도 이에 대응하여 역시 반환되어야 할 것이다 ……"

21) 民法注解[XVII] 債權⑽, 168면(梁彰洙 집필 부분).

다.[22] 그러나 구체적인 반환 범위를 어떻게 규율할 것인가는 별론으로 하더라도, 계약이 무효 또는 취소되는 경우와 해제되는 경우를 달리 취급할 이유는 없을 것이다.

4. 회복의 방법

(1) 원물반환의 원칙 & 예외적 가액반환

원상회복의 방법에 관하여 프랑스 민법 제1352조는 원칙적으로 원물을 반환하고, 원물반환이 불가능한 경우 가액을 반환한다고 규정하고 있다. 원칙적으로 원물을 반환하도록 하여야 회복자에게 실질적으로 그 반환이 보장될 수 있을 뿐만 아니라, 반환의무자가 무자력일 경우 회복자가 그 무자력의 위험을 감수하지 않고 급부의 목적을 회복할 수 있기 때문이다.[23] 다른 한편, 반환의무자의 재산에 원물이 남아있음에도 불구하고 회복자가 가액배상을 원한다고 하여 의무자에게 이를 강제하는 것은 (특히 배상할 현금이 없을 경우) 부당하기 때문이다.[24]

---

22) 梁彰洙, 民法硏究 第3卷, 博英社(2006), 511면 "…… 민법 제587조가 전제로 하고 있는 것처럼, 매매계약에서 賣買代金의 利子와 目的物로부터의 果實이 서로 그 수취권능에 있어서 대응하는 것이라고 하면, 이 법리는 계약이 취소되어 雙務的 原狀回復關係가 발생한 후에 아직 매매대금이나 목적물이 모두 반환되지 않고 있는 기간에 대하여 적용되어야 할 것 …… 그러므로 각 반환의무자는 매매대금에 대한 이자나 목적물에 대한 사용이익을 포함한 과실은 이를 반환하지 않아도 된다고 할 것이다. 그렇게 되면 계약해제의 경우와는 달라지게 되는데, 이는 계약해제에 대하여는 민법 제548조 제2항이 금전에 이자를 붙여 반환하도록 정한데서 오는 不得已한 差異라고 하겠다 ……"

23) Aude-Solveig Epstein, *La réforme du droit des contrats, du régime générale et de la preuve des obligations – sous la direction de T. Douville, 2e éd.*, Gualino Lextenso 2018), p.388.

24) Lionel Andreu et Nicolas Thomassin, *Cours de droit des obligations 9e éd.*, Gualino Lextenso(2024), n°1423(p.525).

(2) 원물반환이 불가능한지 여부의 판단기준

어느 정도가 되어야 원물반환이 불가능하다고 평가할 수 있을 것인가? 이 문제는 객관적·물리적으로 원물반환이 가능하지만, 반환을 명함으로써 받는 회복자의 이익에 비하여 의무자에게 지나친 비용이 들게 되는 경우에도 원물반환이 가능하다고 볼 것인가 하는 관점에서 제기되었다. 대표적인 프랑스 재판례는 1992년 2월 18일 파기원 상사부 판결[25]이었다. 석유회사 A는 석유 판매업자 B에게 그 소유의 유류저장탱크를 임대하면서 B가 A 회사의 석유만을 배타적으로 공급받기로 하는 계약을 체결하였다. 계약 기간이 만료하자 A 회사는 유류저장탱크 자체의 반환을 요구하였다. 그런데, B가 유류저장탱크를 원물로 반환하게 되면 A 회사가 받을 실익에 비하여 철거 작업 등으로 인하여 B에게 과도한 비용이 지출되어야 할 상황이었다. 항소심은 A의 반환청구를 인용하였으나, 파기원은 원심판결을 파기하였다. B에게 원물반환의무를 인정하면 비용이 너무 많이 드는 작업이 요구되는데 이는 저장탱크의 수명을 고려하면 기술적 필요에 의해서도 정당화되지 않고 균형에 맞지 않는다는 점, 계약기간이 이미 만료되었으므로 B가 이미 설치된 저장탱크를 이용하여 다른 석유공급자로부터 거래할 수 있는데 이를 단념하도록 함으로써 다른 공급업자의 경쟁에 제동을 가하게 된다는 점 등을 근거로 하였다. 즉, 원물반환이 객관적 목적에 비해 불균형적이고 다른 상위의 이익에 배치될 경우 배척된다고 본 것이다.[26] 채무불이행에 관한 프랑스 민법 제1221조의 문언에 비추어 파기원의 태도가 타당하다고 보는 견해[27]도 있다.

---

25) Com. 18 févr. 1992, n°87-12.844.

26) G. Chantepie et M. Latina(주 12), n°1061(p.1092).

27) François Terré, Philippe Simler, Yves Lequette et François Chénedé, *Droit civil Les obligations 13e éd.*, Dalloz(2022), n°1813(p.1988) et n°1526(p.1679).
프랑스 민법 제1221조 채권자가 이행의 최고를 한 이후에는, 채무의 이행이 불가능하거나 그 이행으로 선의의 채무자가 부담할 비용과 그로 인한 채권자의 이익 간에 명백

(3) 가액산정의 기준시점

가액반환을 하게 될 경우, 가액 산정의 기준시점에 대해서 프랑스 민법 제1352조는 '원상회복하는 날'로 명시하고 있다. 기술적인 의미에서(techniquement) 이는 '판결선고시'를 의미한다. 원상회복 청구시보다는 판결선고시가 '원상회복하는 날'에 더 가깝기 때문이다. 물론 실질적인 적용에 있어서는 이하 규정에서 보는 바와 같이, 목적물이 인도된 이후의 사정(가치가 증가 또는 감소하였는지, 과실이나 사용이익이 발생하였는지, 수령자가 선의인지 악의인지 여부 등)을 고려해야 해서 훨씬 복잡하지만, 적어도 원칙에 있어서는 계약에 기하여 원물을 상대방에게 인도한 이후의 가치의 증가 또는 감소분은 가액반환에 있어서 고려의 대상이 된다. 예를 들어, 부동산 매매가 이루어진 이후 매매가 실효되었는데, 실효된 시점까지 목적 부동산 가액이 20% 상승하였을 경우, 이러한 상승분도 가액으로 반환된다. 반대로, 자동차 매매가 이루어진 이후 매매가 취소되었는데, 취소된 시점까지 자동차 사용으로 인하여 그 가치가 40% 감소하였을 경우, 매수인은 감소된 현재의 가치로 가액을 반환한다. 적어도 이를 '원칙으로' 선언한 이유는, 원물반환이 이루어지는 경우와 가액반환이 이루어지는 경우를 동일하게 처리하고, 계약 당사자가 계약이 이행되었을 경우 기대하였던 이익을 누리는 것은 방지하기 위함이다.[28)]

(4) 금전반환의 경우

원물반환의 특수한 경우로서 수령한 물건이 금전인 경우, 프랑스 민법 제

한 불균형이 있는 경우 외에는 본래 채무의 이행을 청구할 수 있다.

28) G. Chantepie et M. Latina(주 12), n°1062(p.1094); Olivier Deshayes, Thomas Genicon et Yves-Marie Laithier, *Réforme du droit des contrats, du régime général et de la preuve des obligations* 2e *éd.*, LexisNexis(2018), p.926-927; François Chénedé. *Droit des obligations et des contrats* 3e *éd.*, Dalloz(2023), n°215.11(p.293).

1352-6조와 제1352-7조에서 이를 정하고 있다. 금전을 선의로 수령한 사람은 상대방이 반환청구한 날 이후의 이자만을, 악의로 수령한 사람은 실제로 수령한 날 이후의 이자 전부를 반환한다.

우리 판례는 부당이득반환의무는 이행기간의 정함이 없는 채무이므로 그 채무자는 이행청구를 받은 때에 비로소 지체책임을 진다고 하고 있고,[29] 악의의 수익자에 대하여는 민법 제748조 제2항에 의하여 받은 이익에 이자를 붙여 반환하므로 프랑스 민법의 입장과 다르지 않다고 볼 수 있을 것이다.[30]

5. 가액반환의 경우

원물반환이 불가능하여 가액반환이 이루어지는 경우는 구체적으로 어떠한 경우인가? 우리 민법은 해석에 의하여 전개되고 있으나, 프랑스 민법은 원물반환이 불가능한 대표적인 몇 가지 경우에 대하여 규정을 두고 있다.

(1) 수령자가 목적물을 처분한 경우

① 계약에 기하여 목적물을 수령한 사람이 이후 목적물을 처분한 경우에 대하여 프랑스 민법 제1352-2조가 규정하고 있다.

첫째, 처분자가 선의이든 악의이든 처분가액(위 법문상에서 말하는 '매매

---

29) 대법원 2010. 1. 28. 선고 2009다24187, 24194 판결; 대법원 1995. 11. 21. 선고 94다45753, 45760 판결; 대법원 2008. 2. 1. 선고 2007다8914 판결 등.

30) 民法注解[XVII] 債權(10), 558면(梁彰洙 집필 부분) "…… 단순히 이용할 수 있는 가능성만으로는 …… 반환의무를 발생시키지 않는다. 그러므로 부당이득한 금전을 예금하거나 대여하여 이자 등을 수취하여 실제로 이득을 얻지 아니한 한 원래의 금전에 법정이자 상당액을 보태어 반환할 의무는 인정될 수 없다. 바로 그렇기 때문에 악의의 수익자에 대하여 특히 이자를 붙여 반환하여야 한다고 정하는 것이며(민법 제748조 제2항) ……"

가액')을 반환한다. 목적물의 처분자가 선의라면 이익은 보유할 수 없으나 손실은 감수하지 않을 수 있다. 만일 처분자가 악의라면 반환시의 가액이 처분가액보다 높아진 경우 반환시의 가액으로 반환한다.[31] 이는 악의자로 하여금 처분으로 인한 이익을 보유할 수 없도록 하는 제재적 의미가 있다.[32]

둘째, 여기서 언제를 기준으로 처분자의 선의 또는 악의 여부를 판단할 것인가 하는 문제가 제기된다. 실효된 계약을 체결한 때로 볼 것인가? 처분한 때를 기준으로 할 것인가? 아니면 반환하는 시점을 기준으로 판단할 것인가? 이에 대해서 계약 체결 당시뿐만 아니라 프랑스 민법 제550조(뒤의 과실 및 사용이익의 반환 부분 참조)를 유추하여 가액을 반환할 당시에 계약이 실효된 원인을 안 경우에도 악의로 평가된다는 견해,[33] 위 조항은 목적물을 '매매'한 경우만을 규정하고 있기 때문에 매매 이외의 계약의 경우에는 원칙으로 돌아가서 프랑스 민법 제1352조에 따라 '원상회복시'의 가액으로 반환되도록 해야 한다고 해석하는 견해[34] 등이 있다.

셋째, 위 규정은 물건을 처분한 이후 반환할 때의 가액이 낮아진 경우에 대해서는 규정을 하고 있지 않다. 특히 반환의무자가 물건을 선의로 수령한 이후 이를 처분하기 전에 계약 실효의 원인을 알게 된 경우가 문제된다. 이 때는 위 조항이 아니라 프랑스 민법 제1352조의 원칙으로 돌아가서 반환할 때의 가액(더 낮아진 가액)으로 반환하도록 할 것인가? 이렇게 되면 선의자에 비해서 악의자를 유리하게 처우를 하게 되는 셈인데, 이러한 결론이 과연 타당한지 의문이라는 견해[35]가 있다.

② 우리 판례상으로도 원칙적으로 처분 당시의 목적물의 대가를 반환의

31) G. Chantepie et M. Latina(주 12), n°1065(p.1097).
32) O. Deshayes, T. Genicon et Y-M. Laithier(주 28), p.933.
33) G. Chantepie et M. Latina(주 12), n°1066(p.1098-1099).
34) O. Deshayes, T. Genicon et Y-M. Laithier(주 28), p.934.
35) Aude-Solveig Epstein(주 23), p.391

대상으로 보고 있다.[36] 다만, 수익자가 악의일 경우에 대해서도 처분 당시의 목적물의 대가로 한정할 것인지, 아니면 프랑스 민법처럼 이후의 사정을 고려할 것인지는 해석의 문제로 남게 될 것인데, 우리 판결례들은 특별한 사정이 있다면 달리 볼 수 있는 여지를 남겨놓고 있다.

⑵ 하는 급부의 경우

① 취지

계약에 기하여 하는 급부가 이루어진 경우 그 성질상 원물반환은 불가능하므로, 프랑스 민법 제1352-8조는 가액반환을 명시하였다. 그런데, 하는 급부를 목적으로 하는 계약에 있어서 다음과 같은 의문이 제기될 수 있다. 예를 들어, 도급계약이 실효된 경우, 도급인은 하는 급부에 대한 대가를 반환해야 할 것인가, 아니면 도급에 기하여 실현된 목적(완성물 등)의 가치를 환산하여 반환해야 할 것인가? 위임계약이 실효된 경우 위임인은 수임인에 대하여 급부에 대한 대가를 반환해야 할 것인가, 아니면 수임인의 활동으로 궁극적으로 위임인이 취득한 이익을 반환해야 할 것인가? 반환의무자의 입장에서는 양자를 비교하여 적은 쪽을 반환하고자 할 것이다. 이에 대하여 프랑스 판례는 도급인은 이미 이행된 급부에 대한 대가를 반환하여야 하고

---

36) 대법원 1995. 5. 12. 선고 94다25551 판결 "…… 일반적으로 수익자가 법률상 원인 없이 이득한 재산을 처분함으로 인하여 원물반환이 불가능한 경우에 있어서 반환하여야 할 가액은 특별한 사정이 없는 한 그 처분 당시의 대가이나 ……"; 대법원 2013. 12. 12. 선고 2013다14675 판결 "…… 매도인으로부터 매매 목적물의 소유권을 이전받은 매수인이 매도인의 계약해제 이전에 제3자에게 목적물을 처분하여 계약해제에 따른 원물반환이 불가능하게 된 경우에 매수인은 원상회복의무로서 가액을 반환하여야 하며, 이때에 반환할 금액은 특별한 사정이 없는 한 그 처분 당시의 목적물의 대가 또는 그 시가 상당액과 처분으로 얻은 이익에 대하여 그 이득일부터의 법정이자를 가산한 금액이다 ……"

실현된 급부의 가치를 반환해야 하는 것은 아니며,[37] 위임인 역시 수임인이 제공한 용역에 대한 대가를 반환하면 되고 이로 인하여 취득한 수익까지 반환할 것은 아니라는[38] 판시를 하여왔다. 제1352-8조는 이러한 기존의 프랑스 판례의 입장을 명시한 것이다.[39]

이와 결을 달리하는 해석론도 있다. 하는 급부에 있어서는 급부 수령자의 손실이 아니라 취득한 이익이 고려되어야 하고, 이러한 측면에서 두 가지 중 적은 것을 한도로 제한하는 부당이득의 경우와는 달리 보아야 한다는 것이다.[40] 이러한 견지에서 만일 급부 수령자에게 이행된 급부가 객관적인 견지에서 보아도 아무런 실익이 없다고 평가된다면 가액으로라도 반환할 필요가 없다[41]고 한다.

위 조항에 대해서는 다음과 같은 비판이 제기되기도 한다. 특히 반환의무자가 무자력인 경우에는 반환청구권자 입장에서는 가액배상보다는 원물반환을 받음으로써 자신의 손실을 보전해야 할 현실적인 필요가 크다는 점이다. 따라서 위 조항이 원물반환의 가능성(취득한 이득물이 있을 경우 이를 의미하는 것으로 보인다)을 언급하지 않은 것은 매우 유감이라고 한다.[42]

---

37) Civ. 3e 25 juin 2013, n°09-16.553 "…… 무효로 된 하도급계약에 기하여 이미 [채무가] 이행된 경우, 하수급인에 대한 배상은 완성물에 대한 가치를 고려함이 없이, 실제로 실행된 급부의 현실적인 비용에 기초하여 이루어져야 한다 ……"

38) Civ. 1re 10 déc. 2014, n°13-23.903.

39) G. Chantepie et M. Latina(주 12), n°1075(p.1110).

40) O. Deshayes, T. Genicon et Y-M. Laithier(주 28), p.946; 하는 급부의 반환에 있어서 이미 실현된 목적물의 가치 평가액을 반환하여야 한다. Philippe Malinvaud, Mustapha Mekki et Jean-Baptiste Seube, *Droit des obligations 17e éd.*, LexisNexis(2023), n°437 (p.405-406).

41) 채무의 이행이 채권자에게 실질적으로 아무런 이익이 되지 않았던 경우는 특히 계약해제의 경우 많이 찾아볼 수 있다. O. Deshayes, T. Genicon et Y-M. Laithier(주 28), p.947.

42) O. Deshayes, T. Genicon et Y-M. Laithier(주 28), p.925 et p.945-946.

② 가액의 평가시기

i) 이미 이행된 급부는 실제 급부가 이루어진 날을 기준으로 평가된 가액을 반환해야 하는가? 아니면 원상회복이 이루어지는 날을 기준으로 평가된 가액을 반환해야 할 것인가? 프랑스 민법은 제1352조에서 선언한 바에 따라 다른 급부에 대해서는 원상회복이 이루어지는 날을 기준으로 하고 있음에 반하여, 하는 급부에 대해서는 실제 급부가 이루어진 날을 기준으로 평가한 가액을 반환하도록 하고 있다. 물건의 경우에는 물건을 인도한 이후의 기간 동안 그 물건을 보유하였더라면 활용하였을 가능성이 상정되어 있지만, 하는 급부에 있어서는 이러한 가능성이 있지 않기 때문이며,[43] 프랑스 판례의 기존 입장[44]도 이와 같았다.

이에 대하여 프랑스 민법상 다른 급부의 가액 평가가 반환의무자의 반환시를 기준으로 이루어지는 만큼, 하는 급부의 가액 평가도 반환시를 기준으로 하는 것이 균형에 맞다는 비판론[45]도 있다.

ii) 우리 민법상으로도 원물반환이 성질상 애초부터 불가능한 노무 급부의 경우에 있어서는 '부당이득이 성립하는 때'를 기준으로 가액을 산정한다고 해석되고 있다. 왜냐하면 그에 대한 시가가 그 후 상승하였다는 등의 가액 증가를 수익자가 이용하여 재산적 이익을 취할 여지가 애초 없었음에도 불구하고 그와 같은 이익을 손실자가 다른 산정시점을 선택함으로써 취하

---

43) G. Chantepie et M. Latina(주 12), n°1076(p.1110-1111); O. Deshayes, T. Genicon et Y-M. Laithier(주 28), p.946-947; 하는 급부의 반환은 그 급부가 애초에 가져다주었던 유용성에 기초하여 이루어져야 하는 것이고, 그 급부가 궁극적으로 추구하였던 이익에 기초하여 이루어지는 것이 아니다. 이러한 점에서 급부가 이루어진 날을 기준으로 가액을 평가하는 것이 타당하다. Alain Sériaux et Gwendoline Lardeux, *Manuel de droit des obligations 5e éd.*, puf(2023), n°94(p.213).

44) Civ. 3e 18 nov. 2009, n°08-19.355; Civ. 3e 13 sept. 2006, n°05-11.533.

45) François Chénedé(주 28). n°215.31(p.294-295); F. Terré, P. Simler, Y. Lequette et F. Chénedé(주 27), n°1820(p.1993-1994).

는 것은 불가능하기 때문이다.[46]

6. 부수적 이익의 반환

프랑스는 계약이 실효된 원인이 무엇인지(무효, 해제 등)에 따라서 부수적 이익의 반환범위를 그때그때 다르게 보고 있어서 판례상 복잡하게 전개되어 나가고 있었다. 관련한 현행 프랑스 민법의 내용 이해를 위해서는 2016년 채권법 개정 이전의 프랑스 판례의 흐름을 살펴볼 필요가 있다.

(1) 2016년 프랑스 채권법 개정 이전

① 과실의 경우

i) 우리 민법의 체계적 해석상, 목적물의 과실이 부당이득 반환의 대상일 경우 목적물의 점유자가 선의라면 민법 제748조 제1항이 아니라 제201조에 따라 급부수령자(점유자)는 과실을 취득하고 따라서 급부자에게 반환할 필요가 없다는 데에는 별다른 의문이 제기되지 않고 있다.[47] 다음과 같이 프랑스 민법도 우리 민법 제201조에 비견되는 규정을 두고 있다.

> **제549조**
> 단순 점유자는 선의로 점유한 경우에 한하여 과실을 취득한다. 반대의 경우, 점유자는 반환을 청구한 소유자에게 물건과 함께 과실을 반환하여야 한다. 과실이 원물로 존재하지 않는 경우, 상환일에 평가된 가액으로 반환한다.

---

46) 民法注解[XVII] 債權(10), 568면(梁彰洙 집필 부분)
47) 民法注解[IV] 物權(1), 365면(梁彰洙 집필 부분).

제550조
① 점유자가 소유권의 이전에 하자가 있음에도 이를 알지 못하고 소유권을 이전받음으로써 소유자로서 점유하고 있는 경우에는 선의이다.
② 점유자가 위의 하자를 알게 된 때에는 선의는 중단된다.

프랑스 판례는 계약이 무효로 되었을 경우 프랑스 민법 제549조 규정에 의하여 선의 점유자는 과실을 취득한다고 보았다. 예를 들어, 부동산을 매수하여 점유하였던 자는 매도인으로부터 반환청구가 있을 때까지 부동산으로부터 산출된 천연과실, 차임, 수확물, 배당금 등을 취득하였고, 금전에 대한 이자도 취득하였다.[48] 반면, 계약 해제에 기하여 원상회복이 청구되었을 경우에는 급부수령자의 선의·악의를 묻지 않고 모두 반환하도록 하였다.

> "…… 매매계약이 해제되면 매수인은 매도인이 계약 해제를 요구한 때부터 취득한 과실을 반환해야 한다. 그 이전에는 매수인이 악의라는 점이 확인되지 않기 때문이다 ……"[49]

선의 점유자로서 과실을 취득하기 위해서는 프랑스 민법 제550조 제2항의 취지상 점유개시시뿐만 아니라 매도인이 해제권 행사를 할 때까지 선의일 것이 요구되고 있다고 보아야 하므로, 이러한 프랑스 판례의 입장은 타당하다고 평가되었다.[50]

ⅱ) 여기서 계약이 해제된 경우에는 목적물을 점유한 기간 동안에 취득한 과실 전부를 반환하도록 하는 우리 판례의 입장과 차이가 있음을 알 수 있

---

48) G. Chantepie et M. Latina(주 12), n°1069(p.1102).
49) Civ. 3e 22 juill. 1992, n°90-18.667; Civ. 3e 29 juin 2005, n°04-12.987.
50) G. Chantepie et M. Latina(주 12), n°1069(p.1100).

다. 우리의 경우 반환할 금전에는 그 받은 날로부터 이자를 가하고 있는 우리 민법 제548조 제2항이 과실도 모두 반환되도록 하는 데에 영향을 미쳤고, 프랑스의 경우에는 우리 민법 제548조 제2항에 상응하는 규정이 없었기 때문일 것이다.

② 사용이익의 경우

ⅰ) 프랑스는 사용이익을 과실에 준하여 처리하지 않고 있었다. 다시 말해서, 사용이익의 반환에 대해서는 우리 민법 제201조에 비견되는 프랑스 민법 제549조와는 무관하게 프랑스 판례의 논리가 전개되어 나갔다. 사용이익의 반환과 관련하여서는 과실의 반환보다도 더 복잡한 양상을 보이고 있었다. 주요한 흐름을 소개하면 다음과 같다.

첫째, 매매계약이 무효로 되었을 경우, 매수인이 매매 목적물을 점유한 사용이익은 반환하지 않았다.

> "…… 매도인은 매매의 소급적 무효를 이유로, [매수인의] 부동산 점유만으로 발생한 손해배상을 청구할 근거는 없다 ……"[51)]

이러한 사고의 배경에는 매도인은 매매대금으로부터 이자 등의 이익을 얻었을 것이므로 매수인도 사용이익을 누릴 수 있다는 점이 고려되었고,[52)] 당사자들은 상대방으로부터 계약의 이행으로 받은 것, 즉 급부를 돌려주는 것이지, 급부로 인한 결과를 돌려주는 것이 아니며,[53)] 소급효 이론을 철저하게 적용한 결과 매수인은 매매 목적물을 점유한 적이 없었던 것으로 간주

---

51) Ch. mixte 9 juill. 2004, n°02-16.302.

52) G. Chantepie et M. Latina(주 12), n°1068(p.1101); Muriel Fabre-Magnan, *Droit des obligations 1 - Contrat et engagement unilatéral 7e éd.*, puf(2024), n°729(p.600-601).

53) M. Fabre-Magnan(주 52), n°729(p.601); Civ. 1re 10 déc. 2014, n°13-23.903.

되므로 점유를 기반으로 한 손해배상은 이루어질 수 없다[54]는 등으로 설명되고 있었다. 따라서 계약해제로 인한 사용이익 반환의 경우에도 동일한 결론이 도출되었다.[55]

둘째, 그런데 임대차 계약이 무효로 되었을 경우, 사용이익에 상응하는 차임 상당액은 반환해야 한다는 입장이었고, 학자들은 임대차계약이 해제되었을 경우에도 이 논리가 확장될 수 있다고 보았다.[56]

> "…… 무효인 계약에 기하여 [채무가] 이행된 경우, 당사자들은 그 이행 이전의 상태로 회복될 수 있어야 한다. 이러한 회복이 불가능하다고 밝혀졌을 경우, 임차목적물의 사용과 같이 회복이 불가능한 급부로부터 이익을 얻은 당사자는 그 점유에 대하여 배상을 하여야 한다 ……"[57]

목적물의 사용은 임대차에 있어서 임대인의 채무의 목적 그 자체이지만, 매매에 있어서는 매수인이 매도인으로부터 매매 목적물을 인도받음으로써 '추출된 이익(un avantage retiré)'에 불과하기 때문이다.[58]

ii) 우리나라 통설과 판례는 민법 제201조의 과실에는 원래의 의미의 과실(민법 제100조)뿐만 아니라 사용이익(물건을 그 용도에 따라 사용하는 것 자체의 이익)도 포함하는 것으로 넓게 해석해야 한다는 태도를 취하고 있고,

---

54) Stéphanie Porchy-Simon, *Droit des obligations 17e éd.*, Dalloz(2025), n°360(p.204-205).

55) Civ. 1re 15 mai 2007, n°05-16.926 "…… 해제의 소급효는 매도인에게 매수인이 물건을 점유한 것에 상응하는 배상을 구하는 것을 허용하지 않는다 ……"

56) G. Chantepie et M. Latina(주 12), n°1068(p.1101).

57) Civ. 3e 8 juill. 2015, n°14-11.582; Ch. mixte 9 nov. 2007, n°06-19.508; Civ. 3e 24 juin 2009, n°08-12.251.

58) G. Chantepie et M. Latina(주 12), n°1068(p.959); M. Fabre-Magnan(주 52), n°729(p.601); Aude-Solveig Epstein(주 23), p.392.

이에 대하여 별다른 의문이 제기되지 않고 있다.[59] 반면 프랑스 판례는 사용이익을 과실에 준하여 처리하지 않았기 때문에 사용이익의 반환과 관련하여 복잡한 전개를 하여왔음을 알 수 있다. 매매가 무효, 취소 또는 해제되었을 경우에는 사용이익은 반환하지 않고, 임대차가 무효, 취소 또는 해제되었을 경우에는 사용이익을 반환하도록 하였던 그들의 논리가 우리에게는 쉽게 다가오지 않는다. 그럼에도 불구하고 프랑스는 프랑스 민법의 시각에서, 우리나라는 우리 민법의 시각에서 공통된 사고의 흐름이 있었다고 생각한다.

프랑스 민법에는 우리 민법 제548조 제2항에 상응하는 규정이 없었으므로, 매도인이 수령한 매매대금으로부터 이익을 얻었다면 매수인은 매매 목적물의 사용이익을 누릴 수 있도록 하는 것이 타당하다고 보았던 그들의 생각, 임대차에 있어서는 목적물의 사용은 임대인의 채무의 목적 그 자체이지만 매매에 있어서의 사용이익은 매수인이 매도인으로부터 매매 목적물을 인도받음으로써 추출된 이익에 불과하다고 인식했던 그들의 생각에는 다음과 같은 사고가 흐르고 있다. 즉, 계약이 실효되어 당사자들이 사용이익을 반환함에 있어서의 대가관계(對價關係, give & take)이다. 이러한 사고의 흐름은 우리 판례도 인식하고 있었기에, 계약이 해제되는 경우에는 민법 제548조 제2항의 존재를 고려하여 선의의 점유자라도 사용이익을 반환하도록 하였을 것이고,[60] 계약이 취소되는 경우 선의의 점유자는 사용이익을 반환하

---

59) 民法注解[IV] 物權(1), 365면(梁彰洙 집필 부분).

60) 대법원 2000. 2. 25. 선고 97다30066 판결 |"…… 계약 해제로 인하여 계약 당사자가 원상회복의무를 부담함에 있어서 당사자 일방이 목적물을 이용한 경우에는 그 사용에 의한 이익을 상대방에게 반환하여야 하는 것이므로, 양도인은 양수인이 양도 목적물을 인도받은 후 사용하였다 하더라도 양도계약의 해제로 인하여 양수인에게 그 사용에 의한 이익의 반환을 구함은 별론으로 하고, 양도 목적물 등이 양수인에 의하여 사용됨으로 인하여 감가 내지 소모가 되는 요인이 발생하였다 하여도 그것을 훼손으로 볼 수 없는 한 그 감가비 상당은 원상회복의무로서 반환할 성질의 것은 아니다 ……"; 대법원 1991. 8. 9. 선고 91다13267 판결 등.

지 않기에(민법 제201조) 선의의 상대방은 민법 제748조 제1항에 의하여 수령한 금전의 이자를 지급해야 함에도 불구하고 이를 부인하는 판시가 나왔다.[61]

⑵ 2016년 프랑스 채권법 개정

위에서 살펴본 바와 같이 계약이 실효된 경우 과실이나 사용이익과 같은 부수적 이익의 청산과 관련하여 프랑스 판례는 일관되지 못한 모습을 보이고 있었다. 그러나 2016년 프랑스 채권법 개정으로 마련된 제1352조 이하의 규정에 따라 통일적인 해결책을 도모하기에 이르렀다. 구체적인 내용 분석에 들어가기에 앞서 주요한 두 가지 개정 흐름을 짚고 넘어갈 필요가 있다.

첫째, 사용이익을 과실에 준하여 해결하기로 하였다. 프랑스 판례의 위와 같은 흐름에 대하여 프랑스 학계와 실무에서 사용이익을 과실에 준하여 해결하는 것이 타당하다는 주장이 지속적으로 제기되어 왔었고, 2016년 개정 채권법은 이러한 주장을 받아들여 제1352-3조 제1항에서 '원상회복에는 물건으로부터 취득한 과실, 사용이익이 포함된다'는 규정을 두게 되었다.[62]

둘째, 프랑스 민법 제1352-7조에 의하여 선의 점유자도 과실과 사용이익을 반환하게 되었다. 프랑스 민법 제1352-7조는 반환의 범위를 선의와 악의의 점유자에 따라 구분하고 있기 있으면서 2016년 채권법 개정 이후에도 우리 민법 제201조에 상응하는 제549조와 제550조 규정들을 유지하고 있기 때문에, 결국 프랑스 민법은 간접적으로 기존의 기조가 유지되고 있는 것이라는 지적이 있다.[63] 여기서 우리는 이러한 우리의 기존 통설과 판례에 대

61) 대법원 1993. 5. 14. 선고 92다45025 판결 "…… 쌍무계약이 취소된 경우 선의의 매수인에게 민법 제201조가 적용되어 과실취득권이 인정되는 이상 선의의 매도인에게도 민법 제587조의 유추적용에 의하여 대금의 운용이익 내지 법정이자의 반환을 부정함이 형평에 맞다 ……"

62) O. Deshayes, T. Genicon et Y-M. Laithier(주 28), p.935; F. Terré, P. Simler, Y. Lequette et F. Chénedé(주 27), n°1816(p.1990).

63) L. Andreu et N. Thomassin(주 24), n°1440(p.529-530), n°1446(p.532-533) et n°1456

해서 다음과 같은 문제가 제기되었다는 점을 상기할 필요가 있다.

> "…… 필자가 의문을 느끼는 것은, 위와 같은 불합리는 분명히 제거되지 않으면 안된다고 하더라도, 그 제거의 방향이 민법 제201조 이하의 규정의 적용을 확대하는 쪽이어야 하는가 하는 점이다. 오히려 민법 제201조 제1항이 정하는, 선의취득자의 과실취득권은 현존이익의 반환도 배제하는 것으로서 입법론적으로 그 근거가 희박하다고 생각되고, 또 계약의 무효 또는 취소로 인하여 그 계약에 기하여 이루어진 급부의 원상회복이 이루어져야 할 경우에는 급부물로부터 생긴 이익도 원칙으로 그대로 반환하는 것이 공평에 맞는다고 생각된다 ……"[64]

(3) 구체적 내용

계약이 실효되었을 경우, 이미 수령한 과실, 사용이익은 반환의 대상이지만, 반환의 대상이 되는 범위를 정하는 기준은 다음과 같다.

① 반환의 대상이 되는 기간

제1352-7조에 따라 반환의무자가 선의인지 악의인지에 따라 반환의 범위를 산정하는 기간이 달라진다. 물건 수령인이 선의인 경우에도 상대방이 반환 청구일 이후의 과실, 사용이익만이 반환의 대상이 된다. 이와 관련하여 프랑스 학자들은, 반환청구일 이후부터 실제로 상대방에게 인도한 날까지의 기간은 대개의 경우 짧기 때문에 이 규정은 실질적으로 악의의 수령자에게 반환을 인정하게 되는 실익이 있을 뿐이라고 하거나,[65] 선의의 점유자는 과실을 취득하도록 하고 있는 프랑스 민법 제549조 이하의 취지와 실질적으로

---

p.536)

64) 民法注解[XVII] 債權(10), 168-169면(梁彰洙 집필 부분).

65) O. Deshayes, T. Genicon et Y-M. Laithier(주 28), p.939 et p.944.

같다[66]고 하고 있다.

② 평가시점

i) 과실은 원물반환을 원칙으로 하되, 원물 상태로 존재하지 않을 경우 제1352-3조 제3항에 따라 상환일을 기준으로 가액을 산정한다. 과실은 대개의 경우 종류물이기 때문에(예를 들어, 가축, 과일나무 등), '종류물은 멸실하지 않는다(Genera non pereunt)'는 법언(法彦)이 말하는 바와 같이 원물반환이 불가능한 경우는 별로 없다. 그러나 현실에 있어서는 과실을 원물로 반환하는 것보다는 가액으로 반환하는 것이 사안 해결에 있어서 합리적인 경우가 대부분일 것이므로 제3항과 같은 규정을 두게 되었다.[67]

ii) 사용이익의 경우, 동조 제2항에 따라 판결선고시를 기준으로 가액을 산정한다. 계약이 체결되었으나 실효된 이후 관련한 분쟁이 소송으로 이어지게 되어 판결이 선고되기까지 적지 않은 시간이 흐르는 경우가 많고, 과거의 경험에 비추어 물가가 올라가는 경우가 많았던 점을 생각해보면, 반환해야 할 사용이익, 예를 들어 월 차임으로 평가되는 액수 자체는 실효된 계약에서 약정하였던 액수보다 높은 경우가 많이 발생할 수 있다.[68]

③ 추가 수익

과실이나 사용이익 그 자체는 반환의 대상이나, 위 규정에 의하더라도 개량(改良)으로 인하여 추가로 발생한 수익은 반환할 필요가 없다.[69] 프랑스

66) L. Andreu et N. Thomassin(주 24), n°1440(p.529-530), n°1446(p.532-533) et n°1456 p.536)

67) O. Deshayes, T. Genicon et Y-M. Laithier(주 28), p.937.

68) L. Andreu et N. Thomassin(주 24), n°1443(p.531).

69) O. Deshayes, T. Genicon et Y-M. Laithier(주 28), p.938; Bertrand Fages, *Droit des*

파기원은 A 회사가 소비자에게 칠면조 알을 판매할 목적으로 농업인 B에게 칠면조를 제공하면서 인공 수정을 의뢰하였는데 이 계약이 무효로 되자 B가 A 회사를 상대로 칠면조 알 판매 수익의 반환까지 구한 사안에서 다음과 같은 이유로 이를 부정하였다.

> "…… 무효로 된 계약 당사자들이 원래의 상태로 돌아가기 위해서는, 각 당사들이 계약의 이행으로서 이루어진 급부만을 고려하여야 하고, 그 계약으로부터 발생한 이익은 고려할 필요가 없다 ……"[70]

여기서 추가 수익은 우리의 학설과 판례가 이해하고 있는 운용이익(運用利益)에 비견될 수 있을 것으로 보이고, 우리 판례상으로도 운용이익은 원칙적으로 반환의 대상이 되지 않는다.[71]

④ 선의·악의 판단기준

무엇을 기준으로 급부 수령자의 선의·악의 여부를 판단할 것인지에 대해서 현행 프랑스 민법의 원상회복 규정이 애매하다는 비판이 제기되기도 한다.[72] 처음부터 무효인 계약에 기하여 변제가 이루어진 경우(우리 민법상

---

obligations 14ᵉ éd., LGDJ(2024), n°607(p.522).

70) Civ. 1re 10 déc. 2014, n°13-23.903.

71) 대법원 1995. 5. 12. 선고 94다25551 판결 "…… 일반적으로 수익자가 법률상 원인 없이 이득한 재산을 처분함으로 인하여 원물반환이 불가능한 경우에 있어서 반환하여야 할 가액은 특별한 사정이 없는 한 그 처분 당시의 대가이나, 이 경우에 수익자가 그 법률상 원인 없는 이득을 얻기 위하여 지출한 비용은 수익자가 반환하여야 할 이득의 범위에서 공제되어야 하고, <u>수익자가 자신의 노력 등으로 부당이득한 재산을 이용하여 남긴 이른바 운용이익도</u> 그것이 사회통념상 수익자의 행위가 개입되지 아니하였더라도 부당이득된 재산으로부터 손실자가 당연히 취득하였으리라고 생각되는 범위 내의 것이 아닌 한 <u>수익자가 반환하여야 할 이득의 범위에서 공제되어야</u> 한다 ……"; 대법원 2006. 9. 8. 선고 2006다26328, 26335 판결; 대법원 2008. 1. 18. 선고 2005다34711 판결 등.

취소 원인인 경우도 이에 포함된다), 수령자가 급부 수령 당시에 사기, 강박, 불법성 등의 무효 원인을 알았는지 여부를 기준으로 선의·악의를 판단한다. 문제는 계약이 유효하게 체결되었으나 이후의 사정으로 실효된 경우, 대표적으로 계약이 해제된 경우이다. 이때에는 계약 체결 당시에 자신의 채무불이행을 예견하였다고 인정되는 경우가 아닌 한, 계약 당사자들은 선의로 급부를 수령한 것으로 보아야 할 것이다. 이 경우 당사자들이 악의로 급부를 수령했는지 여부에 대해서는 법관이 판단한다.[73)]

7. 급부 청산에 있어서 계약적 법리의 필요성

(1) 계약의 실효와 급부의 청산에 관한 프랑스 민법이 우리에게 시사하는 바는 적지 않다. 세세한 내용들은 별론으로 하더라도, 큰 구도 있어서 두 가지로 요약할 수 있을 것이다. 하나는 계약이 무효, 취소, 해제 등 어떠한 원인으로 실효되었든지 원상회복의 법리를 통일적으로 규율하였다는 점이다. 다른 하나는, 급부 청산의 문제를 부당이득으로 인식하지 않고 계약적 법리로 규율하여 왔고, 이러한 태도는 현재까지도 유지되고 있다고 할 수 있다. 현행 프랑스 민법은 부당이득 규정과는 별개로 원상회복에 관한 규정을 마련하였을 뿐만 아니라, 그 중 제1352-9조는 급부의 청산에 계약적 법리가 작동한다는 것을 보여주는 것을 대표적인 예라고 할 수 있다.

(2) 프랑스 민법 제1352-9조에 따라 채무의 이행을 위하여 설정된 담보는 원상회복의무에 당연히 이전된다. 이 논리는 계약의 무효 또는 해제에 소급효를 인정하는 것과 논리적으로 맞지 않는다. 계약이 실효되었다면 계약상

---

72) O. Deshayes, T. Genicon et Y-M. Laithier(주 28), p.917-922.

73) F. Chénedé(주 28), n°215.06(p.292).

의 채무를 위한 담보도 소멸한다고 보는 것이 소급효 이론과 담보의 부종성 원칙과 맞고, 이로 인하여 발생한 급부의 반환 문제는 계약상의 채무가 아니고 전혀 법적 성질을 달리하는 것이기 때문이다.[74] 이 경우 담보가 이전되는 것을 이론적으로 설명하는 것에 어려움이 있다는 점은 프랑스 학자들도 인정하고 있었으나, 그럼에도 불구하고 프랑스 판례는 이를 인정해오고 있었고[75] 위 조항은 이러한 판례의 입장을 입법화한 것이다.[76] 제1352-9조는 문제 해결의 이론적 근거에 대한 의문을 해결해주지는 못했어도, 적어도 거래의 안전과 형평의 요구를 충족시킨 것으로 평가되고 있다.[77]

(3) 우리 판례도 일찍부터 동일한 입장에 있을 뿐만 아니라,[78] 계약의 청산관계의 내용에 그 계약이 유효하였을 경우의 법률관계의 내용이 그대로 영향을 미치고 있는 예들이 있다는 점은 앞에서 언급하였다. 다음의 견해도

---

74) F. Terré, P. Simler, Y. Lequette et F. Chénedé(주 27), n°1821(p.1994); G. Chantepie et M. Latina(주 12), n°1079(p.1113-1114). 다음의 프랑스 민법 제2293조도 이러한 맥락이다.

프랑스 민법 제2293조 ① 보증은 유효한 채무에 대하여만 존재할 수 있다.

75) Civ. 3e 5 nov. 2008, n°07-17.357 "…… 당사자들이 무효인 계약 체결 이전의 상태로 회복되지 않는 상태에 있는 한, 무효로 된 [소비]대차계약에 내재되어 있는 원상회복의무가 존재하므로, [소비]대차계약에서 약정된 저당권은 원상회복의무가 소멸할 때까지 존속한다 ……"; Civ. 1re 1 juill. 1997, n°95-15.642 "…… 무효로 된 [소비]대차계약에 내재되어 있는 원상회복의무는 유효하게 존재하므로, [소비]대차에서 약정된 보증은 원상회복의무가 소멸하지 않는 한 존속한다 ……"

76) F. Terré, P. Simler, Y. Lequette et F. Chénedé(주 27), n°1821(p.1995); O. Deshayes, T. Genicon et Y-M. Laithier(주 28), p.948.

77) F. Terré, P. Simler, Y. Lequette et F. Chénedé(주 27), n°1822(p.1995).

78) 대법원 1972. 5. 9. 선고 71다1474 판결 "…… 타인간의 계약에 있어 그 계약상의 여러가지 의무를 부담하는 당사자의 일방을 위하여 그 계약을 보증한 보증인은 상대방에 대하여 특단의 사정이 없는 한 피보증인의 채무불이행으로 인하여 그 계약이 해제되었으므로 인한 피보증인의 원상회복의 의무에 대하여도 책임을 진다 ……"; 대법원 1999. 3. 26. 선고 96다23306 판결 등.

이러한 예들의 타당성을 뒷받침하고 있다.

> "…… 비록 물건의 반환 그 자체에 대하여는 물권적 청구권에 의할 수 있다고 하더라도, 그에 부수하는 이해조정과 관련하여서는 계약적인 법리 또는 그에 준하는 법리가 배타적으로 적용되어야 한다. 왜냐하면 계약법은 계약당사자 사이의 이해관계를 보다 세밀하고 구체적인 사정에 맞게 법적으로 음미한 결과를 나타낸 것이어서, 그에 대하여는 배타적으로 규율한다고 보아야 할 것이기 때문이다. 이는 종종 계약법의 우위라고 불리우는 것의 반영이기도 하다 ……"[79)]

8. 수령자의 손해배상책임

(1) 프랑스 민법 제1352-1조

계약에 기하여 목적물을 수령한 이후 계약이 실효된 경우, 실제 수령한 때와 목적물을 반환하는 때와의 사이에 시간적 간격이 생기게 되므로 이때 목적물에 발생한 손상이나 훼손은 프랑스 민법 제1352-1조에 따라 물건을 반환하는 사람이 배상책임을 진다. 관련한 몇 가지 점을 살펴보면,

첫째, 물건의 일상적인 사용으로 인한 감가상각(減價償却)분에 대해서는 배상책임이 없다.[80)]

---

79) 民法注解[IV] 物權(1), 363면(梁彰洙 집필 부분).

80) G. Chantepie et M. Latina(주 12), n°1064(p.1096); F. Terré, P. Simler, Y. Lequette et F. Chénedé(주 27), n°1814(p.1989); F. Chénedé(주 28), n°215.12(p.293); 우리 판례도 계약 해제의 경우 감가상각분은 원상회복의 대상이 아니라고 판시하고 있다. 대법원 1991. 8. 9. 선고 91다13267 판결 "…… 계약해제로 인하여 계약당사자가 원상회복의무를 부담함에 있어서 계약당사자 일방이 목적물을 이용한 경우에는 그 사용에 의한 이익을 상대방에게 반환하여야 하므로, 중기를 매수인이 인도받아 사용하던 중 그 매매계약이 해제된 경우에 있어 매도인이 위 해제로 인하여 매수인에게 그 중기의 사용

둘째, 반환의무자가 물건의 손상에 대한 배상책임을 면하기 위해서는 이에 대하여 선의이면서 과책이 없을 것이 요구된다. 여기서 반환의무자가 선의인지 여부는 계약 실효의 원인을 고려하여 결정한다. 예를 들어, 계약이 무효이거나 해제된 경우 반환의무자가 무효나 해제 원인을 알고 있었는지, 혹은 그 이후라도 상대방으로부터 반환청구가 들어오기 전에 실효 원인을 알고 있었는지 여부에 따라 판단된다.[81] 프랑스 민법 제1352-2조와 제1352-7조가 물건을 수령한 때에 선의·악의였는지를 명시하고 있는 것과 달리, 위 조항은 이를 명시하지 않는 것을 보아도 이러한 해석은 타당하다.[82]

셋째, 제1352-1조는 목적물의 부분적 멸실에 관한 규정이지만, 목적물이 부분적으로 멸실된 경우와 전체가 멸실된 경우를 달리 취급할 필요가 없다고 하면서 제1352조는 제1352-1조를 고려하여 이해되어야 한다는 견해가 있다. 즉, 목적물 전부가 멸실되었을 경우에도 (따라서 원물반환이 불가능한 경우에도) 목적물 수령자가 선의이면서 과책이 없다면 그는 가액으로라도 반환할 필요가 없다.[83]

넷째, 만일 반환청구권자에게 물건의 손상 또는 훼손에 대한 과책이 있다면 독일 민법 제346조 제3항 제2호에서 정하는 바와 같이 위 규정의 적용은 배제되어야 한다는 견해도 있다. 이 견해는, 독일 민법이 규정하는 바와 같이 '목적물이 상대방에게 있었어도 손해가 마찬가지로 발생하였을 때'에는 위와 같은 배상책임을 면하는가에 대하여 프랑스 민법이 규정하는 바가 없기 때문에 향후 논의의 대상이 될 것으로 보고 있다.[84]

에 의한 이익의 반환을 구함은 별론으로 하고, 그 중기가 매수인에 의하여 사용됨으로 인하여 감가 내지 소모가 되는 요인이 발생하였다 하여도 그것을 훼손으로 볼 수 없는 한 그 <u>감가비 상당은 매수인이 원상회복의무로서 반환할 성질의 것은 아니다</u> ……"

81) G. Chantepie et M. Latina(주 12), n°1064(p.1096).

82) Aude-Solveig Epstein(주 23), p.390.

83) O. Deshayes, T. Genicon et Y-M. Laithier(주 28), p.929.

84) O. Deshayes, T. Genicon et Y-M. Laithier(주 28), p.931.

(2) 우리 민법과의 비교

① 외견상 프랑스 민법 제1352-1조와 유사한 우리 민법상의 조문은 제202조이다. 그러나 점유자가 계약상의 의무나 계약상 급부의 원상회복의무에 기하여 소유자에게 그 물건을 반환하여야 하는 의무를 부담하는 경우에는 민법 제201조 내지 제203조는 적용되지 않고 계약적인 법리 또는 준하여 형성되는 법리를 적용하여야 한다는 견해를 따른다면, 프랑스 민법 제1352-1조의 내용은 우리 민법 제748조와 관련하여 펼쳐지는 해석론과 비교하여 이해하는 것이 적절할 것이다.

② 통설에 의하면 원물이 훼손·변질되어 있더라도 그 동일성을 인정할 수 있으면 그 물건을 현재의 상태대로 반환하면 족하고 이미 멸실되고 있으면 반환의무는 없으며 그러한 손상 등의 사유가 수익자의 귀책사유에 의한 것이라도 차이가 없다고 한다.[85] 통설의 입장은 프랑스 민법 제1352-조 입법태도와는 상반되는 해석론인데, 이에 대하여 통설의 입장은 수익자를 지나치게 보호하고 손실자에게 무리한 희생을 강요하는 것이라는 문제점이 지적된 바 있다. 가령 수익자가 비록 자신의 취득이 유효한 것이라 믿었다 하더라도 그가 원래는 반환하였어야 할 취득물을 의식적으로 파손한 경우에도 수익자는 잔존한 것만을 반환하면 족하다고 한다면, 이는 수익자 자신의 재산적인 의사결정의 불이익한 결과를 손실자에게 전가하게 된다. 다시 말해서 자신이 인수한 위험을 근거 없이 이루게 되기 때문이다.[86]

독일 민법 제346조 [解除의 效果]

③ 가액상환의무는 다음의 경우에는 소멸한다.

2. 채권자가 훼손 또는 멸실에 대하여 책임 있거나 목적물이 그에게 있었어도 손해가 마찬가지로 발생하였을 것인 때

85) 民法注解[XVII] 債權⑽, 586면(梁彰洙 집필 부분).

86) 民法注解[XVII] 債權⑽, 586면(梁彰洙 집필 부분).

9. 수령자의 비용상환청구권

(1) 프랑스 민법 제1352-5조

① 프랑스 민법 제1352-5조는 목적물을 수령한 이후 수령자가 필요비나 유익비를 지출한 경우, 원상회복에 있어서 이를 고려하여야 한다고 규정하고 있다. 목적물 수령자가 목적물을 점유하면서 이러한 비용을 지출하였음에도 원상회복시 이를 산정하지 않는다면, 반환청구권자가 지출자의 희생으로 부당한 이득을 갖게 되기 때문이다.[87)]

② 기존에는 우리 민법 제203조와 유사하게, 필요비는 모두 상환하는 것으로 하고, 유익비의 경우에는 실제로 지출한 비용과 목적물의 증가된 가치 중 적은 것을 상환하도록 하고 있었다. 그러나, 2016년 개정으로 필요비와 유익비는 모두 상환하는 것으로 하고, 다만 '반환하는 날에 증가된 가치'의 제한을 받게 되었다.

③ 이에 따라 가치가 오히려 감소하게 되면 비용상환의무가 발생하지 않는데, 이렇게 되면 필요비의 경우 가치를 증대시키지 않으므로 반환이 이루어지지 않는다. 반면, 선의의 물건 수령자는 상대방으로부터 반환청구가 있을 때까지 과실, 사용이익 등을 취득한다(프랑스 민법 제1352-5조). 입법자가 이 문제를 실제로 인식하고 있었는지는 정확히 알 수 없다는 점이 지적되고 있다.[88)]

(2) 우리 민법과의 비교

① 외견상 프랑스 민법 제1352-5조와 유사한 우리 민법상의 조문은 제

87) G. Chantepie et M. Latina(주 12), n°1071(p.1105); Alain Bénabent, *Droit des obligations 20ᵉ éd.*, LGDJ(2023), n°239(p.221).

88) O. Deshayes, T. Genicon et Y-M. Laithier(주 28), p.941; L. Andreu et N. Thomassin(주 24), n°1449(p.534); Aude-Solveig Epstein(주 23), p.395.

203조이다. 앞서 살펴본 프랑스 민법 제1352-1조를 체계적 해석상 우리 민법 제202조와 비교하는 것에 의문이 있을 수 있었으나, 다음에서 보는 바와 같이 제1352-5조의 경우에는 우리 민법 제203조에 비견될 수 있다.

> "…… 어떠한 물건을 점유하고 있는 사람이 그 점유기간 동안에 그 물건에 관하여 비용을 지출한 경우, 그 후 그 물건을 소유자에게 반환함에 있어서 비용상환을 청구하는 규정이 없는 경우에 어떠한 내용의 비용상환청구권을 인정할 것인가? 본조를 점유자의 비용상환청구권에 관한 일반적 규정이라고 이해하여 다른 명문의 규정이 없는 한은 원칙적으로 본조를 적용할 것인가, 그 각 법률관계의 성질을 파악하여 그에 가장 적합한 다른 규정을 준용 또는 유추적용할 것인가? 아니면 보다 일반적인 사무관리나 부당이득의 법리를 적용할 것인가?
> 비용상환에 관한 민법의 여러 규율은 통상의 필요비를 어떻게 처리하는가 하는 것이 목적이 되고 있으며, 그 이외에는 서로 다를 바가 없다. 소위 사치비(dépense somptuaire)는 청구할 수 없다는 점, 특별한 필요비는 그 전액의 상활을 청구할 수 있다는 점, 유익비의 상환은 그로 인한 가치증가가 현존한 경우에 한정하여 상환의무자의 선택에 좇아 그 지출액 또는 증가액의 상환을 청구할 수 있다는 점 등은 어느 경우에나 완전히 일치한다(민법 제310조, 제325조, 제343조, 제626조 등). 이렇게 보면 위 조항은 보다 일반적인 의미를 가지고 있는 것이고, 물건반환관계가 있는 경우에 그 의무자가 지출한 비용의 상환에 관하여 일반적인 법리를 선언하는 규정이라고 할 수 있다 ……"[89)]

② 외국에서는 대체로 선의점유자와 악의점유자를 구분하여 전자에는 보다 넓은 범위의 비용상환청구권을 인정하여 주고 후자에 대하여는 매우 한정된 범위에서만 이를 인정하고 있는데, 우리 민법 제203조는 이러한 구분

---

89) 民法注解[IV] 物權(1), 411-414면(梁彰洙 집필 부분).

을 하지 않고 양자에게 동일한 권리를 인정한다는 점에서 프랑스 민법의 태도를 이어받았다.[90] 그러나 프랑스 민법은 2016년 채권법 개정으로 필요비와 유익비는 모두 반환하는 것으로 되었으므로, 우리 민법 제203조와 달리 규율하게 되었다.

In this chapter, I examine the issue of restitution when a contract that is validly concluded and partially or fully performed by the parties is rendered ineffective due to invalidity, annulment, or termination. I discuss the legal theories and the scope of restitution under French civil law. With the major reform of the law of obligations in 2016, France introduced ten new provisions on this topic, codified in Article 1352 and the following articles of the French Civil Code. These are regarded as among the most innovative elements of the reform. Before 2016, French civil law lacked statutory provisions on restitution in such cases, and the matter was handled through case law. This led to fragmented and inconsistent legal principles and complex case-by-case analyses. The reform thus provided France with a coherent and unified legal framework for restitution.

---

90) 民法注解[IV] 物權(1), 409-410면(梁彰洙 집필 부분); **구 프랑스 민법**은 우리 민법 제201조(점유자의 과실취득권)에 상응하는 규정을 프랑스 민법 제549조와 제550조에 두었고(현재도 마찬가지), 우리 민법 제202조와 제203조에 상응하는 규정은 이와 함께 두지 않고 제4편(계약 외 채무) 제1장(준계약) 편에서 다음과 같이 규정하고 있었다.

제1379조 부당하게 수령한 물건이 부동산이나 유체동산인 경우, 이를 수령한 사람은 물건이 현존하는 경우 원물로 반환하여야 하고, 그의 과책으로 물건이 멸실되거나 파손된 경우 가액으로 반환하여야 한다; 그가 악의로 수령한 경우, 불가항력으로 멸실될 경우에도 [가액]반환을 보장하여야 한다.

제1381조 물건을 반환받는 사람은, 악의의 점유자에 대하여도 물건을 보전하기 위하여 지출된 필요비와 유익비를 고려하여야 한다.

The approaches of French and Korean civil law to contract termination display both similarities and differences.

First, Korean civil law treats restitution primarily as a matter of unjust enrichment (Article 741 of the Korean Civil Code), reflecting the influence of German legal doctrine. It was the German Civil Code that elevated unjust enrichment to the status of a general principle and codified it. In Germany, the transfer of rights through legal acts is governed by formalism and the abstraction principle (Abstraktionsprinzip). For example, even if ownership is transferred to a buyer under a valid sales contract, if the contract is later rendered ineffective, ownership does not automatically revert to the seller. The seller must rely on a legal basis—such as unjust enrichment—to recover the property. By contrast, French law follows a causal system (*principe de causalité*) for transferring real rights through legal acts. When a contract that was validly concluded is retroactively annulled, the transfer of rights based on that contract is also considered null, and the rights automatically revert to the original owner. As such, France has historically not needed to place unjust enrichment at the center of its restitution doctrine.

Second, while Korean civil law adopts formalism in the transfer of real rights, Korean case law—unlike German law but similar to French law—applies the causal system in this regard. When a contract involving a transfer of ownership is later declared void, the provider of the performance may still be regarded as the owner and can assert proprietary claims, such as a claim for the return of ownership (Article 213 of the Korean Civil Code) against the recipient. Because proprietary claims are not subject to extinctive prescription and offer stronger legal protection than unjust enrichment claims, restitution in such cases is generally pursued through proprietary remedies rather than just enrichment. Instead, unjust enrichment in South Korea is typically applied to the restitution of performances or incidental benefits that do not involve the transfer of ownership. In this respect, the scope of unjust enrichment in Korean law is narrower than in German law and more closely aligned with French legal principles.

Finally, in South Korea, the scope of restitution differs depending on the legal basis for the contract's termination, rescission, or nullity, reflecting the structural characteristics of the Korean Civil Code. By contrast, the 2016 French reform introduced a unified legal framework for such cases, offering a model that is likely to inspire further developments in Korean civil law.

10. 사적자치 원칙의 구체적 발현

Principle of Private Autonomy

'사적자치의 원칙(théorie de l'autonomie de la volonté)'은 1804년 나폴레옹 민법 제정 당시부터 이어지는 프랑스 민법의 기본 철학이다.[1] 우리 민법도 마찬가지이다. 그러나 다음에서 보는 바와 같이 프랑스 민법은 기본 논리 구도에 있어서 우리 민법보다는 사적자치의 원리가 더 전면적으로 작동하고 있음을 알 수 있다. 구체적으로 살펴보면 다음과 같다.[2]

1. 계약 자유의 원칙

> **제1102조**
> ① 법률이 정한 한도 내에서, 계약을 체결할지 여부, 계약의 상대방을 선택하고 계약의 내용과 형식을 결정할 자유가 있다.

사적자치의 원칙은 1804년 제정 당시부터 프랑스 민법의 기본을 이루고 있는 기본 철학이었음에도 불구하고 이에 대한 규정을 두지 않고 있었다. 2016년 프랑스 민법을 개정하면서 이에 대한 명시적인 규정을 마련하였다.[3]

---

1) Solène Rowan, *The New French Law of Contract*, Oxford University Press(2022), p.21 & 31; 2016년 프랑스 채권법 개정 취지 13가지 항 중 제4항에서 '의사주의 원칙(consensualism)의 확인'을 명시하고 있다.

2) 아래의 취지에 대해서는, Eva Steiner, *French Law – A Comparative Approach 2nd ed.*, Oxford University Press(2018), 214면 이하도 참조.

2. 계약의 구속력

제1103조
적법하게 성립된 계약은 이를 체결한 당사자 간에 있어서 법에 갈음한다.

당사자들은 계약에 의하여 구속된다. 다시 말해서, 그들은 스스로 합의를 하였기 때문에, 법규범에 복종하듯이 계약에 복종해야 한다. 로마법에서는 당사자 간의 합의 외에 일정한 형식을 갖춘 'stipulatio'라고 하는 문답계약(問答契約)에 대해서만 계약으로서의 효력을 부여하고 있었으나, 이러한 형식에서 벗어나 당사자 간의 합의만으로 계약으로서의 효력을 인정하게 된 것은 프랑스 민법이 이루어낸 성과였다. 이는 자신이 약속한 바를 지켜야 한다는 카논법 학자들(canonist, 교회법학자)과 고대 로마법 사료에 나타난 법현상들로부터 일반론을 추출해왔던 자연법학자들의 사고가 반영된 것이다.[4]

3. 계약의 내용에 대한 법원의 간섭 제한

제1168조
쌍무계약에 있어서 급부 간 등가(等價)의 결여는 법률에 달리 정한 바가 없다면 계약의 무효 원인이 되지 않는다.

---

3) S. Rowan(주 1), p.33면.

4) John Bell, Sophie Boyron and Simon Whittaker, *Principles of French Law 2nd ed.*, Oxford University Press(2008), p.297; Barry Nicholas, *The French Law of Contract 2nd ed.*, Oxford University Press(2005), p.32 에서도 이 규정을 사적자치의 원칙이 발현된 대표적인 규정으로 소개하고 있다.

위 규정은 계약의 불공정한 내용에 대하여 사법적 권한이 개입하는 것을 원칙적으로 제한한 것으로서, 사적자치의 원칙, 즉 계약은 무엇보다도 계약 당사자의 의사에 의하여 규율되어야 한다는 것을 표명한 것이다.[5)]

4. 법률행위 해석의 원칙

프랑스 민법 제1188조
① 계약은 그 문언의 의미보다는, 당사자의 공통된 의사에 따라 해석된다.
② 이러한 의사가 밝혀지지 않은 경우, 계약은 합리적인 사람이 동일한 상황에 처하였을 경우 부여하였을 의미에 따라 해석된다.

법률행위의 해석방법에 관하여 프랑스 민법은 '계약은 그 문언의 의미보다는, 당사자의 공통된 의도에 따라 해석되어야 한다'는 주관적 해석론을 제1의 원칙으로 선언하고 있다. 그 이하에서 제시하고 있는 객관적 해석론은 '당사자의 의도가 밝혀지지 않은 경우'에 한하여 적용되는 부수적 원칙이다.[6)] 프랑스 민법이 주관적 해석론을 원칙으로 하는 것은 사적자치의 원리를 근간으로 한다. 즉 계약상의 채무는 당사자의 상호 합의의 산물이므로 그들이 실제로 의도한 경우에만 의무가 있다고 하여야 하기 때문이다.[7)] 이

---

5) S. Rowan(주 1), p.136.

6) Gaël Chantepie et Mathias Latina, *Le noveau droit des obligations 3e éd.*, Dalloz(2024), n°501- n°503(p.529-531); S. Rowan(주 1), p.124-125; B. Nicholas(주 4), p.35.
참고로 제1188조 제2항은 2016년 개정시 새로 도입된 규정이다. 구 프랑스 민법은 객관적 해석론에 대해서는 규정하는 바가 없었고, 제1항에 해당하는 주관적 해석론에 대한 내용만을 규정하고 있었다.
구 프랑스 민법 제1156조 합의에 있어서는 용어의 문언적 의미보다는, 계약 당사자들의 공통된 의도가 탐구되어야 한다.

7) S. Rowan(주 1), p.117.

러한 프랑스 민법의 태도는 상업적 편의와 거래의 안전을 위하여 객관적 해석을 원칙으로 하는 영미법계의 입장뿐만 아니라,[8] 법률행위의 해석이란 당사자의 내심적 의사의 여하에 관계없이 그 서면의 기재 내용에 의하여 당사자가 그 표시행위에 부여한 객관적 의미를 합리적으로 해석하여야 하는 것을 원칙으로 하는 우리 판례의 입장[9]과도 차이가 있다.

5. 법률행위로 인한 물권변동에 관한 의사주의(意思主義)와 유인주의(有因主義)

프랑스 민법 제1196조

① 소유권을 이전하거나 기타 다른 권리를 양도하는 것을 목적으로 하는 계약에 있어서, [그 소유권이나 다른 권리는] 계약이 체결될 때 이전된다.

② 소유권 이전은 당사자의 의사, 물건의 성질 또는 법률의 규정에 의하여 연기될 수 있다.

---

8) B. Nicholas(주 4), p.48.

9) 대법원 1994. 3. 25. 선고 93다32668 판결 "…… 법률행위의 해석이란 당사자가 그 표시행위에 부여한 객관적인 의미를 명백하게 확정하는 것으로서, 서면에 사용된 문구에 구애받을 것은 아니지만 어디까지나 당사자의 내심적 의사의 여하에 관계없이 그 서면의 기재 내용에 의하여 당사자가 그 표시행위에 부여한 객관적 의미를 합리적으로 해석하여야 하는 것이고, 당사자가 표시한 문언에 의하여 그 객관적인 의미가 명확하게 드러나지 않는 경우에는 그 문언의 내용과 그 법률행위가 이루어진 동기 및 경위, 당사자가 그 법률행위에 의하여 달성하려는 목적과 진정한 의사, 거래의 관행 등을 종합적으로 고려하여 사회정의와 형평의 이념에 맞도록 논리와 경험의 법칙, 그리고 사회일반의 상식과 거래의 통념에 따라 합리적으로 해석하여야 한다 ……" 같은 취지의 판결들은 현재까지 지속되고 있다.

법률행위로 인한 물권변동에 관하여 형식주의를 취하고 있는 우리 민법과 달리(민법 제186조, 제188조 제1항 등), 프랑스는 의사주의를 취하고 있는 대표적인 국가이다. 물론 위의 제2항에서 보는 바와 같이 현실적으로는 많은 예외가 있기는 하다. 소유권유보부 매매의 경우는 당사자의 의사에 의하여, 종류물의 경우는 종류물의 특정이 있는 때, 기한부 내지 할부 매매의 경우에는 대금을 완납한 때 소유권이 이전된다. 현실에 있어서 오히려 이러한 경우가 더 많기 때문에 의사주의를 원칙으로 선언한 것이 적절한지에 대해서 의문을 제기하거나 제1항을 임의법규로 보아 제2항의 사정이 없는 경우에 보충적으로 적용하는 것으로 보자는 견해[10]가 있기도 하다. 그러나 입법적으로 의사주의의 원칙은 2016년 개정 이후에도 유지되고 있다.

6. 소결

위에서 살펴본 바와 같이 프랑스 민법은 사적 자치의 원리가 여러 국면에 원칙으로서 강조되고 있다. 그러나 기본 구도에 있어서 우리 민법의 논리와 차이가 있어도, 다음에서 살펴보는 바와 같이 구체적인 사안을 해결함에 있어서는 유사한 결론이 도출될 수 있는 통로가 마련되어 있음을 알 수 있다.

첫째, 프랑스 판례가 공개적으로 계약의 객관적 해석방법을 취하고 있지는 않지만, 계약이 일관적이고 유효하게 될 수 있도록,[11] 당사자들이 반박할 수 없는 전제 사실들에 기반하여 당사자가 의도하였음에 틀림이 없는 내

10) G. Chantepie et M. Latina(주 6), n°535(p.577-578).

11) **프랑스 민법 제1189조**

① 계약의 모든 조항은 다른 조항과의 관계에서, 행위 전체의 정합성을 존중하는 의미를 부여하면서 해석된다.

② 당사자의 공통된 의사에 비추어 수 개의 계약이 동일한 거래에 공조(共助)하는 경우, 계약들은 그 거래에 의거하여 해석된다.

용으로 당사자들의 의사를 해석하고 있다. 즉, 프랑스 법원은 당사자들의 주관적 의사를 확인한다고 '주장'은 하고 있지만, 실제로는 그 이상을 살펴서 해석하고 있는 것이다. 이러한 취지가 제1188조 제2항에 나타나 있다.[12] 한편, 우리 판례는 규범적 해석 방법과 더불어 자연적 해석 방법[13]을 인정하고 있다. 둘째, 법률행위에 의한 물권변동에 관하여 프랑스는 우리와 달리 의사주의를 취하고 있으나, 이에 대한 예외를 비교적 넓게 인정하는 것을 보아도 그러하다.

This chapter explores how private autonomy is embedded in French civil law. I introduce the principle of freedom of contract, which was explicitly codified by the 2016 reform of the French law of obligations (Article 1102(1)); Article 1103, which provides that a lawfully concluded contract has the force of law between the parties; Article 1188(1), which establishes the parties' common intention as the primary rule for interpreting contracts; and Article 1196, which reflects the principle of consensualism in the transfer of real rights through legal acts.

Although the Korean Civil Code does not explicitly codify the principle of

---

12) S. Rowan(주 1), p.121.

13) 대법원 2021. 11. 25. 선고 2018다260299 판결 "…… 일반적으로 계약을 해석할 때에는 형식적인 문구에만 얽매여서는 안 되고 당사자 사이의 진정한 의사가 무엇인가를 탐구해야 한다. 계약 내용이 명확하지 않은 경우 계약서의 문언이 계약 해석의 출발점이지만, 당사자 사이에 계약서의 문언과 다른 내용으로 의사가 합치된 경우 그 의사에 따라 계약이 성립한 것으로 해석해야 한다. 당사자 사이에 계약의 해석을 둘러싸고 이견이 있어 당사자의 의사 해석이 문제 되는 경우에는 계약의 형식과 내용, 계약이 체결된 동기와 경위, 계약으로 달성하려는 목적, 당사자의 진정한 의사, 거래 관행 등을 종합적으로 고려해서 논리와 경험의 법칙, 그리고 사회일반의 상식과 거래의 통념에 따라 합리적으로 해석해야 한다 ……"

freedom of contract as found in Articles 1102 and 1103 of the French Civil Code, the principle is implicitly recognized and accepted as self-evident within Korean legal doctrine.

Nevertheless, important differences remain between the two systems.

First, as previously noted, with respect to the transfer of real rights through legal acts, the Korean Civil Code—unlike French law—adheres to a formalistic approach rooted in German legal tradition. Second, while French law favors subjective interpretation of contracts, Korean courts follow an objective, normative approach to protect transactional security. Specifically, Korean case law holds that the interpretation of a legal act must involve definitive determination of the objective meaning assigned by the parties to their expression of intent.

That said, both systems include exceptions. In practice, they often reach similar outcomes, despite differing methods.

French Civil Code

Art. 1102

① Everyone is free to contract or not to contract, to choose the person with whom to contract, and to determine the content and form of the contract, within the limits imposed by legislation.

Art. 1103

Contracts which are lawfully formed have the force of legislation for those who have made them.

Art. 1188

① A contract is to be interpreted according to the common intention of the parties rather than stopping at the literal meaning of its terms.

② Where this intention cannot be discerned, a contract is to be interpreted in the sense which a reasonable person placed in the same situation would give to it.

Art. 1196

① As regards contracts whose object is the alienation of ownership or the assignment of some other right, transfer takes place at the time of the conclusion of the contract.

② This transfer may be deferred by the will of the parties, by the nature of the things in question or by the effect of legislation.

Korean Civil Code

Art. 186 (Effect of Changes in Real Rights to Real Estate)

The acquisition, loss, or modification of a real right resulting from a juridical act related to real estate shall take effect only upon registration.

11. 간접소권(間接訴權)

Action Oblique

1. 의의

채권자대위권(債權者代位權)은 독일 민법에는 존재하지 않는 것으로서 그 제도적 뿌리를 프랑스 민법에 두고 있다. 2016년 프랑스는 채권법을 개정하면서 우리의 채권자대위권에 상응하는 간접소권(action oblique)에 관한 규정을 개정하였고, 현재 프랑스 민법 제1341-1조는 다음과 같이 규정하고 있다.

> **제1341-1조**
> 채무자가 그의 재산적 권리(droits)와 소권(actions) 행사를 태만히 함으로써 채권자의 권리를 위태롭게 할 경우, 채권자는 채무자를 위하여(pour compte du débiteur), 채무자의 일신에 전속한 권리를 제외한 채무자의 권리와 소권을 행사할 수 있다.

간접소권의 요건과 효과의 구체적인 내용을 살펴보면 다음과 같다.

2. 요건

(1) 채무자의 권리 행사 태만

프랑스에서도 기존에는 우리 민법상 채권자대위권 행사 요건과 동일하게, 간접소권 행사 요건으로서 채무자가 자신의 권리를 행사하지 않았어야 한다고 해석되고 있었다.[1] 그러나 2016년 개정 프랑스 민법은 채무자가 권리 행사를 '태만히 하였을 것'이라는 용어로 표현하였데, 그 의미에 대해서는 다음과 같은 견해들이 제시되고 있다. 우선, 채무자의 권리불행사 보다는 포괄적인 의미라고 해석하는 견해들[2]이 있다. 그 예로, 채무자가 소권을 행사하기는 하였으나 궁극적으로 권리 행사를 종결짓지 않고 시간만 끌고 있는 경우를 들고 있다. 반면, 기존과 같이 채무자의 권리 행사가 있었다면 그 행사가 잘못되거나 불충분한 것이었더라도 채무자가 권리 행사를 태만히 하였다고 볼 수 없다는 견해들[3]이 있다. 채무자가 권리 행사를 태만히 하였는지 여부는 객관적으로 평가되며, 채무자가 채권자를 해할 의도와 같은 주관적 요건은 필요하지 않다.

(2) 채무자의 권리를 위태롭게 하였을 것

① 2016년 개정 전 프랑스 민법상으로도 해석에 의하여 채권자는 간접소권을 행사할 이익(intérêt à agir)이 있어야 한다는 요건이 인정되고 있었다. 우리 민법상 채권자대위권을 행사하기 위하여 채권자에게 자신의 채권을 보전할 필요성이 인정되어야 한다는 것과 내용적으로 별반 다르지 않았다.

---

1) 구 프랑스 민법 제1166조는 간접소권 행사 요건을 명시하고 있지 않았다.
구 프랑스 민법 제1166조 그러나, 채권자는 채무자에게 일신에 전속하는 권리를 제외하고는 채무자에게 속하는 모든 권리와 소권을 행사할 수 있다.

2) Olivier Deshayes, Thomas Genicon et Yves-Marie Laithier, *Réforme du droit des contrats, du régime général et de la preuve des obligations 2e éd.*, LexisNexis(2018), p.802-803; Maxime Julienne, *Régime général des obligations 5e éd.*, LGDJ(2024), n°479(p.333); Gaël Chantepie et Mathias Latina, *Le noveau droit des obligations 3e éd.*, Dalloz(2024), n°918(p.962).

3) François Terré, Philippe Simler, Yves Lequette et François Chénedé, *Droit civil Les obligations 13e éd.*, Dalloz(2022), n°1569(p.1721-1722); Lionel Andreu et Nicolas Thomassin, *Cours de droit des obligations 9e éd.*, Gualino Lextenso(2024), n°1528 p.560-561); Alain Bénabent, *Droit des obligations 20e éd.*, LGDJ(2023), n°818(p.666).

즉, 원칙적으로 채무자가 무자력 상태에 있어야 간접소권을 행사할 수 있었고, 다만 피보전채권이 비금전채권일 경우에는 채무자의 무자력이 요구되지 않는다는 것이 프랑스 판례에 의하여 인정되어 오고 있었다.4) 대표적인 재판례는 다음과 같다.

② 우선, 파기원 민사3부의 1984년 12월 4일 판결5)이다. 카시스 市(commune de Cassis)는 두 개의 인접한 대지를 하나는 A 회사에 임대한 후, 다른 하나를 B 회사에 임대하였다. A 회사에 대하여는 해수욕업을 할 수 있도록 테라스와 탈의실을 설치하는 것을 허용하였고, B 회사에 대하여는 생선과 조개 등을 파는 소매업을 허용하는 내용의 계약을 체결하였다. 그런데, A 회사가 테라스와 탈의실을 설치하는 것뿐만 아니라 스낵 바(snack bar)까지 설치하여 영업을 하기 시작하자 A 회사와 인접해서 음식을 팔고 있던 B 회사는 자신의 영업에 타격을 받게 되었다. 카사스 시가 이에 대하여 이의를 제기하지 않자 B 회사는 A 회사가 그의 임대차 계약 내용에 규정되지 않은 행위를 하였다며 A 회사에게 위와 같은 행위의 금지를 청구하였다. 항소심이 B 회사의 청구를 받아들였고, 파기원 역시 다음과 같이 판시하며 원심판결을 유지하였다.

> "…… 임대인은 임차인이 임대한 기간 동안 평온하게 용익할 것을 보장할 의무를 규정하고 있는 민법 제1719조6)로부터 임차인은 채권자로서 그의 채

---

4) 대표적으로 Civ. 1re 7 févr. 1966, Bull. civ. Ⅰ. n°88; Civ. 1re 17 mai 1982, n°81-12.312; Civ. 3e 4 déc. 1984, n°82-17.005; Civ. 3e 14 nov. 1985, n°84-15.577.

5) Civ. 3e 4 déc. 1984, n°82-17.005.

6) **프랑스 민법 제1719조** 임대인은 특별한 약정이 없는 한, 임대차계약의 성질상 다음과 같은 의무가 있다.

1° 임차인에게 임대 목적물을 인도할 것. 주거를 주된 목적으로 할 경우에는 적절한 주거 환경을 조성할 것; 주거용으로 임대한 건물이 그 용도에 부적합할 경우, 임대

무자인 임대인의 권리를 행사할 수 있는 자격이 주어진다 ……"

이에 대하여 오베르(Jean-Luc Aubert)는 두 가지 중요한 점을 지적하고 있다. 하나는 간접소권을 행사한 B 회사의 채권은 임차물을 평온하게 사용·수익할 권리라는 점으로부터 간접소권 행사의 기초가 되는 채권자의 채권은 금전채권일 필요가 없게 되었다는 점이고, 다른 하나는 위 사안에서 채무자의 무자력은 문제되지 않았다는 점이다. 따라서 간접소권은 행사 요건으로서의 채무자의 무자력은 채권자가 입게 될 손해를 표지하는 것으로서 더 넓게 이해되어야 할 필요가 있고, 따라서 채권자의 손해가 즉각적으로 발생할 것임이 나타날 경우에는 채무자의 무자력은 불필요한 것으로 보아야 한다고 하였다.[7)]

③ 다음으로 파기원 민사3부 1985년 11월 14일 판결[8)]이다. 어떤 건물의 공유자 중 1인이 공유 건물 내에 있는 방들 중 일부는 상업용으로, 다른 부분은 주거용으로 한 회사에 임대하였다. 임차인인 회사는 임대인의 허가도, 공유자 조합(syndicat de copriété)의 허가도 얻지 않은 채 주거용도의 임차 부분을 음식점 영업을 위한 주방으로 개조하고 영업을 하였다. 이에 종래 주거용이었던 부분이 상업용으로 바뀌어 소음이 많이 일게 되자 해당 건물의 다른 공유자들의 생활에 지장을 초래하게 되었다. 임대인인 공유자가 임차인의 위와 같은 행위를 중단시키지 않자, 공유자 조합이 위 회사에 대하여 임대차 계약의 해지와 건물에서의 퇴거를 청구하였다. 파기원은 원고의

인은 점유자의 퇴거를 청구하기 위하여 임대차의 무효 또는 해지를 주장할 수 없다.
2° 임대 목적물을 임대 목적에 적합한 상태를 유지할 것
3° 임차인이 임대차 기간 동안 평온하게 사용·수익할 수 있도록 할 것
4° 또한 수목의 항구성과 질을 [이전과] 동일하게 보장할 것

7) Civ. 3e 4 déc. 1984, n°82-17.005, Defrénois 1985. art.33596, n°83, obs. Aubert.

8) Civ. 3e 14 nov. 1985, n°84-15.577.

청구를 인용하였다.

"…… [프랑스] 민법 제1166조(현 프랑스 민법 제1341-1조)의 문언에 따르면, 채권자는 채무자의 일신에 전속한 권리를 제외하고 채무자의 모든 권리를 행사할 수 있다; 위 회사가 자신의 임대차계약상의 의무를 위반하였고, 그의 행위가 다른 공유자들에게 손해를 주었을 뿐만 아니라 더 나아가 공유자들끼리 약정한 규정(여기에는 각 공유자는 자신의 임차인의 유책한 행위에 대하여 책임이 있다고 규정하고 있었다)에도 배치된다. 따라서 원심이 공유자가 자신의 권리 행사(임차인의 행위 중지)를 태만히 하였으므로 …… 공유자 조합이 임차인의 해지권을 행사할 권리가 있다고 한 것은 타당하다 ……"

위의 판시에 대한 오베르의 다음의 지적도 우리에게 의미가 적지 않다. 통상 간접소권은 채무자가 금전채권을 행사하지 않는 경우에 채권자가 자신의 금전채권을 보전하기 위하여 행사되었는데, 이와 같이 간접소권을 금전채권에 한정하는 것은 매우 협소한 생각이다. 민법 제1166조는 매우 일반적인 규정 형식을 취하고 있을 뿐만 아니라, 이와 같은 제한을 두고 있지도 않다. 따라서 간접소권은 모든 채권의 소지자에게 주어진 훨씬 넓은 범위의 것으로서, 채무자가 그의 권리를 행사하지 않음으로써 채권자의 채권의 실효성을 훼손시킬 때 채무자를 제재할 수 있는 수단임은 분명하다.[9)]

④ 이후 프랑스 판례는 위 의미를 다음과 같이 일반론으로서 설시하여왔고, 2016년 프랑스 채권법을 개정하면서 아래의 판례의 취지를 반영하였다.

"…… 채무자의 소홀함(négligence)이 채권자의 이익을 위태롭게 한 경우에

9) Civ. 3e 14 nov. 1985, n°84-15.577, D. 1986. 369. note Aubert; RTD 1986. 600. obs. J. Mestre,

한하여 간접소권이 행사될 수 있다 ……”[10]

⑤ 그런데, 어떠한 경우에 채권자의 권리가 위태롭게 되었다고 볼 수 있을 것인지에 대해서는 해석의 여지가 남는다. 이에 대한 현재 프랑스 학자들의 견해는 다음과 같다.

먼저, 간접소권 행사에 있어서 반드시 채무자의 무자력이 요구되지는 않는다는 견해이다. 즉, 채무자가 무자력 상태가 아닐지라도 채권자의 권리가 위태롭게 되었다고 평가할 수 있다.[11] 다음으로, 간접소권을 행사하는 채권자의 피보전권리가 금전채권인 경우와 비금전채권인 경우를 나누어서 후자의 경우에만 채무자의 무자력이 요구되지 않는다고 해석하는 견해[12]가 있고, 그밖에 채권자의 피보전권리를 구분하지 않고 위 조항의 의미를 채무자의 무자력으로 이해하는 견해[13]도 발견된다.

(3) 우리 판례와의 비교

종래 우리 판례는 민법 제404조 제1항 소정의 ‘채권 보전의 필요성’의 의미를, 피보전채권이 금전채권인 경우와 비금전채권인 경우를 나누어서, 전자의 경우에는 채무자의 무자력을 의미하고 후자의 경우에는 채무자의 무자력을 요하지 않는 것으로 해석하여 왔으나,[14] 이후 피보전채권이 금전채

---

10) Civ. 1re 11 sept. 2013, n°12-16.671.

11) Philippe Malaurie, Laurent Aynès et Philippe Stoffel-Munck, *Droit des obligations 13e éd.*, LGDJ(2024), n°767(p.680); Bertrand Fages, *Droit des obligations 14e éd.*, LGDJ(2024), n°527(p.461); L. Andreu et N. Thomassin(주 3), n°1529(p.561); A. Bénabent(주 3), n°818(p.666);

12) F. Terré, P. Simler, Y. Lequette et F. Chénedé(주 3), n°1568(p.1720); M. Julienne(주 2), n°481(p.334); G. Chantepie et M. Latina(주 2), n°920(p.964); O. Deshayes, T, Genicon et Y-M. Laithier(주 2), p.804.

13) Yvaine Buffelan-Lanore, Virginie Larribau-Terneyre, *Droit civil – Les obligations 19e éd.*, Dalloz(2024), n°411(p.141).

권인 경우에도 채무자의 무자력을 요하지 않고 채권자대위권 행사를 허용하는 사례들이 적지 않았다.[15] 이 사안들에서는 채무자의 무자력을 요하지 않고도 채권자대위권 행사를 허용하는 이유가 무엇인지에 대해서 명확히 제시하지 않고 있었으나, 이 사안들의 사실관계를 음미해보면 채권자대위권 행사를 허용하는 것이 구체적 타당성 있는 해결을 위해 필요하다는 것을 느끼게 해주는 사안들이었다. 그러다가 대법원 2001. 5. 8. 선고 99다38699 판결에서 '채권보전의 필요성'의 의미를 현명하고 예리하게 제시하여 주기 시작하였는데, 이 판시에서는 대위채권자의 피보전권리가 금전채권인지 비금전채권인지를 구분하지 않고 있었다.[16] 이후 대법원 2022. 8. 25. 선고 2019다229202 전원합의체 판결에서는 다수의견이 대위채권자의 피보전권리가 금전채권인 경우에는 채무자의 무자력을 요하는 취지의 판시를 하였다.[17][18]

---

14) 대법원 1963. 4. 25. 선고 63다122 판결 "…… 본조 제1항에서 「…자기의 채권을 보전하기 위하여…」라 함은 그 채권이 금전채권이거나 당해의 경우 손해배상채권으로 귀착할 수밖에 없는 것인 때에는 채권자가 무자력하여 그 일반재산이 감소되는 것을 방지할 필요가 있는 경우를 말하는 것이다 ……"

15) 대법원 1989. 4. 25. 선고 88다카4253,4260 판결; 대법원 2002. 1. 25. 선고 2001다52506 판결; 대법원 1968. 6. 18. 선고 68다663 등.

16) "…… 채권자가 보전하려는 권리와 대위하여 행사하려는 채무자의 권리가 밀접하게 관련되어 있고 채권자가 채무자의 권리를 대위하여 행사하지 않으면 자기 채권의 완전한 만족을 얻을 수 없게 될 위험이 있어 채무자의 권리를 대위하여 행사하는 것이 자기 채권의 현실적 이행을 유효·적절하게 확보하기 위하여 필요한 경우에는 채권자대위권의 행사가 채무자의 자유로운 재산관리행위에 대한 부당한 간섭이 된다는 등의 특별한 사정이 없는 한 채권자는 채무자의 권리를 대위하여 행사할 수 있어야 한다 ……"

17) 필자는 대상판결 사안의 심리를 위하여 2022년 3월 17일 대법원 대법정에서 열린 공개변론에서 채권자대위권 법리의 전문가로서 참고인 진술을 한 바 있다. 대상판결의 반대의견 입장이었다. 여하윤, "채권자대위권에 있어서 '채권보전의 필요성'의 의미", 법조(제71권 제6호, 통권 제756조), 471-497면 참조.

18) '채무자의 일신에 전속한 권리' 요건과 관련한 내용들은 지면관계상 생략한다. 이에 대하여는 필자가 이미 출간한 논문들에 소개되어 있다.

3. 효과

(1) 책임재산의 보전

간접소권을 행사하면 채무자 스스로가 권리를 행사한 것과 같은 효과가 발생한다. 따라서 그 효과는 채무자에게 귀속하고 간접소권을 행사한 채권자가 궁극적으로 자기 채권을 만족시키기 위해서는 다시 채무자를 상대로 자신의 권리를 행사하여야 한다.

(2) 책임재산 보전기능으로부터의 일탈

그러나 간접소권을 행사하는 채권자의 피보전권리가 비금전채권인 경우에는 간접소권 행사의 실질적인 효과는 책임재산 보전 기능에만 머물지 않는다는 점이 지적되고 있다.[19] 앞의 오베르도 위 파기원 판시는 간접소권을 금전채무 이외의 채무를 강제이행시키는 수단이 되게 함으로써 전통적으로 인정되었던 간접소권보다 그 적용범위를 현저하게 확장하였다고 평가하고 있다.[20]

4. 간접소권과 채권자대위권의 운용 현실 비교

(1) 주지하는 바와 같이 우리나라 판례는 채무자의 무자력을 요하지 않고 채권자대위권 행사를 광범위하게 허용하고 있으며, 오히려 채무자의 무자력을 요하는 경우가 예외적이라고 하여도 과언이 아니라고 할 수 있을 정도이다. 반면 프랑스에서는 간접소권의 행사가 우리나라만큼 빈번하지는 않다. 우선, 건물인도청구권의 대위행사 유형들은 대개 채무자가 소유자로서 혹은

---

19) M. Julienne(주 2), n°481(p.334).

20) Civ. 3e 4 déc. 1984, n°82-17.005, Defrénois 1985. art.33596, n°83, obs. Aubert.

계약 당사자로서 제3채무자에 대하여 보유하고 있는 인도청구권이나 방해배제청구권을 대위행사하는 경우라고 할 수 있는데, 앞서 소개한 파기원 사안들과 기능적으로 유사하다고 볼 수 있다. 그밖의 유형들, 등기청구권을 대위행사하는 유형이나 피보전권리가 금전채권임에도 불구하고 채무자의 무자력을 요하지 않고도 대위행사를 허용하는 유형들은 프랑스에서 나타나지 않는 이유는 무엇인가? 필자는 다음의 요소들이 하나의 원인이 되고 있다고 생각한다.

(2) 등기청구권의 대위행사 유형

우리나라 판례가 채무자의 무자력을 요하지 않으면서, 더 나아가 특별한 근거도 제시하지 않은 채 등기청구권의 대위행사를 허용하여 온 것은 일본 판례의 영향이었던 것으로 보인다.[21] 그런데, 프랑스에서는 우리의 등기청구권의 대위행사 사안이 전혀 등장하지 않는다. 이는 우리나라와 프랑스의 부동산등기제도의 차이에 기인한다.

첫째, 우리 법상의 등기청구권이란 부동산등기에 관한 공동신청주의(부동산등기법 제23조 제1항)에서 도출되는 개념으로서, 부동산을 목적으로 하는 계약에 있어서 일방 당사자(등기권리자)가 상대방(등기의무자)에 대하여 등기신청에 협력을 구하는 권리를 의미한다. 프랑스에서는 등기신청자를 계약당사자가 아닌, 공증인으로 한정하고 있고, 더 나아가 이들이 단독으로 신청할 수 있는 구조를 취하고 있어서[22] 우리 법상 등기청구권 개념 자체가 존

21) 오수원, "채권자대위권에 있어서 무자력 요건론의 재검토", 인권과 정의(제443호), 대한변호사협회(2014. 3.), 15-16면.

22) 우리의 부동산등기법에 상응하는 프랑스 법령은 「부동산등기 개정에 관한 1955년 1월 4일 데크레(Déret n°55-22 du 4 janvier 1955 portant réforme de la publicité foncière」」는 다음과 같이 규정하고 있다.

제4조 ① 부동산 등기의 대상이 되는 모든 서류는 공정증서에 의하여 작성되어야 한다.
제32조 ① 공증인, 집행관, 법원서기, 회생집행관리인과 담당 행정관은, 당사자들의 의

재하지 않는다.[23]

둘째, 우리 법상 부동산이 전전양도된 경우, 최종매수인이 이전등기청구권을 대위행사하는 사안과 관련하여 다음과 같은 점이 지적될 수 있다. 프랑스 부동산 등기 개정에 관한 1955년 1월 4일 데크레 제3조는 '부동산등기의 대상이 되는 모든 서류나 법원의 재판은, 본 데크레의 규정에 따라 해당 권리의 처분자나 최종 권리자의 등기가 먼저 이루어지지 않는 한 부동산등기부에 공시될 수 없다'고 규정하고 있는데, 이 규정은 부동산등기부에 물권변동 과정이 생략되는 것을 방지하고 그 과정이 그대로 공시될 수 있도록 하기 위함이라고 설명되고 있다.[24] 우리가 중간생략등기를 방지하고 있으면서도(부동산등기특별조치법 제2조, 제8조) 등기청구권의 대위행사를 허용하고 있는 이유는, 당사자의 실효적인 권리 구제와 더불어 부동산 물권변동의 과정이 그대로 등기부에 공시될 수 있기 때문이다.[25] 부동산등기와 관련한 '물권변동과정의 정확한 공시'라는 정책 과제가 프랑스와 우리나라 모두 존재하고 있고, 각각 다른 경로를 통하여 달성되고 있음을 알 수 있다. 우리의

사와 무관하게 데크레 제33조에 규정된 기간 내에 그들이 작성한 또는 그들의 협력하에 작성한 서류 ……의 등기를 신청하여야 한다.

23) 비교법적으로 보았을 때 일본과 우리 부동산등기법이 취한 공동신청주의 구조가 아닌 이상, 등기청구권은 출현하기 어려운 개념이다. 박기주, "등기청구권의 비교법적 의미 –부동산물권변동과 등기법의 구조를 중심으로-", 법학논고(제40집), 경북대학교 법학연구원(2012. 10.), 437면.

24) Jacques Lafond, Neyla Gonzalez-Gharbi, Serge Lamiaux et Franck Roussel, *Guide de la publicité foncière*, LexisNexis(2020), n°3430(p.797-798).

25) 최종 매수인이 일반적인 채권양도의 형식으로 중간 매도인으로부터 소유권이전등기청구권을 이전받아서 최초 매도인에게 직접 소유권이전등기청구권을 행사하는 것을 허용하지 않고 있는 판례의 입장을 상기해보면 이는 분명하다. 대법원 2005. 3. 10. 선고 2004다67653, 67660 판결 참조; 오수원, "채권자대위권에 있어서 채권자의 권리(피보전권리)", 民事法硏究(第21輯), 大韓民事法學會(2013. 12.) 168면에 소개된 일본의 법학자 我妻榮의 다음의 견해도 참조. "…… 어느 경우에나 등기부의 기재를 가능한 실체적 권리관계 또는 부동산의 진실한 상태와 일치시키는 작용을 하게 된다 ……"

경우 그 역할의 일부를 채권자대위권이 담당하고 있는 것이다.

(3) 피보전권리가 금전채권인 경우

민사집행의 방식에 관한 입법에 관하여 독일, 미국 등 다수의 입법례는 우선주의를 취하고 있고, 프랑스는 평등주의를 취하였다고 알려져 있다. 그러나 프랑스는 그동안 수차 민사집행법을 개정하면서, 특히 1990년대에 이르러 동산채권에 대한 강제집행 부분도 개정하여 실질적으로는 우선주의를 강하게 관철시키고 있다.[26] 금전채권에 대한 집행에 관하여 보자면, 우리 민사집행법상 전부명령(轉付命令)에 상응하는 제도가 프랑스 민사집행법상 귀속·압류(saisie-attribution)[27]이라는 것이다. 귀속·압류를 하게 되면 원칙적으로 피압류채권이 압류채권자에게 귀속되고, 귀속·압류명령을 먼저 획득한 집행채권자는 피압류채권으로부터 배타적인 만족을 얻는다.[28]

여기서 우리는 프랑스가 채권자평등주의 원칙을 실질적으로 고수하지 못하고 수차 개정해왔다는 사실에 주목할 필요가 있다. 현재 우리는 채권자평등주의 운영의 현실적 어려움을 이곳저곳에서 목도하고 있음에도 불구하고 극단적 평등주의를 고수하고 있다고 평가되고 있고, 이러한 입법례는 일본을 제외하고는 찾아보기가 어려운 것으로 알려져 있다.[29] 우리나라에서의 채권자대위권의 운영이 피보전권리가 금전채권인 경우에도 채무자의 무자력을 요하지 않고도 인정되기 시작하였고 그 범위가 점점 더 확대하여 온

---

26) 全元烈, "민사집행법상 평등주의의 재검토", 법조(제69권 제3호, 통권 제741호), 法曹協會(2020. 6.), 7면 이하.

27) **프랑스 민사집행법 L.211-2조** ① [금전채권에 대한] 압류가 이루어지면, 압류가 행해진 금액에 이르기까지 제3자에게 처분가능한 채권과 그 종된 채권은 압류채권자에게 즉시 귀속된다. 압류의 원인이 된 제3채무자는 그의 채무의 한도에서 [압류채권자에게 대하여] 직접 채무자가 된다.

28) Anne Leborgne, *Droit de l'exécution, 3e éd.*, Dalloz(2019), n°1036 et n°1038 p.522-523); 全元烈(주 26), 27면.

29) 全元烈(주 26), 9면, 29면 등.

것은 채권자평등주의의 불편함을 드러내는 한 장면으로 볼 수 있다고 생각한다.

5. 공유물분할청구권의 대위행사

(1) 프랑스 민법은 다음에서 보는 바와 같이 공유물분할청구권의 대위행사를 허용하고 있다.

> **第815-17조**
> ② 공유자의 채권자들은, 동산이든 부동산이든 공유물의 지분에 대하여 압류할 수 없다.[30)]
> ③ 그러나 그들은 채무자의 이름으로 [공유물] 분할을 청구하거나 공유자가 청구한 분할절차에 참가할 수 있다. [다른] 공유자들은 채무자[인 공유자]의 채무를 채무자의 이름으로 변제하고 그 채무를 면하게 함으로써 분할소송의 진행을 중단할 수 있다. 이러한 권한을 행사한 공유자는 공유물로부터 우선변제를 받을 수 있다.

(2) 우리 대법원은 과거에는 공유물의 분할청구권의 대위행사를 인정하였으나,[31)] 2020년 전원합의체 판결을 통하여 대위행사를 허용하지 않게 되었

---

30) 우리나라와 달리 프랑스는 공유물의 공유 지분에 대한 압류를 금지하고 있다.

31) 대법원 2015. 12. 10. 선고 2013다56297 판결 "…… 원고로서는 소외인에 대한 금전채권을 보전하기 위해서 소외인을 대위하여 소외인의 피고에 대한 공유물분할청구권을 행사할 필요가 있고, 이 사건 부동산은 현물분할을 하는 것이 곤란하거나 부적당한 경우 또는 현물분할로 인하여 그 가액이 현저히 감손될 염려가 있는 경우에 해당한다고 볼 수 있다. 따라서 원심이 원고가 소외인을 대위하여 이 사건 부동산에 관하여 공유물분할을 청구할 수 있다고 판단한 다음, 이 사건 부동산을 경매에 부쳐 그 대금을 분할할 것을 명한 것에 상고이유의 주장과 같이 공유물분할청구권을 대위행사하는 경우의 공유물분할방법에 관한 법리를 오해한 위법이 없다 ……"

다.[32] 다수의견의 논거에 대하여 모두 동의하지 않지만, 결론에 있어서는 다수의견에 찬동한다. 그 이유는 다음과 같다.[33]

(3) 공유물분할청구권의 대위행사는, 이를 통해서 궁극적으로 자신의 채권 만족을 도모하고자 하는 일부 공유자의 채권자와 공유관계를 유지하고자 하는 다른 공유자 간의 이해관계가 대립하고 있는 문제이다. 프랑스 민법은 위의 조항에서 양측 모두에게 공유물분할과 관련한 절차적 권리를 인정하여 각각 이해관계를 보호할 수 있는 길을 마련하고 있다.

첫째, 동조 제3항 제1문에 따라 공유자의 채권자들이 공유물분할절차에 참가할 수 있는 권리를 인정하고 있다. 공유물 분할로 인하여 공유자의 채권자들의 권리가 해를 입지 않도록 하기 위함이다.

둘째, 동조 제3항 제2문은, '[다른] 공유자들은 채무자[인 공유자]의 채무

---

32) 대법원 2020. 5. 21. 선고 2018다879 전원합의체 판결 "…… 채권자가 자신의 금전채권을 보전하기 위하여 채무자를 대위하여 부동산에 관한 공유물분할청구권을 행사하는 것은, 책임재산의 보전과 직접적인 관련이 없어 채권의 현실적 이행을 유효·적절하게 확보하기 위하여 필요하다고 보기 어렵고 채무자의 자유로운 재산관리행위에 대한 부당한 간섭이 되므로 보전의 필요성을 인정할 수 없다. 또한 특정 분할 방법을 전제하고 있지 않은 공유물분할청구권의 성격 등에 비추어 볼 때 그 대위행사를 허용하면 여러 법적 문제들이 발생한다. 따라서 극히 예외적인 경우가 아니라면 금전채권자는 부동산에 관한 공유물분할청구권을 대위행사할 수 없다고 보아야 한다. 이는 채무자의 공유지분이 다른 공유자들의 공유지분과 함께 근저당권을 공동으로 담보하고 있고, 근저당권의 피담보채권이 채무자의 공유지분 가치를 초과하여 채무자의 공유지분만을 경매하면 남을 가망이 없어 민사집행법 제102조에 따라 경매절차가 취소될 수밖에 없는 반면, 공유물분할의 방법으로 공유부동산 전부를 경매하면 민법 제368조 제1항에 따라 각 공유지분의 경매대가에 비례해서 공동근저당권의 피담보채권을 분담하게 되어 채무자의 공유지분 경매대가에서 근저당권의 피담보채권 분담액을 변제하고 남을 가망이 있는 경우에도 마찬가지이다 ……"

33) 자세한 내용은 呂河潤, "우리 법상 공유물분할청구권의 대위행사를 허용할 것인지 여부 - 대법원 2020. 5. 21. 선고 2018다879 전원합의체 판결 -" 법조 제69권 제5호(통권 제743호), 법조협회(2020. 10. 28.) 429면 이하 참조.

를 채무자의 이름으로 변제하고 그 채무를 면하게 함으로써 분할소송의 진행을 중단할 수 있다'고 함으로써, 일부 공유자의 채권자가 공유물분할청구권의 대위행사 요건을 갖추었다고 하더라도, 분할 절차의 진행을 막고 공유관계를 유지할 수 있는 방어수단을 다른 공유자에게 부여하고 있다. 더 나아가 동조 제2항 제3문은 다른 공유자의 채무를 변제한 공유자에게 공유물로부터의 우선변제권을 인정하고 있다. 그리고, 이러한 공유물 분할절차 정지에 관한 규정은 강행규정이며, 당사자들의 약정에 의하여 배제될 수 없는 것으로까지 해석되고 있다.

(4) 다시 말해서, 프랑스 민법은 공유물분할청구권의 대위행사와 더불어, 일부 공유자의 채권자와 다른 공유자들 간의 이해관계를 조율할 수 있는 절차적 권리들을 동시에 마련함으로써 공유물분할청구의 대위행사를 비롯하여 공유물 분할이 함부로 진행되지 않도록 하고 있다. 공유물 분할은 비교적 장기적으로 복잡하게 이루어지는 경우가 많기 때문에, 한번 분할이 이루어지면 가급적 그 효력을 다투는 것을 피하는 것이 좋고, 따라서 예방적 내지 절차적 조치를 마련하고 이러한 쪽으로 유도하고자 하는 것이 프랑스 민법의 태도인 것으로 보인다. 일부 공유자의 채권자로서는 이후 다른 공유자에 의하여 공유물 분할 절차에 참가할 수 있는 권리가 보장되어 있으니 공유물 분할청구의 대위행사를 성급하게 결정하지 않을 수 있고, 다른 공유자들에게는 공유물로부터 우선변제를 받을 수 있는 권리가 보장되어 있기 때문에 공유관계를 유지하기 위하여 일부 공유자의 채권자에게 채무자를 대신하여 변제하겠다는 결정을 좀 더 쉽게 내릴 수 있는 구조이다. 우리 민법과 민사집행법 등에서는 이러한 절차적 권리들이 아직 마련되어 있지 않다.

(5) 참고로, 프랑스는 1804년 민법 제정 당시에는 공유에 관하여 제815조부터 제842조까지 28개의 조문을 두고 있었으나, 1976년 대대적인 보완 개

정이 있은 이후[34] 2006년,[35] 2009년[36] 계속 개정을 거듭하여 현재의 모습을 갖추기에 이르렀다. 공유물분할청구권과 관련한 규정만 하더라도, 제816조부터 제842조까지 37개에 이를 뿐만 아니라, 프랑스 민사소송법에서도 제1358조부터 제1378조에 이르기까지 21개의 조문이 마련되어 있다. 프랑스 민법은 이러한 구도 속에서 공유물분할청구권의 대위행사를 허용하고 있는 것이다. 우리 민법상 공유에 관한 조문은 제262조부터 제270조까지 9개의 조문, 그 중 공유물분할청구권에 관해서는 제268조부터 제270조의 3개의 조문만이 마련되어 있고 입법이 진전되지 않고 있다. 구체적인 분쟁 해결의 모습이 거의 판례에 맡겨져 있는 우리나라의 상황은 프랑스와는 다르다고 생각한다.

6. 소결

우리 민법상의 채권자대위권은 프랑스 민법에서 유래되었으나, 채권자대위권 역시 우리 법상의 다른 제도와 유기적으로 연결되어 작동될 수밖에 없기 때문에 우리 민법상의 채권자대위권이 프랑스와 동일하게 운용될 수는 없다는 점이 구체적으로 확인되어 가고 있음을 알 수 있다. 피보전채권과 피대위채권이 속한 제도가 가지는 취지, 그 취지 속에서 피대위채권이 우리의 법 운용에 있어서 가지는 현실적 의미 등을 함께 고려하여야 하기 때문이다.

---

34) Loi n° 76-1286 du 31 décembre 1976 relative à l'organisation de l'indivision
35) Loi n° 2006-728 du 23 juin 2006 portant réforme des successions et des libéralités
36) Loi n° 2009-526 du 12 mai 2009 de simplification et de clarification du droit et d'allègement des procédures

This chapter introduces the concept of *action oblique* (creditor's subrogation right) under French civil law. This mechanism, rooted in French law, is codified in Article 404 of the Korean Civil Code. It does not exist in German civil law. A comparison of the French and Korean systems of creditor's subrogation reveals several noteworthy differences.

First, while the creditor's subrogation right originally developed as a mechanism to preserve the debtor's assets, serving as security for repayment, it has also evolved into a means for creditors to satisfy their own claims. As a result of this functional shift, the traditional requirement that the debtor be insolvent in order for the right to be exercised has, in some cases, been relaxed in France. This more flexible approach is formally codified in the 2016 reform of the French law of obligations. Similarly, in South Korea, the vast majority of subrogation cases proceed without regard to the debtor's insolvency.

Second, the use of creditor subrogation is far more prevalent in South Korea than in France. The key reason lies in differences in real estate registration systems. In France, only notaries, rather than the contracting parties themselves, are authorized to file registration applications, and they may do so unilaterally. By contrast, in South Korea, the parties to a real estate transaction must jointly apply for registration at the registry office. This joint application requirement enhances the accuracy and authenticity of the registry in recording changes in property rights.

For instance, if A sells real estate to B, B cannot complete the registration unless A cooperates in the application process. As a result, B holds a right to demand A's cooperation in registration, a so-called "registration claim" that has no equivalent in French law. If B, without registering the property in his or her name, enters into another sale agreement with C for the same property, C cannot acquire ownership unless he completes the registration in his or her own name, even if C has fully paid the purchase price to B. This stems from Korea's adherence to the principle of formalism in the transfer of real rights through legal acts. In such a case, C may exercise, on behalf of his debtor B (through the creditor's subrogation right), the right to demand A’s cooperation in the registration, thereby enabling B to become the registered owner. Once B is registered, C can then assert C’s own right to demand registration from B and thus obtain ownership under his own name. These types of cases account for the majority of subrogation cases in South Korea, where debtor’s insolvency is not a prerequisite.

Meanwhile, Article 3 of the French Decree of January 4, 1955, concerning the reform of real estate registration, provides that “all documents and court decisions subject to registration may not be published in the land registry unless the registration of the disposer or final right holder has first been carried out in accordance with the provisions of this decree.” This provision aims to prevent the omission of intermediate steps in the transfer of real rights and to ensure the transparent documentation of such transfers. Thus, both France and South Korea share the common policy goal of ensuring the accurate disclosure of real rights transfers in real estate transactions, albeit through different institutional mechanisms. In South Korea, this function is partly served by the creditor’s subrogation right.

French Civil Code

Art. 1341-1
Where a debtor's failure in the exercise of his patrimonial rights and actions compromises the rights of his creditor, the latter may exercise them on behalf of the debtor, with the exception of those which belong exclusively to the debtor personally.

Korean Civil Code

Art. 404 (Creditor's Right of Subrogation)
① The creditor may exercise the rights of the debtor to preserve their own claim; however, rights that are exclusive and personal to the debtor may not be exercised in this manner.
② Until the right of subrogation is exercised in judicial proceedings, the creditor may not exercise the right set forth in the preceding paragraph unless his or her claim has become due; provided, however, that this shall not apply to acts of preservation.

12. 사해소권(詐害訴權)

Action Paulienne

1. 의의

우리 민법 제406조 소정의 채권자취소권(債權者取消權)은 규정 형식상 독일보다는 프랑스 민법상의 사해소권(詐害訴權)의 모습에 훨씬 가깝다.[1] 우리의 채권자취소권의 연혁을 거슬러 올라가면, 일본 민법을 거쳐서 보아소나드(G. Boissonade)[2] 일본 민법 초안 제360조 이하,[3] 그리고 프랑스 민법상의 사해소권(詐害訴權, action paulienne)에 이르게 되고, 사해소권은 로마법의 파올로 소권(actio pauliana)에서 유래하였다. 프랑스 민법 제1341-2조는 다음과 같이 사해소권을 규정하고 있다.

---

1) 독일은 민법전에 채권자취소권 규정을 두지 않고 있고 특별법률에 의하여 규율하고 있다; 「도산절차 밖에서의 채무자의 법적 행위의 취소에 관한 법률(Gesetz über die Anfechtung von Rechtshandlungen eines Schuldners außerhalb de Insolvenzverfahrens)」

2) 귀스타브 에밀 보아소나드(Gustave Émile Boissonade de Fontarabie, 1825. 6. 7-1910. 6. 27.). 프랑스의 법학자로 1853년 파리 대학에서 법학 박사학위를 받은 뒤 1864년까지는 파리 대학에서, 그로부터 1873년까지는 그르노블 대학에서 법학 교수로 재직하였다. 1873년 파리를 방문한 일본인들에게 헌법과 형법에 대해서 강의를 하였던 것이 계기가 되어, 일본 정부의 초대로 일본 근대 민법 등의 제정에 도움을 주기 위하여 일본을 방문하였다. 보아소나드는 1873년부터 1895년까지 21년 가량 일본에 머물면서 일본 근대 민법과 형법의 제정 작업에 기여하였다,

3) Projet de code civil pour l'Empire du Japon

제1341-2조
채권자는 또한, 채무자가 채권자의 권리를 해한 행위의 효력을 자신에게 대항할 수 없음의 확인을 구하는 소를 자신의 이름으로 제기할 수 있다. 이때 채무자의 행위가 유상행위인 경우, 채권자는 계약의 상대방인 제3자[4]가 사해행위임을 알고 있었음을 증명하여야 한다.

프랑스 민법은 사해소권 행사 요건에 관하여 구체적인 내용을 담고 있지 않았으므로, 그 내용을 구체적으로 형성해온 것은 프랑스 법원의 몫이었다.[5] 이하에서는 사해소권의 요건과 효과를 프랑스 재판례를 중심으로 살펴본다.

2. 객관적 요건 - 사해행위

(1) 사해행위의 의미

채무자의 사해행위란 채무자의 무자력을 초래하는 등 채권의 공동담보에 부족이 생기게 하는 행위로 이해되고 있으며, 이러한 해석이 프랑스 사해소권의 해석에 관한 고전적 입장이다.[6] 사해행위성은 사해행위 당시뿐만 아니라 사해소송을 제기하는 당시에도 존재하여야 한다.[7] 사해행위 당시의 채무자의 무자력은 사해소권을 행사하는 채권자가 증명하여야 하나, 그 이후 사

4) 여기서 '계약의 상대방인 제3자'란 우리 민법 제406조 소정의 수익자에 해당한다.
5) 구 프랑스 민법 제1167조. 2016년 프랑스 채권법 개정시 사해소권은 내용적으로 변경이 있었던 것은 아니고, 프랑스 판례상의 내용을 명문화하였다.
6) Juris-Classeur Civil Code Art. 1342-2 par William Dross (31 août 2023), n°21
7) Civ. 1re 27 juin 1972, n°70-11.822; Civ. 1re 31 mai 1978, n°76-12.891; Civ. 1re 6 janv. 1987, n°85-13.988; Com. 14 nov. 2000, n°97-12.708; Civ. 1re 16 mai 2006, n°04-11.891.

해소송 중에 채무자가 무자력이 아니라는 점에 대하여는 채무자가 증명하여야 한다.[8)] 이하에서는 채무자의 구체적인 행위 유형별로 사해행위성 판단 기준을 살펴본다.

⑵ 일부의 채권자에 대한 변제

채무자가 일부의 채권자에 대하여 변제하는 행위는 원칙적으로 사해행위로 평가되지 않는다.[9)] 그 이유는 다음과 같다. 첫째, 무엇보다도 변제는 채무의 본지에 따른 행위이기 때문이다. 변제와 관련하여서는 채무자의 사해의사를 입증하는 것이 불가능하고, 설사 채무자가 변제행위를 함으로써 다른 채권자들의 채권을 변제할 수 없게 된다는 점을 인식하였더라도, 수익자가 채무자의 변제를 거절할 수는 없기 때문이다.[10)] 둘째, 가장 먼저 권리를 행사한 채권자가 만족을 얻는 것은 당연하다(le prix de la course).[11)] 단, 외형상 변제이나 다른 행위(예컨대, 무상행위)를 가장한 경우에는 은닉행위(무상행위)에 대한 사해소권 행사가 가능하다.[12)]

⑶ 대물변제, 변제기 전의 변제, 채권양도, 상계 등

대물변제, 변제기 전의 변제, 채권양도, 상계 등에 대해서는 통상적이지 않은 방식의 변제라고 하여 원칙적으로 사해행위성을 인정하고 있다. 예를

---

8) Civ. 1re 5 juill. 2005, n°02-18.722; Com. 19 déc. 2006, n°05-17.652. 프랑스 사해소송에 있어서 채무자는 소송 당사자가 아님에도 판결문은 이와 같이 기술되어 있다.

9) 우리 판례도 변제는 원칙적으로 사해행위가 아니라는 입장이다. 대법원 1967. 4. 25. 선고 67다75 판결; 대법원 2001. 4. 10. 선고, 2000다66034; 대법원 2003. 6. 24. 선고 2003다1205 판결; 대법원 2004. 5. 28. 선고 2003다60822 판결; 대법원 2005. 3. 25. 선고, 2004다10985 등.

10) Répertoire de droit civil *Action Paulienne* par Laura Sautonie-Laguionie (nov. 2016), n°29.

11) Juris-Classeur Civil Code Art. 1342-1(주 6), n°34.

12) Juris-Classeur Civil Code Art. 1342-1(주 6), n°35.

들어, 대물변제의 경우, 본래의 채무액보다 과다한 가치를 가진 물건으로 대물변제가 이루어짐으로써 채무자의 책임재산이 줄어들 위험성이 있기 때문이다.[13)]

(4) 일부의 채권자에게 물적 담보를 제공하는 행위도 사해행위가 되며,[14)] 상당한 가격으로 매각한 행위일지라도 은닉하기 쉬운 금전으로 대체가 된 경우에는 사해행위로 평가된다.[15)]

(5) 비재산적 법률행위

프랑스 민법은 간접소권에서 비재산적 법률행위를 행사의 대상으로 제외

---

13) Répertoire de droit civil *Action Paulienne* (주 10) n°30; 우리 판례도 채무자가 그의 유일한 재산을 채권자들 가운데 어느 한 사람에게 대물변제로 제공하는 행위는 특별한 사정이 없는 한 다른 채권자들에 대한 관계에서는 사해행위가 되고(대법원 1996. 10. 29. 선고 96다23207 판결; 대법원 1998. 5. 12. 선고 97다57320 판결; 대법원 2005. 11. 10. 선고, 2004다7873; 대법원 2008. 2. 14. 선고 2006다33357 판결 등), 채무초과 상태에 있는 채무자가 여러 채권자 중 일부에게만 채무의 이행과 관련하여 그 채무의 본래 목적이 아닌 다른 채권 기타 적극재산을 양도하는 행위는 원칙적으로 다른 채권자들에 대한 관계에서는 사해행위가 될 수 있다(대법원 2011. 10. 13. 2011다28045 등)고 한다.

14) Juris-Classeur Civil Code Art. 1342-1(주 6), n°29, n°30 et n°45; Com. 1er déc. 2009, n°06-21.052; 우리 판례도 유사하다. "이미 채무초과상태에 빠져 있는 채무자가 그의 유일한 재산인 부동산을 채권자들 중 1인에게 채권담보로 제공하는 행위는 다른 특별한 사정이 없는 한 다른 채권자들에 대한 관계에서 채권자취소권의 대상이 되는 사해행위가 된다" 대법원 1986. 9. 23. 선고 86다카83 판결; 대법원 1989. 9. 12. 선고 88다카23186 판결; 대법원 1997. 9. 9. 선고 97다10864 판결; 대법원 1997. 9. 9. 선고 97다10864 판결; 대법원 2006. 4. 14. 선고 2006다5710 판결; 대법원 2007. 2. 23. 선고 2006다47301 판결 등.

15) Juris-Classeur Civil Code Art. 1342-1(주 6), n°4, Répertoire de droit civil, *Action Paulienne* (주 10), n°57; Civ. 1re 6 févr. 2001, n°98-23.203; 우리 판례의 입장도 유사하다. 대법원 1966. 10. 4. 선고 66다1535 판결; 대법원 1998. 4. 14. 선고 97다54420 판결; 대법원 2001. 4. 24. 선고 2000다41875 판결 등.

하는 명문의 규정을 두고 있는 것(제1341-1조)과 달리, 사해소권에서는 이에 대한 명문 규정을 두고 있지는 않다. 그렇다 하더라도, 비재산적 법률행위(예를 들어, 혼인, 이혼, 입양, 인지 등의 가족법상의 행위)는 원칙적으로 사해소권 행사의 대상이 되지 않는다.[16)]

(6) 사해소권과 관련한 개별 규정

프랑스 민법은 사해소권과 관련한 특별 규정들을 몇 가지 두고 있는데, 대표적인 것들을 소개하면 다음과 같다.

① 상속의 포기

제779조
① 상속인이 상속을 승인하지 않고 포기함으로써 자신의 권리를 침해받은 상속인의 채권자는 법원의 허가를 얻어 상속인을 대위하여 채무자인 상속인의 이름으로 상속을 승인할 수 있다.
② 전항의 승인은 해당 채권자의 채권액에 이르기까지 그 채권자를 위해서만 인정된다. 상속인에 대하여는 다른 효력이 발생하지 않는다.

위 규정은 내용상 사해소권(채권자취소권)이 아니라 간접소권(채권자대위권)에 관한 규정임에도 불구하고, 프랑스 문헌들은 위 규정을 근거로 하여 상속의 포기가 사해소권의 대상이 될 수 있다고 보고 있다. 이러한 견지에서 유류분의 포기에 대해서도 사해소권의 대상성을 인정하고 있고,[17)] 프랑스 민법 제1050조 제3항은 수증자가 증여를 포기함으로써 채권자를 해할 수 없음을 명시하고 있다. 이러한 프랑스법의 태도는, 상속의 포기는 민법 제406조 제1항이 정하는 재산권에 관한 법률행위에 해당하지 아니하여 사

16) Juris-Classeur Civil Code Art. 1342-1(주 6), n°36.
17) Juris-Classeur Civil Code Art. 1342-1(주 6), n°32.

해행위 취소의 대상이 되지 못하고,[18] 채무자의 유증 포기는 직접적으로 채무자의 일반재산을 감소시켜 채무자의 재산을 유증 이전의 상태보다 악화시킨다고 볼 수도 없으므로 유증을 받을 자가 이를 포기하는 것은 사해행위 취소의 대상이 되지 않는다[19]는 우리 판례의 입장과 대비를 이루고 있다.

② 상속재산분할

프랑스에서는 상속재산분할에 대해서는 원칙적으로 사해소권을 행사할 수가 없는데, 바로 다음과 같은 규정이 있기 때문이다.

> **제882조**
> 공동분할자의 채권자는, 재산 분할로 인하여 자신의 권리가 해하게 되는 것을 방지하기 위하여 그들이 참가하지 않고 이루어지는 분할에 대하여 이의를 제기할 수 있다; 그들은 자신의 비용으로 분할에 참가할 권리가 있다; 그러나 그들이 참여하지 않은 상태에서, 그리고 그들이 이미 제기한 이의의 취지와는 다르게 분할이 이루어지지 않는 한, 이미 이루어진 분할의 효력을 다툴 수 없다.

상속재산분할은 대개의 경우 인적·가족적인 요소를 고려하여 장기적으로 복잡하게 이루어지고, 채권자는 이에 대하여 생소한 존재이기 때문이고,[20] 법률관계를 안정시키는 것이 특별히 바람직하기 때문이다.[21] 우리 민법에는 위와 같은 규정이 없고, 우리 판례는 상속재산 분할 협의는 그 성질상 재산권을 목적으로 하는 법률행위로서 채권자취소권 행사의 대상으로 보고 있다.[22]

---

18) 대법원 2011. 6. 9. 선고 2011다29307 판결.

19) 대법원 2019. 1. 17. 선고 2018다260855 판결.

20) Juris-Classeur Civil Code Art. 1342-1(주 6), n°90.

21) Répertoire de droit civil, *Action Paulienne*(주 10), n°16.

22) 대법원 2001. 2. 9. 선고 2000다51797; 대법원 2007. 7. 26. 선고 2007다29119 판결; 대법원 2008. 3. 13. 선고 2007다73765 판결; 대법원 2013. 6. 13. 선고 2013다2788

(7) 채권자의 집행을 곤란하게 하는 행위

사해소권도 본래는 현재 우리 민법과 판례가 이론적으로 인식하고 있는 것과 마찬가지로 책임재산의 보전을 위한 제도로 출발하였다. 그런데, 이후 프랑스 법원에 의하여 사해소권은 채권자를 위하여 신의칙에 맞는 계약의 이행을 보장하기 위한 방책으로 그 이념적 기초가 변화되어 갔다.23) 이에 따라 현재 프랑스에서는 사해소권 행사에 있어서 채무자의 처분행위로써 채무자의 무자력이 초래될 것을 요구하지 않고 있고, 채무자의 행위가 채권자의 집행을 곤란하게 하는 행위이면 사해행위로 평가되고 있다.24) 채권자대위권과 달리 채권자취소권에 있어서만큼은 채무자의 무자력을 엄격하게 요구하고 있는 우리 판례의 입장과 극명하게 대비되고 있는 부분이다. 책임재산의 보전이라는 취지에서 출발했던 사해소권이 현재까지도 그 취지를 지켜나가고자 하는 우리의 채권자취소권과 어떠한 연유에서 이렇게 다른 방향으로 나아갈 수 있었던 것일까?

첫째, 우리 민법 제407조는 채권자취소권 행사의 효과와 관련하여 채권자평등주의 원칙을 명시하고 있으나, 프랑스 민법상의 사해소권에는 이러한 규정이 없고, 우리와 달리 해석에 의하여 사해소권을 행사한 채권자에게 우선변제권이 인정되어 왔었다는 점이 적지 않은 영향을 미쳤을 것이라고 생각한다.

둘째, 프랑스 민법은 우리 민법과 달리 책임재산의 보전의 취지를 명시하고 있다(제2284조 와 제2285조).25) 그런데, 법문의 위치를 보면 책임재산의

판결 등.

23) Juris-Classeur Civil Code Art. 1342-1(주 6), n°13 et n°77.

24) Civ. 3e 6 oct. 2004, n°03-15.392 "…… 사해소권은 채무자가 무자력이 아닌 경우라도, 사해행위가 양도된 물건에 관하여 채권자가 보유하고 있는 특정한 권리의 행사를 불가능하게 한다면 행사될 수 있다 ……"

25) **프랑스 민법**

제2284조 채무를 부담하는 자는 누구나 현재와 장래의 자신의 모든 동산과 부동산으

보전에 관한 프랑스 민법 규정과 사해소권 규정(제1341조의 2)은 멀찍이 떨어져 있음을 알 수 있다. 다시 말해서, 프랑스 민법은 간접소권과 사해소권 모두 책임재산의 보전과 관련하여 규정하고 있지 않았다는 점이 지적되고 있다.[26)]

이와 같이 프랑스에서는 채권자의 집행을 곤란하게 하는 행위라면 사해행위라고 평가되므로, 채무자가 채권자의 집행을 피할 의도로 해외에 재산을 이동시킨 경우에도 형식적으로는 채무자가 무자력이 아닐지라도 사해행위로 평가되고 있다.[27)]

3. 객관적 요건 - 피보전권리

(1) 금전채권에 한정되지 않음

사해소권을 행사하는 채권자의 피보전권리는 원칙적으로 금전채권이어야 한다고 해석되어 오고 있었다.[28)] 그러나, 앞에서 살펴본 바와 같이 사해행

로 의무를 이행하여야 한다. (2016년 개정 전 제2092조)

제2285조 채무자의 재산은 그 채권자들의 공동 담보가 된다; 그 가액은 채권자에게 적법한 우선변제권이 있지 않는 한, 채권자들의 채권액에 비례하여 배분된다. (2016년 개정 전 제2093조)

26) Répertoire de droit civil, *Action Paulienne* (주 10), n°34; 구 프랑스 민법은 채권의 상대적 원칙(제1165조)의 예외로서 간접소권(제1166조)과 사해소권(제1167조)을 규정하고 있었고, 현 프랑스 민법은 '채권자에게 [특별히] 인정된 권리'의 표제 하에 간접소권(제1341조의 1)과 사해소권(제1341조의 2)을 규정하고 있다.

27) Répertoire de droit civil, *Action Paulienne* (주 10), n°57.

28) Juris-Classeur Civil Code Art. 1342-1(주 6), n°76; 우리 판례도 이러한 입장으로 보이나 (대법원 1988. 2. 23. 선고 87다카1586 판결; 대법원 1991. 7. 23. 선고 91다6757 판결; 대법원 1995. 2. 10. 선고, 94다2534 등), 오래된 판결 중에 다음과 같이 판시한 것도 보인다. 대법원 1965. 6. 29. 선고 65다477 판결 "...... 사해행위취소권을 행사하는 채무자의 채권은 반드시 금전채권임을 요하지 않고 금전이외의 급부를 목적으로 하는 채권

위성을 인정하는 데에 채무자의 무자력이 요구되지 않고 채권자의 집행을 곤란하게 하는 것이면 된다고 해석하면서, 채권자의 피보전권리의 해석에도 변화가 나타나게 되었다. 즉, 채무자가 채권자의 특정한 물건에 대한 채권이나 물권의 행사를 불가능하게 하거나 곤란하게 만드는 것만으로도 채권자는 사해소권 행사가 가능하다.29)

먼저 채무자의 법률행위로 채권자의 특정물에 대한 채권자의 채권이 침해되었다고 보았던 예를 들면 다음과 같다. 농지 임대차에 있어서 임대인의 농지 분할증여로 인하여 원래의 임대차 목적인 농지 전체에 대하여 임차인의 임대차계약 갱신이 어렵게 된 경우, 임차인이 임대차계약 갱신권이 침해되었음을 이유로 임대인의 분할증여행위에 대한 사해소권 행사를 허용한 바 있다.30)

특정물에 대한 채권자의 물권이 침해된 경우에도 사해소권 행사가 가능하다고 보고는 있지만, 이때에는 채권자에게 추급권이 확보되어 있기 때문에 현실적으로 물권이 침해되는 경우는 드물다. 특히 채권자의 피보전채권에 물적 담보가 확보되어 있다면, 채무자의 처분행위가 있어도 채권자의 채권이 우선변제권이 확보되어 있는 범위 내라면 사해소권은 행사할 수 없기 때문이다.31) 그러나 채권자의 물권이 침해된 것으로 평가된 예가 없지는 않다. 부부가 금전소비대차의 공동차주로서 채권자에게 저당권까지 설정해주기는 하였으나, 부인이 남편을 고용함으로써 남편에게 발생한 임금채권에

이라도 특정물이 아닌 이상 채무자가 사해의 의사로서 무자력을 가져올 행위를 한 때에는 그 채권자는 이를 행사할 수 있다 ……"

29) Juris-Classeur Civil Code Art. 1342-1(주 6), n°13, n°14, n°20 et n°46; Répertoire de droit civil, *Action Paulienne* (주 10), n°38 et n°80.

30) Civ. 1re 10 déc. 1974, n°72-11.223; Civ. 1re 7 juin 1989, n°87-19.473은 농지임대차 사안은 아니나, 채무자의 법률행위로 특정물에 대한 채권자의 피보전채권이 침해되었으므로 채무자가 무자력이 아닐지라도 사해소권 행사를 허용한 사안.

31) Juris-Classeur Civil Code Art. 1342-1(주 6), n°48.

대하여 최우선변제권을 확보하고 저당권을 후순위로 밀리게 하는 행위에 대하여 저당권을 침해한 사해행위로 인정한 바 있다.32) 그리고, 다음과 같이 이러한 취지의 판시들은 반복되고 있다.

> " …… 채권자가 채무자 소유의 물건에 대한 특정한 권리, 특히 저당권이 있는 경우 … 채무자가 해당 물건을 처분하거나 그 가치를 축소시킴으로써 우선권이 확보된 채권자의 권리 행사가 불가능하거나 효용이 없게 되어 사해행위임이 증명되었다면, 채무자가 무자력이 아닐지라도 손해는 존재할 수 있다 ……"33)

(2) 부동산 이중매매의 사안의 처리

위와 같은 논리에 따라 프랑스 판례는 부동산 이중매매에 있어서 제1매수인의 사해소권 행사 가능 여부에 대하여 우리 판례와 다른 입장을 취하고 있다. 매도인이 제1매매를 한 이후 12년이 지난 후에 자신의 아들에게 증여한 경우, 제1매수인이 매도인의 증여행위가 사해행위임을 이유로 사해소권을 행사한 사안에서, 원심은 원고(제1매수인)의 피보전채권은 금전채권이 아님을 이유로 기각하였으나, 파기원은 다음과 같은 이유로 파기환송하였다.34)

> "…… 사해소권은 채무자가 무자력이 아닌 경우라도, 사해행위가 양도된 물건에 관하여 채권자가 보유하고 있는 특정한 권리의 행사를 불가능하게 한다면 행사될 수 있다 ……"35)

---

32) Civ. 1re 13 juill. 2004, n°03-10.292.

33) Civ. 1re 15 oct. 1980, n°79-12.489; Civ. 1re 18 juill. 1995, n°93-13.681; Civ. 1re 7 nov. 2006, n°04-18.346; Civ. 1re 11 juin 2008, n°07-14.725; Civ. 1re 8 avr. 2009, n°08-10.024.

34) Civ. 3e 6 oct. 2004, n°03-15.392.

35) 이러한 취지의 프랑스 파기원 판시는 지속되고 있다. 다수의 판결례는 Juris-Classeur

부동산 이중매매 사안에서 '채권자취소권을 특정물에 대한 소유권이전등기청구권을 보전하기 위하여 행사하는 것은 허용되지 않으므로, 부동산의 제1양수인은 자신의 소유권이전등기청구권 보전을 위하여 양도인과 제3자 사이에서 이루어진 이중양도행위에 대하여 채권자취소권을 행사할 수 없다'고 한 우리 판례의 입장[36]과 대비를 이루고 있다.

(3) 피보전권리의 성립시기

피보전권리는 사해행위 이전에 혹은 적어도 동시에 발생한 것이어야 한다.[37] 다만, 피보전권리가 계쟁행위 이후에 발생한 것일지라도, 장래의 채권자를 해할 의도로 조장된 것일 때에는 사해소권이 행사될 수 있다"[38] 보증인이 주채무자가 파산에 이르기 직전에 자신의 재산을 자녀들이 설립한 회사에 증여하여 무자력 상태가 초래된 사안에서, 보증인이 보증계약을 체결할 당시 보증채무 자체는 발생하였고 채권자는 이때 일정한 [보증]채권을 지니고 있다고 볼 수 있으므로 사해소권 행사가 가능하다고 판시하였다.[39] 우리 판례도 유사한 사안에서 비슷한 판시를 계속해오고 있다.[40]

Civil Code Art. 1342-1(주 6), n°49 참조.

36) 대법원 1999. 4. 27. 선고, 98다56690.

37) Juris-Classeur Civil Code Art. 1342-1(주 6), n°78; Répertoire de droit civil, *Action Paulienne*(주 10), n°45.

38) Civ. 1re 18 fév. 2009, n°08-12.306; Juris-Classeur Civil Code Art. 1342-1(주 6), n°81.

39) Civ. 1re 11 fév. 2003, n°00-21.640.

40) 대법원 1995. 11. 28. 선고 95다27905 판결; 대법원 1996. 2. 9. 선고 95다14503 판결; 대법원 1997. 5. 23. 선고 96다38612 판결; 대법원 1997. 10. 28. 선고 97다34334 판결; 대법원 2000. 2. 25. 선고 99다53704 판결; 대법원 2000. 6. 27. 선고 2000다17346 판결; 대법원 2001. 2. 9. 선고 2000다63516 판결; 대법원 2001. 3. 23. 선고 2000다37821 판결; 대법원 2002. 4. 12. 선고 2000다43352 판결; 대법원 2002. 11. 26. 선고 2000다64038 판결 등 "…… 채권자취소권에 의하여 보호될 수 있는 채권은 원칙적으로 사해행위라고 볼 수 있는 행위가 행하여지기 전에 발생된 것임을 요하지만, 그 사해행위 당시에 이미 채권 성립의 기초가 되는 법률관계가 발생되어 있고, 가까운 장래에 그

4. 주관적 요건

(1) 채무자의 사해의사

채무자의 사해의사란, 채무자자 자신의 무자력 상태를 야기할 의사 혹은 채권자의 권리 대상인 목적물을 그 권리 행사의 대상으로부터 벗어나게 하려는 의사를 의미한다. 채무자는 자신의 법률행위로 인하여 채권자를 해한다는 의도까지는 필요 없고, 그러한 인식만 있으면 족하다.[41] 채무자의 사해의사는 채권자가 증명하여야 하는데, 채권자의 피보전채권과 채무자의 사해행위 간의 시간적 간격이 좁을수록 채무자의 사해의사는 쉽게 증명되고, 간격이 넓을수록 증명이 어려울 것이다.[42] 이러한 내용들은 우리 판례의 입장과 다르지 않다.[43]

법률관계에 터잡아 채권이 성립되리라는 점에 대한 고도의 개연성이 있으며, 실제로 가까운 장래에 그 개연성이 현실화되어 채권이 성립된 경우에는 그 채권도 채권자취소권의 피보전채권이 될 수 있다 ……"

41) Juris-Classeur Civil Code Art. 1342-1(주 6), n°51 et n°54; Civ. 1re 29 mai, 1985, n°83-17.329 "……사해의사는 반드시 해할 의도를 의미하지 않는다 ; 그것은 채무자와 유상계약의 상대방이 계쟁 행위로 인하여 채권자에게 손해를 가한다는 것을 인식하는 것을 의미할 뿐이다……"; Civ. 1re 14 fév. 1995, n°92-18.886.

42) Juris-Classeur Civil Code Art. 1342-1(주 6), n°58.

43) 대법원 1998. 5. 12. 선고, 97다57320; 대법원 2004. 7. 9. 선고 2004다12004 판결; 대법원 2009. 3. 26. 선고, 2007다63102 등. "사해의사는 채무자의 재산처분 행위에 의하여 그 재산이 감소되어 채권의 공동담보에 부족이 생기거나 이미 부족 상태에 있는 공동담보가 한층 더 부족하게 됨으로써 채권자의 채권을 완전하게 만족시킬 수 없게 된다는 사실을 인식하는 것을 의미하고, 그러한 인식은 일반 채권자에 대한 관계에서 있으면 충분하고 특정의 채권자를 해한다는 인식이 있어야 하는 것은 아니다"; 대법원 1997. 5. 23. 선고, 95다 51908; 대법원 2015. 6. 11. 2014다237192 등 "사해행위취소소송에 있어서 채무자의 악의의 점에 대하여는 그 취소를 주장하는 채권자에게 입증책임이 있으나……"

⑵ 수익자의 악의

수익자의 악의와 관련하여서는 우리 민법과 판례의 현재 논리와 차이가 있다.

① 유상행위인 경우와 무상행위인 경우의 구별

첫째, 우리 민법이 채무자의 법률행위의 법적 성질을 묻지 않고 수익자의 악의를 요구하고 있는 것과 달리, 프랑스 판례는 채무자의 법률행위가 유상행위(à titre onéreux)인 경우와 무상행위(à titre gratuit)인 경우를 나누어, 전자의 경우에만 수익자의 악의를 사해소권의 요건으로 하고 있고, 후자의 경우에는 이를 요구하지 않았다.[44] 그리고 이러한 입장은 2016년 프랑스 채권법 개정에 반영되어 있다(앞의 프랑스 민법 제1341-2조 참조). 그 취지는 다음과 같이 설명되고 있다. 사해소권은 채무자의 사해행위로부터 채권자를 보호할 이익과 거래의 안전을 위하여 수익자를 보호할 이익 사이의 절충점을 찾아가는 것인데, 유상행위의 경우에는 거래의 안전이 강하게 요구되나, 무상행위의 경우에는 수익자가 단지 공짜로 이득할 수 있는 기회를 상실한 것이므로 실질적으로 손해가 있었다고 볼 수 없기 때문이다. 더 나아가 채무자의 무상행위의 상대방인 수익자는 자신이 선의임을 증명하더라도 사해소권을 기각시킬 수 없다.[45] 그 이유는 이때 사해소권이 인용되더라도 수익자의 재산을 실질적으로 감소시키는 것이 아니라, 채권자는 부당한 이득을 수익자로부터 찾아오는 것이기 때문이다.[46]

따라서 사해소권에서의 수익자의 악의 요건의 내용은 다음과 같이 정리된다. ⅰ) 채무자의 법률행위가 유상행위에 있어서만 요구되는 것으로서 ⅱ) 수익자가 채무자와의 거래행위로 인하여 채무자가 무자력하게 됨을 인

---

44) Civ. 1re 27 juin 1984, n°83-12.749; Juris-Classeur Civil Code Art. 1342-1(주 6), n°67.

45) Com. 14 mai 1996, n°94-11.124; Com. 22 mai 1978, n°76-14.195.

46) Juris-Classeur Civil Code Art. 1342-1(주 6), n°60.

식하는 것을 의미하고, iii) 채권자의 피보전권리가 채무자의 물건에 대한 특정한 권리일 경우, 수익자의 악의란 자신이 채무자와 거래함으로써 채권자의 본래의 권리 실행을 해하게 됨을 인식하는 것을 의미한다.[47)]

둘째, 우리 판례는 취소채권자가 채무자의 사해의사를 증명하면 수익자가 자신에게 악의가 없음을 증명하여야 한다고 하고 있지만,[48)] 프랑스 판례는 채무자의 법률행위가 유상행위라면 수익자의 악의는 채권자가 증명하도록 하고 있다.[49)]

② 유상행위와 무상행위의 구별기준

따라서 프랑스에서는 사해소권 인용 여부를 판단함에 있어서 채무자의 행위가 유상행위인가, 무상행위인가의 구별이 현실적으로 중요하다. 그러나 현실적으로 사해행위로 주장되는 행위가 유상행위인지 무상행위인지 구분하기 쉽지 않은 경우들이 발생한다.

예를 들어, 실제로는 유상행위를 가장한 무상행위(예를 들어, 지나치게 염가로 매도한 행위)가 일어나기 때문에, 채권자는 우선 당해 행위가 가장행위(매매)임을 증명한 이후 은닉행위(증여)에 대하여 수익자의 악의를 증명하지 않고 사해소권을 행사하게 될 것이다.[50)] 부담부증여를 항상 무상행위로 평가하기도 어렵다. 예를 들어, 자녀에게 부동산을 증여하면서 그 부동산 매입과 관련한 잔여 채무도 함께 인수하게 한 경우, 인수된 채무액수를 고려해볼 때 유상행위로 파악된 예가 있다.[51)]

---

47) Répertoire de droit civil, *Action Paulienne*(주 10), n°70 et 73.

48) 대법원 1997. 5. 23. 선고 95다51908 판결; 대법원 2007. 7. 12. 선고 2007다18218 판결; 대법원 2015. 6. 11. 선고 2014다237192 판결 등. "…… 수익자 또는 전득자가 악의라는 점에 관하여는 입증책임이 채권자에게 있는 것이 아니고 수익자 또는 전득자 자신에게 선의라는 사실을 입증할 책임이 있다 ……"

49) Civ. 1re 27 juin 1984, n°83-12.749; Juris-Classeur Civil Code Art. 1342-1(주 6), n°67.

50) Juris-Classeur Civil Code Art. 1342-1(주 6), n°62.

채무자가 특별한 대가 없이 제3자를 위하여 수익자와 보증계약을 체결한 경우는 어떠한가? 이를 무상행위로 볼 것인가? 이때 수익자는 채권 담보의 이익을 취득하고 채무자에 대하여는 무상행위를 할 의사가 결여되어 있으므로 채무자의 보증계약체결행위는 유상행위로 파악된다.[52)]

③ 우리 판례와의 실질적인 차이

우리 민법상 채권자취소권과 프랑스 사해소권과의 실질적인 차이점은 다음과 같이 정리할 수 있을 것이다. 첫째, 사해행위가 무상행위인 경우, 채무자의 사해의사가 비교적 용이하게 추단될 것이고 우리나라 판례에 따르면 채무자의 사해의사가 증명되면 수익자의 악의도 추정되므로, 사해행위가 무상행위인 경우에는 수익자의 악의가 요구되지 않는 프랑스의 사해소권과는 운용상 큰 차이는 없을 것으로 생각된다. 둘째, 사해행위가 유상행위인 경우, 채무자의 사해의사뿐만 아니라 수익자의 악의도 채권자로 하여금 증명하도록 하는 사해소권의 구도는 우리 판례상의 논리와는 차이가 있다.

(3) 전득자의 악의

수익자가 채무자로부터 취득한 재산을 다시 전득자에게 처분한 경우, 사해소권을 행사하는 채권자는 전득자에 대한 주관적 요건을 어디까지 증명하여야 승소할 수 있는가? 이때 사해해위와 전득행위가 각각 유상행위인지 무상행위인지 여부에 따라 사해소권의 요건이 달라지는 복잡한 문제가 발생한다.

① 수익자와 전득자가 모두 무상으로 재산을 취득한 경우는 간단하다. 사

51) Civ. 1re 14 jan. 2003, n°00-15.275.

52) Juris-Classeur Civil Code Art. 1342-1(주 6), n°64.

해소권을 행사하는 채권자는 수익자나 전득자의 악의를 증명할 필요 없이 채무자의 사해의사만을 증명하면 되기 때문이다.53) ② 수익자와 전득자가 모두 유상으로 재산을 취득한 경우와 ③ 수익자는 무상으로 취득하고, 전득자는 유상으로 재산을 취득한 경우 등에는 학설상으로는 견해 대립이 있으나, 프랑스 판례는 전득자가 유상으로 재산을 취득하였다면 전득자의 악의를 증명하여야 한다는 입장이다.54) ④ 수익자는 유상으로, 전득자는 무상으로 재산을 취득한 경우에는 전득자의 악의가 요구되지 않으므로 문제되지 않는다.

5. 효과

사해소권 행사의 효과와 관련하여서는, 상대적 무효론을 출발로 한다는 점을 제외하고 거의 모든 부분에 있어서 우리 민법상 채권자취소권 행사의 효과와 극명한 대비를 이루고 있다고 말할 수 있다. 이하에서 살펴보기로 한다.

(1) 상대적 무효론

사해행위는 사해소권을 행사하는 채권자에 대하여만 무효일 뿐이고, 채무자와 수익자 간의 법률행위는 여전히 유효하다.55) 따라서 사해소송에서 채무자는 피고가 아니고, 수익자 또는 전득자만이 피고가 된다.56) 이와 같은

---

53) Juris-Classeur Civil Code Art. 1342-1(주 6), n°70.

54) Civ. 3e 25 janv. 1983, n°81-11.841; Cvi. 3e 19 déc. 1990. n°89-14.884; Cvi. 3e 9 mars 1994, n°91-20.715; Civ. 1re 13 déc. 2005, n°03-15.455.

55) Juris-Classeur Civil Code Art. 1342-1(주 6), n°115.

56) Civ. 1re 6 nov. 1990, n°89-14.948; Civ. 1re 14 avr. 2016, n°15-12.254.

상대적 무효론은 우리 판례의 입장과 다르지 않다.[57]

(2) 대항불가능효

사해소권 행사의 효과는 사해소권의 목적을 달성할 수 있는 것 이상으로 인정될 필요가 없고 단지 사해소권을 행사하는 채권자에 대하여만 사해행위가 있지 않았던 것과 같이 취급하면 되므로,[58] 다시 말해서 앞의 (1)에서 살펴본 상대적 무효론의 귀결로서, 사해행위는 무효화되는 것이 아니라 사해소권을 행사한 채권자에게 그 효력을 대항할 수 없게 만드는 것에 그친다. 2016년 프랑스 채권법 개정 전에 프랑스 판례가 취하였던 입장이고,[59] 2016년 프랑스 민법 개정에 반영되어 있다. 이에 따라 다음과 같은 내용이 도출된다.

① 사해행위를 소급적으로 무효화하지 않는다. 무효화하는 것은 사해소권을 행사하는 채권자의 보호 범위를 넘어서는 것으로서 사해행위에 대한 지나친 제재이며, 특히 수익자 내지 전득자에게 지나치기 때문이다.

② 따라서 수익자의 재산을 채무자의 재산으로 원상회복시키지 않는다.[60] 채권자가 사해소권을 행사하여 목적물을 채무자의 재산으로 회복시킨

---

57) 대법원 1988. 2. 23. 선고 87다카1989 판결; 대법원 2004. 8. 30. 선고 2004다21923 "…… 채권자가 전득자를 상대로 하여 사해행위의 취소와 함께 책임재산의 회복을 구하는 사해행위취소의 소를 제기한 경우에 그 취소의 효과는 채권자와 전득자 사이의 상대적인 관계에서만 생기는 것이고 채무자 또는 채무자와 수익자 사이의 법률관계에는 미치지 않는 것이므로, 이 경우 취소의 대상이 되는 사해행위는 채무자와 수익자 사이에서 행하여진 법률행위에 국한되고, 수익자와 전득자 사이의 법률행위는 취소의 대상이 되지 않는다 ……"; 대법원 2012. 8. 17. 선고 2010다87672 판결 등.

58) Civ. 1re 4 nov. 2010, n°08-17.898; Répertoire de droit civil, *Action Paulienne*(주 10), n°105; Juris-Classeur Civil Code Art. 1342-1(주 6), n°95.

59) Civ. 1re 23 juin 2011, n°10-16.602 "…… 사해소권은 사해소권은 사해행위의 무효가 아니라 대항불가능효를 부여한다 ……"

60) Civ. 1re 19 nov. 2002, n°99-16.754; Civ. 1re 13 juill. 2004, n°02-10.007; Juris-Classeur Civil Code Art. 1342-1(주 6), n°99.

다면, 상대적 무효론에 따라서 채무자에게 회복된 재산으로부터 채권자가 자신의 채권을 회수하고 남은 부분이 있으면 이를 채무자가 이를 수익자에게 반환하여야 한다는 논리 구성[61]을 취하게 되는데, 이러한 논리는 매우 '기괴하다(ubuesque)'.[62]

이와 달리 우리 민법 제406조 제1항은 채무자의 재산으로의 원상회복을 명시하고 있다. 이로 인해 채권자취소권을 운용함에 있어서 여러 가지 어려운 문제들이 발생하고 있는데, 그 중의 하나가 채무자에게 회복된 재산을 채무자가 처분하였을 경우 그 효력을 어떻게 볼 것인가 하는 문제이다.[63] 프랑스에서는 원상회복시키지 않으므로 이러한 문제가 발생하지 않는다.

(3) 우선변제권

우리 민법 제407조와 달리, 사해소송을 제기하여 승소한 채권자에게는 우선변제권이 인정된다. 사해소권을 행사한 채권자에 대하여는 수익자가 사해

---

61) 우리 판례의 논리이다. 대법원 2015. 10. 29. 선고 2012다14975 판결 "…… 채무자의 부동산에 관한 매매계약 등의 유상행위가 사해행위라는 이유로 취소되고 원상회복이 이루어짐으로써 수익자에 대하여 부당이득반환채무를 부담하게 된 채무자가 ……"

62) Gwennhaël François, "La nature juridique de l'inopposabilité paulienne", D. 2006. 2017. n°13.

63) 대법원 2017. 9. 21. 선고 2016다8923 판결 "…… 사해행위의 취소는 채권자와 수익자의 관계에서 상대적으로 채무자와 수익자 사이의 법률행위를 무효로 하는 데에 그치고, 채무자와 수익자 사이의 법률관계에는 영향을 미치지 아니하므로, 채무자와 수익자 사이의 부동산매매계약이 사해행위로 취소되고 그에 따른 원상회복으로 수익자 명의의 소유권이전등기가 말소되어 채무자의 등기명의가 회복되더라도, 그 부동산은 취소채권자나 민법 제407조에 따라 사해행위의 취소와 원상회복의 효력을 받는 채권자와 수익자 사이에서 채무자의 책임재산으로 취급될 뿐, 채무자가 직접 그 부동산을 취득하여 권리자로 되는 것은 아니다. 따라서 채무자가 사해행위의 취소로 그 등기명의를 회복한 부동산을 제3자에게 처분하더라도 이는 무권리자의 처분에 불과하여 효력이 없다 ……"; 대법원 2017. 3. 9. 선고 2015다217980 등; 여하윤, "사해행위 취소로 원상회복된 부동산을 채무자가 처분한 행위의 효력" 입법과 정책 제9권 제3호, 국회입법조사처(2017. 12.), 83면 이하 참조.

행위로 취득된 재산을 수익자의 재산이었던 것으로 주장할 수 없는 것이므로, 수익자의 일반채권자는 이를 수익자의 책임재산으로 주장할 수 없다고 보는 것이 타당하다.[64] 그러나 사해소권을 행사하는 채권자가 가액배상을 받게 될 경우 수익자의 일반채권자가 되는 것이므로, 수익자의 다른 일반채권자와 함께 채권자평등의 원칙이 적용된다.[65]

⑷ 수익자의 재산에 대하여 집행

사해행위의 목적 재산이 채무자의 재산으로 원상회복되지 않으므로, 사해소송에서 승소한 채권자는 수익자의 수중에 있는 재산에 대하여 직접 집행할 수 있다.[66] 수익자의 수중에 있는 재산에 대하여 집행하고 남은 잉여분을 채무자에게 반환할 필요가 없다.[67]

따라서 위 ⑶과 ⑷의 내용을 종합하면, 사해소소송에서 승소한 채권자는 수익자의 재산에 대하여 집행하므로, 수익자의 일반채권자보다 우선하여 변제받는다는 의미이다.[68] 수익자의 다른 채권자는 이미 제기된 사해소송에 참가하거나 선행 사해소송에서 수익자의 재산에 잉여가 있을 경우(그렇지 않을 경우 사해소송을 행사할 이익이 인정되지 않으므로) 별도의 사해소송을 제기하여야 한다.[69] 전득자가 있을 경우, 전득자의 재산에 대하여 집행

64) Juris-Classeur Civil Code Art. 1342-1(주 6), n°112; Répertoire de droit civil, *Action Paulienne*(주 10), n°114.

65) Juris-Classeur Civil Code Art. 1342-1(주 6), n°113; Répertoire de droit civil, *Action Paulienne*(주 10), n°117

66) Civ. 1re 12 juill. 2005, n°02-18.298; Civ. 1re 30 mai 2006, n°02-13.495; Civ. 1re 28 juin 2007, n°06-15.874; Civ. 1re 9 avr. 2014, n°12-23.022.

67) Juris-Classeur Civil Code Art. 1342-1(주 6), n°100; Répertoire de droit civil, *Action Paulienne*(주 10), n°110.

68) 우리 민법상으로는 수익자의 재산이 채무자의 재산으로 원상회복되므로, 민법 제407조의 채권자평등주의는 '채무자의' 일반채권자와의 관계를 의미하게 된다.

이 가능하다. 이때 수익자가 악의라면, 수익자에 대한 가액배상청구도 가능하다.[70] 물적 담보 설정행위가 사해행위인 경우, 경락인의 수중 재산에 대하여 집행이 가능하다.[71]

(5) 과실(果實)의 반환 여부

사해소권 행사의 효과는 무효화가 아니고 대항불가능효이지만, 반환의 구체적인 내용에 관하여는 계약의 실효와 원상회복의 범위에 관한 프랑스 민법 제1352조 이하의 규정에 따른다.[72] 따라서 수익자를 피고로 원물반환을 구할 경우, 선의의 점유자만이 과실을 취득할 수 있으므로(프랑스 민법 제549조[73]) 채권자는 수익자가 악의이면 과실의 반환도 청구할 수 있고,[74] 특히 원물반환만으로 피보전권리의 만족이 되지 못할 경우 그 실익이 있다.[75] 우리 판례는 이와 다른 입장을 취하고 있는 것으로 보인다.[76]

---

69) Répertoire de droit civil, *Action Paulienne* (주 10), n°121.

70) Civ. 1re 15 janv. 2015, n°13-21.174; Répertoire de droit civil, *Action Paulienne*(주 10), n°115.

71) Civ. 3e 20 mars 1996, n°94-14.665; Civ. 1re 29 janv. 2002, n°98-20.155.

72) Juris-Classeur Civil Code Art. 1342-1(주 6), n°107.

73) 우리 민법 제201조 제1항에 상응하는 조항이다.

74) Juris-Classeur Civil Code Art. 1342-1(주 6), n°102.

75) Répertoire de droit civil, *Action Paulienne* (주 10), n°110.

76) 대법원 2008. 12. 11. 선고 2007다69162 판결 "…… 부동산에 관한 법률행위가 사해행위에 해당하여 민법 제406조 제1항에 의하여 취소된 경우에 수익자 또는 전득자가 사해행위 이후 그 부동산을 직접 사용하거나 제3자에게 임대하였다고 하더라도, 당초 채권자의 공동담보를 이루는 채무자의 책임재산은 당해 부동산이었을 뿐 수익자 또는 전득자가 그 부동산을 사용함으로써 얻은 사용이익이나 임차인으로부터 받은 임료상당액까지 채무자의 책임재산이었다고 볼 수 없으므로 수익자 등이 원상회복으로서 당해 부동산을 반환하는 이외에 그 사용이익이나 임료상당액을 반환해야 하는 것은 아니다 ……"

(6) 행사방법

프랑스는 우리 판례[77]와 달리 소송상 항변으로도 사해행위 주장이 가능하다고 해석되고 있다.[78]

(7) 행사기간

우리 민법이 제406조 제2항에서 채권자취소권의 행사기간을 별도로 명시하고 있는 것과 달리, 프랑스 민법은 사해소권의 행사기간에 대하여 별도의 규정을 두고 있지 않다. 따라서 일반 소멸시효기간의 적용된다. 채권자가 사해행위가 있음을 알았거나 알 수 있었던 날로부터 5년 내에 행사하여야 하고(프랑스 민법 제2224조),[79] 사해행위가 있은 날로부터 20년 이내에 행사하여야 한다(프랑스 민법 제2232조).[80]

6. 우리의 문제

위의 내용들을 보면 프랑스 민법상의 사해소권과 우리 민법상의 채권자취소권이 얼마나 다른 길을 걸어왔는지를 알 수 있다. 특히 효과면에서 가

---

77) 대법원 1978. 6. 13. 선고 78다404 판결; 대법원 1993. 1. 26. 선고 92다11008 판결; 대법원 1995. 7. 25. 선고 95다8393 판결; 대법원 1998. 3. 13. 선고 95다48599, 48605 판결 등. "…… 사해행위의 취소는 법원에 소를 제기하는 방법으로 청구할 수 있을 뿐 소송상의 공격방어방법으로 주장할 수는 없다 ……"

78) Juris-Classeur Civil Code Art. 1342-1(주 6), n°10.

79) Juris-Classeur Civil Code Art. 1342-1(주 6), n°73.
프랑스 민법 제2224조 대인소권 또는 동산소권은 권리자가 권리를 행사할 수 있음을 알았거나 알 수 있었던 날로부터 5년이 경과하면 시효로 소멸한다.

80) Répertoire de droit civil, *Action Paulienne* (주 10), n°102.
제2232조 ① 기산점의 연기, 시효의 정지, 중단은 소멸시효 기간을 권리가 발생한 날로부터 20년을 넘게 하는 효력을 발생시키지 못한다.

장 극명한 차이가 있다. 양자는 모두 상대적 무효론을 출발점으로 하고 있다. 그런데 프랑스는 사해소권을 운용하면서 상대적 무효론과 어울리는 대항불가능효, 그리고 사해소권을 행사한 채권자에게 우선변제권을 인정한 반면, 우리 민법은 판례가 채택한 상대적 무효론과 어울리지 않는 취소 및 원상회복, 더 나아가 채권자평등주의로 연결되어서 프랑스가 고민하지 않는 여러 가지 논리적 어려움을 겪어왔다. 필자는 민법 제407조는 재고의 필요성이 크다고 생각한다. 현행 민법 제407조는 일본을 제외하고는 찾아보기 어려운 입법례인 점,[81] 지금까지 우리나라에서도 실제로 이를 관철시키는 데에 많은 어려움이 있어왔고 소송 실무상 사실상 우선변제를 인정하는 경우들이 적지 않았다는 점,[82] 채권자평등주의가 관철된다면 현실적으로 채권

81) 民法注解[IX] 債權(2), 851면(金能煥 집필부분).

82) 대법원 2008. 4. 24. 선고 2007다84352; 대법원 2008. 11. 13. 선고 2006다1442 판결 "…… 채권자취소권은 채무자의 사해행위를 채권자와 수익자 또는 전득자 사이에서 상대적으로 취소하고 채무자의 책임재산에서 일탈한 재산을 회복하여 채권자의 강제집행이 가능하도록 하는 것을 본질로 하는 권리이므로, 원상회복을 가액배상으로 하는 경우에 그 이행의 상대방은 채권자이어야 한다 ……"; 대법원 2008. 6. 12. 선고 2007다37837 "…… 사해행위의 취소와 원상회복은 모든 채권자의 이익을 위하여 그 효력이 있으므로(민법 제407조), 채권자취소권의 행사로 채무자에게 회복된 재산에 대하여 취소채권자가 우선변제권을 가지는 것이 아니라 다른 채권자도 총채권액 중 자기의 채권에 해당하는 안분액을 변제받을 수 있는 것이지만, 이는 채권의 공동담보로 회복된 채무자의 책임재산으로부터 민사집행법 등의 법률상 절차를 거쳐 다른 채권자도 안분액을 지급받을 수 있다는 것을 의미하는 것일 뿐, 다른 채권자가 이러한 법률상 절차를 거치지 아니하고 취소채권자를 상대로 하여 안분액의 지급을 직접 구할 수 있는 권리를 취득한다거나, 취소채권자에게 인도받은 재산 또는 가액배상금에 대한 분배의무가 인정된다고 볼 수는 없다. 가액배상금을 수령한 취소채권자가 이러한 분배의무를 부담하지 아니함으로 인하여 사실상 우선변제를 받는 불공평한 결과를 초래하는 경우가 생기더라도, 이러한 불공평은 채무자에 대한 파산절차 등 도산절차를 통하여 시정하거나 가액배상금의 분배절차에 관한 별도의 법률 규정을 마련하여 개선하는 것은 별론으로 하고, 현행 채권자취소 관련 규정의 해석상으로는 불가피하다 ……"; 대법원 2024. 2. 15. 선고 2019다238640 판결 "…… 취소채권자가 원물반환에 갈음하여 금전을 지급받을 경우 사실상 우선변제를 받게 되는 결과가 초래될 수는 있으나, 이는

자취소권의 실효성이 떨어진다는 점 등에 비추어 그러하다.

[後記]

사해소권은 우리의 채권자취소권과 매우 다른 방향으로 운영되어 왔기에 한국 민법학자 입장에서 새롭고 신기한 내용들이 많이 발견되는 부분이지만, 2016년 프랑스 채권법 개정에서는 기존의 프랑스 판례의 취지가 입법에 간략하게 반영된 것에 불과(?)하기 때문에 프랑스 문헌들은 사해소권이 특별히 개정된 것으로 인식하고 있지는 않다. 필자가 현재 스스로에게 아쉬운 부분은, 이혼시 부부간 재산분할이 사해행위 취소의 대상이 될 수 있는가의 논의를 기술하지 못하였다는 점이다. 이에 관한 우리나라 대법원 판례가 다수 존재하고 있고,[83)] 프랑스에서도 논의되는 부분이기 때문에 마땅히 기술하였어야 한다고 생각하지만, 필자가 아직까지는 프랑스 가족법에 대한 지식이 부족한지라 이 부분에 대한 프랑스에서의 논의를 제대로 이해하는 데에 한계가 있었다. 현재의 시점에서 섣부른 내용을 전달하는 것은 적절하지

이미 가액배상과 관련하여 현행 채권자취소 관련 규정의 해석상 불가피하게 발생하는 결과이고 ……"

83) 대법원 1984. 7. 24. 선고 84다카68 판결; 대법원 1990. 11. 23. 선고 90다카24762 판결; 대법원 2000. 7. 28. 선고 2000다14101 판결 "…… 이미 채무초과 상태에 있는 채무자가 이혼을 함에 있어 자신의 배우자에게 재산분할로 일정한 재산을 양도함으로써 결과적으로 일반 채권자에 대한 공동담보를 감소시키는 결과로 되어도, 위 재산분할이 민법 제839조의2 제2항 규정의 취지에 따른 상당한 정도를 벗어나는 과대한 것이라고 인정할 만한 특별한 사정이 없는 한 사해행위로서 채권자에 의한 취소의 대상으로 되는 것은 아니라고 할 것이고, 다만 위와 같은 상당한 정도를 벗어나는 초과부분에 관한 한 적법한 재산분할이라고 할 수 없기 때문에 그 취소의 대상으로 될 수 있다고 할 것인바, 위와 같이 상당한 정도를 벗어나는 과대한 재산분할이라고 볼 만한 특별한 사정이 있다는 점에 관한 입증책임은 채권자에게 있다 ……"; 대법원 2001. 2. 9. 선고 2000다63516 판결; 대법원 2001. 5. 8. 선고 2000다58804 판결; 대법원 2005. 1. 28. 선고 2004다58963 판결; 대법원 2016. 12. 29. 선고 2016다249816 판결 등.

않다고 판단하였다.

In this chapter, I provide an overview of the *action paulienne* (creditor's revocatory action) under French civil law. Article 406 of the Korean Civil Code also establishes this remedy, and in terms of its structure, the Korean system more closely resembles the French model than the German one. (Germany does not incorporate provisions for creditor revocation in its Civil Code; rather, it is governed by a separate statute: <*Gesetz über die Anfechtung von Rechtshandlungen eines Schuldners außerhalb des Insolvenzverfahrens*>.) Tracing the history of the creditor's revocatory action in Korean law reveals its path through the Japanese Civil Code, to G. Boissonade's draft of that code, and ultimately to the French Civil Code. Nevertheless, the way through which this right has evolved and is implemented in South Korea has diverged significantly from that of its French counterpart.

In South Korea:

The creditor's revocatory action is strongly characterized as a mechanism for preserving the debtor's assets for the satisfaction of creditors' claims. Consequently, one of its conditions is that the debtor must be insolvent, with no exceptions to this requirement. Based on the so-called theory of relative nullity, only the third party to the fraudulent transaction may be named as the defendant in a revocatory lawsuit; the debtor, despite having participated in the transaction, cannot be sued. As a result, any judgment binds only the plaintiff creditor and the third-party defendant, not the debtor. If the creditor prevails, the transaction between the debtor and the third party is nullified, and the disputed property is restored to the debtor's estate. Furthermore, pursuant to Article 407 of the Korean Civil Code, the legal effect of a successful revocatory action benefits all creditors, not just the plaintiff.

In France, similarly:

The theory of relative nullity also limits the defendant in a revocatory action to the third party involved in the transaction, so that the debtor cannot be sued. Thus, the resulting judgment affects only the plaintiff creditor and the third party, not the debtor. This is consistent with the Korean approach. However, because this theory is fundamentally incompatible with restoring the property to the debtor's estate, even a successful action does not lead to restitution. Instead, the creditor may enforce the claim directly against the third party's assets. Additionally, the successful creditor gains preferential payment over other creditors. Importantly, it is not necessary for the debtor's act to cause insolvency; it is sufficient that the act hinders the creditor's ability to enforce the claim for it to be considered fraudulent.

In my view, if the legal effect of a revocatory action is determined according to the theory of relative nullity, French scholars' criticism that returning the property to the debtor's estate contradicts the logic of the theory is well-founded. Moreover, even when the creditor wins the lawsuit, Article 407 of the Korean Civil Code, which extends the benefit of the judgment to all creditors, not just the plaintiff, significantly diminishes the incentive to bring such actions. Korean case law consistently adheres to the theory of relative nullity in determining legal effect. However, the Civil Code provisions – specifically, the restoration provision in Article 406(1) and the principle of equal distribution in Article 407 - do not fully align with this theory. This inconsistency has made it difficult for courts to provide coherent and theoretically consistent justifications in their rulings. Furthermore, although Article 407 upholds the principle of equal treatment among creditors, it is natural for a plaintiff creditor to desire de facto priority. As a result, a variety of legal theories have been developed to enable creditors to achieve such priority in practice effectively.

In conclusion, the Korean system governing creditor revocatory actions is in urgent need of reform. However, such reform appears unlikely in the near future. More fundamentally, because South Korea's civil enforcement framework is based on the principle of equality rather than priority among creditors, any reform must be pursued in conjunction with broader changes to the civil enforcement system as a whole.

French Civil Code

Art. 1341-2

A creditor may also sue in his own name to obtain a declaration that acts made by the debtor in fraud of his rights may not be set up against him. In the case of non-gratuitous acts, he can do so only if he establishes that the third party contracting with the debtor knew of the fraud.

Korean Civil Code

Art. 406 (Creditor's Right of Revocation)

① If a debtor, knowing that it would prejudice the creditor, performs a juridical act concerning a property right, the creditor may bring an action to have the act revoked and to seek restitution. However, this shall not apply where the beneficiary of the act or a subsequent acquirer was unaware, at the time of the act, that it would prejudice the creditor.

② The action referred to in the preceding paragraph shall be brought within one year from the date on which the creditor became aware of the grounds for revocation, and within five years from the date of the juridical act.

Art. 407 (Effect of the Revocatory Action by Creditors)

Revocation and restitution under the preceding Article shall take effect for the benefit of all creditors.

13. 사용자책임

Employer's Liability

1. 의의

우리 민법 제756조 사용자책임에 상응하는 프랑스 민법 규정은 다음과 같다.

> **제1242조**
> ⑤ 주인, 사용자는 자신의 가사피용인, 피용자가 그 업무와 관련하여 발생한 손해에 대하여 연대하여 배상할 책임이 있다.[1)]

프랑스에서의 사용자책임 제도는 그 운영 모습이 우리의 사용자책임 제도와 매우 유사하다는 점에서 흥미롭다. 독일 불법행위법에 있어서 사용자책임에 관한 제831조는 과실책임으로 이해되고 있어서 동조 제1항 단서에 의하여 사용자가 면책되는 일이 많은데,[2)] 프랑스에서는 사용자의 면책가능

---

1) 여기서 주인과 가사피용인의 관계는 사용자와 피용자 관계의 한 예에 지나지 않으며, 뒤에서 살펴보는 바와 같이 현재 프랑스 손해배상법 개정안에는 '주인', '가사피용인' 문구는 삭제되어 있다.

2) 梁彰洙, 民法硏究 第1卷, "韓國社會의 變化와 民法學의 課題", 20면, 41면 등(博英社, 2004).
독일민법 제831조 [被傭者에 대한 責任]
① 타인을 어느 사무에 사용하는 사람은, 그가 사무의 집행에 관하여 제3자에게 위법하게 가한 손해를 배상할 의무를 진다. 사용자가 피용자의 선임에 있어서, 또 사용자가 장비나 기구를 조달하거나 또는 사무의 집행을 지휘하여야 하는 한도에서는

성이 인정되지 않고 있기 때문이다.

사용자책임 제도의 이론적 근거에 대해서는 다음과 같이 대체로 세 가지 유형으로 설명되고 있다. 첫째, 사용자가 피용자를 선임·감독하는 데에 과실이 있기 때문에 책임을 부과한다는 과실책임설(culpa in eligendo, culpa in vigilando), 둘째, 타인을 사용하여 자기의 활동범위를 넓힌 사람은 그로 인하여 이익을 얻고 있으므로 그에 부수하여 발생한 손해도 배상하여야 한다는 위험책임설(théorie du risque), 셋째, 피해자 보호를 위하여 피용자의 무자력에 대비하여 사용자가 손해배상을 보장한다는 보장책임설(obligations de garantie) 등이다.

현재 프랑스에서는 사용종속관계가 있다면 사용자가 피용자를 선임하지 않았더라고 배상책임을 지우고 있기 때문에 과실책임설은 사용자책임 근거로서의 기능을 상실하였고, 뒤에서 살펴보는 바와 같이 꼬스뜨도아 판결(arrêt Costedoat)[3]이 내려진 이후에는 위험책임설이 설득력을 얻고 있다.[4]

그 조달이나 지휘에 있어서, 거래상 요구되는 주의를 다한 때 또는 그러한 주의를 하였어도 손해가 발생하였을 것인 때에는, 배상의무는 발생하지 아니한다.

② 계약에 의하여 사용자를 위하여 제1항 제2문에 정하여진 일의 처리를 인수한 사람도 동일한 책임을 진다.

3) Ass. plén. 25 fév. 2000, n°97-17.378 et n°97-20.152.

4) 우리 판례는 사용자책임의 제도적 취지에 대하여 '보상책임의 원리'라고 하고 있는데, 그 내용을 보면 프랑스에서의 위험책임설과 유사하다. 대법원 1985. 8. 13. 선고 84다카979 판결 "…… 민법이 불법행위로 인한 손해배상으로서 특히 사용자의 책임을 규정한 것은 많은 사람을 고용하여 스스로의 활동영역을 확장하고 그에 상응하는 많은 이익을 추구하는 사람은 많은 사람을 하나의 조직으로 형성하고 각 피용자로 하여금 그 조직 내에서 자기의 담당하는 직무를 그 조직의 내부적 규율에 따라 집행하게 하는 것이나, 그 많은 피용자의 행위가 타인에게 손해를 가하게 하는 경우도 상대적으로 많아질 것이므로 이러한 손해를 이익귀속자인 사용자로 하여금 부담케 하는 것이 공평의 이상에 합치된다는 보상책임의 원리에 입각한 것이므로 사용자의 책임과 그 면책 및 그 책임의 한도 등을 가릴려면 이와 같은 원리에 따라 구체적 사안마다 그 구성요건을 따져 가려야 할 것이다 ……"

2. 요건

사용자책임이 성립하기 위하여는 다음의 요건들이 충족되어야 한다.

(1) 사용종속관계(un lien de subordination)

① 우선 사용자와 피용자 간에 사용종속관계가 존재하여야 한다. 즉, 사용자는 피용자가 그 업무를 행함에 있어서 명령이나 지시를 내릴 권한이 있어야 하며, 피용자에 대한 보수 지급 여부는 문제되지 않는다.[5]

i) 이러한 명령·지시를 내릴 수 있는 관계는 **일시적**이어도 무방하다. 농부 A가 자신이 소유하는 농기계의 조정(調整)을 정비업자 B에게 맡겼는데, B의 피용자 C가 해당 업무를 위하여 A로부터 기계를 인도받는 과정에서 A의 과실로 기계가 작동하는 바람에 C의 팔이 기계에 끼어서 상해를 입은 사안에서, 기계 소유주 A를 정비업자 B의 피용자로 보아 B의 C에 대한 사용자책임을 인정할 수 있는가가 문제되었다. 파기원은 A는 B의 지휘 감독 하에 해당 업무에 협조하는 관계에 있었다고 하여 B의 C에 대한 사용자책임을 인정한 바 있다.[6] 사냥협회(Association communale de chasse agréée; ACCA)가 주최한 사냥대회에서 포획한 사슴을 다같이 먹기 위해 참가자 D가 단도(短刀)로 사슴을 자르는 과정에서 다른 구성원 E에게 상해를 가한 사안에서, 사냥협회의 피해자 E에 대한 사용자책임을 인정한 사안[7]도 있다.

ii) 무보수로 **호의관계**에 있는 사람에 대해서도 사용종속관계가 성립할 수 있다. 선거 후보자들의 선거 운동원들 간에 유형력의 행사가 일어났던

---

5) Crim. 7 nov. 1968, n°68-90.118; Crim. 30 juin 1987, n°85-96.040; Crim. 14 juin 1990, n°88-87.396.

6) Soc. 14 janv. 1981, n°79-12.553. 그러나, 사안의 경우 기계 소유주 A가 정비업자 B의 이익을 위하여 행위한 것으로 보기는 어려운 면이 있다는 지적으로, Répertoire de droit civil – *Responsabilité du fait d'autrui* par Jérôme JULIEN(juill. 2019), n°114.

7) Civ. 2e 4 fév. 2016, n°14-29.839.

사안에서, 무보수로 선거 벽보를 붙여주던 사람에 대하여 후보자와의 일시적인 사용종속관계를 인정하였다.[8)]

iii) 사용자와 피용자 간에 고용계약과 같은 계약관계가 반드시 유효하게 존재해야 하는 것은 아니고, 사용자가 피용자에게 업무와 관련하여 '사실상' 명령이나 지시를 내릴 수 있는 관계이면 족하다. 범죄조직 같은 불법단체의 수괴와 행위자 간에도 사용종속관계가 성립할 수 있고,[9)] 사용자가 피용자의 가해행위에 대하여 현실적으로 지시나 명령을 내렸을 필요는 없고, 그러한 권한이 있는 것으로 족하다.[10)] 또한 사용종속관계는 사실상으로는 존재하여야 하므로, 피용자가 적법하게 해고되었거나 해고 통지 기간 또는 휴가 중에는 사용종속관계가 인정되지 않는다.[11)]

② 의사와 같이 업무 수행에 각자의 독립성이 있는 경우에도 근무하는 병원과 사용종속관계가 인정될 수 있는가 하는 의문이 제기될 수 있으나, 프랑스 판례는 의사가 업무를 행하는 과정에서 누리는 전문 직업인으로서의 독립성은 사용종속관계와 양립불가능한 것이 아니라고 하여 병원이 환자에 대하여 사용자책임을 부담할 수 있다는 입장이다.[12)] 다만, 사용종속관계가 인정되려면 병원으로부터 일정한 급여를 받는 근로자인 의사여야 하고, 해당 병원을 일시적으로 방문하여 진료 등의 업무를 본 의사일 경우에

8) Crim. 20 mai 1976, n°75-92.036.

9) Juris-Classeur Civil Code Art. 1240 à 1245-17 Fasc. 143 par Christophe Radé (1er juin 2023), n°13.

10) Juris-Classeur Civil Code Art. 1240 à 1245-17 Fasc. 143(주 9), n°16.

11) Juris-Classeur Civil Code Art. 1240 à 1245-17 Fasc. 143(주 9), n°22; 유사한 우리나라 재판례로는, 대법원 2001. 9. 4. 선고 2000다26128 판결 "…… 민법 제756조의 사용자책임이 성립하려면 사용자가 불법행위자인 피용자를 실질적으로 지휘·감독하는 관계에 있어야 하므로, 피용자가 퇴직한 뒤에는 **퇴직에도 불구하고 사용자의 실질적인 지휘·감독 아래에 있었다고 볼 수 있는 특별한 사정이 없다면** 그의 행위에 대하여 원칙적으로 종전의 사용자에게 사용자책임을 물을 수 없다 ……"

12) Crim. 5 mars 1992, n°91-81.888; 조산사(助産師)에 대하여도 마찬가지이다. Civ. 1re 30 oct. 1995, n°93-20.544, n°93-20.579 et n°93-20.786.

는 병원과 사용종속관계를 인정하지 않는다.13) 변호사도 업무 수행의 독립성이 있더라도 소속 법률사무소에서 일정한 급여를 받고 있는 근로자라면 법률사무소와의 사용종속관계가 인정된다.14)

③ 도급인과 수급인 간에는 원칙적으로 사용종속관계가 인정되지 않는다. 그러나, 도급관계라 할지라도 수급인이 업무 수행과 관련하여 도급인으로부터 사실상 명령이나 지시를 받는 관계라면 사용종속관계를 인정하는 데에 방해를 받지 않는다.15) 한편, 하수급인은 수급인의 피용자일 뿐이고 원도급인과 사용종속관계를 인정할 수 없다고 보아 하수급인의 가해행위로 인한 피해자에 대한 원도급인의 사용자책임을 부정한 사안들이 있다.16)

④ 피용자의 업무 수행에 관한 지시 명령 권한이 본래의 사용자에서 제3자에게 이전된 경우, 예를 들어 피용자가 제3자에게 파견되어 제3자의 지시 감독을 받아 업무를 수행하는 경우, 사용종속관계는 이러한 활동으로부터 이익을 얻는 제3자와 근로자 간에 인정된다. 근로자가 가해행위를 할 당시 해당 근로자의 업무에 대한 실질적인 지시 감독권이 누구에게 있는가를 살펴서 그에게 사용자책임이 인정될 것이다.17) 구체적인 사건들을 예로 들면, ⅰ) 콘크리트 판매사인 A 회사가 B 회사에게 건축을 위한 콘크리트를 판매하였는데, B 회사의 건축 현장으로 콘크리트를 배송하기 위하여 A 회사는 트럭 운전기사 C에게 일정한 수당을 주고 운송을 위탁하였다(사건의 운송 트럭은 운전사 C의 소유). C는 자신의 과실로 공사 현장에 콘크리트를 내리

---

13) Civ. 2e 10 nov. 2005, n°04-16.501; Civ. 2e 11 déc. 1996, n°94-17.870.

14) Juris-Classeur Civil Code Art. 1240 à 1245-17 Fasc. 143(주 9), n°21.

15) Crim. 22 mars 1988, n°87-82.802; 우리 판례의 입장도 마찬가지 대법원 1993. 5. 27. 선고 92다48109 판결; 대법원 1997. 4. 25. 선고 96다53086 판결; 대법원 1998. 6. 26. 선고 97다58170 판결; 대법원 2005. 11. 10. 선고 2004다37676 판결; 대법원 2014. 2. 13. 선고 2013다78372 판결; 대법원 2017. 9. 21. 선고 2017다223538 판결 등.

16) Civ. 3e 8 sept. 2009, n°08-12.273; Civ. 3e 22 sept. 2010, n°09-11.007.

17) Juris-Classeur Civil Code Art. 1240 à 1245-17 Fasc. 143(주 9), n°28.

면서 B 회사의 건축지의 인접지인 D 소유의 부동산에 손해를 가하였다. 법원은 A 회사에게 D에 대한 사용자책임을 인정하였는데, A 회사는 해당 사고는 운송 과정이 아니라 건설 현장에서의 하역 과정에서 발생한 사고이므로 이에 대한 감독 의무는 B 회사에 있음을 이유로 상고하였다. 파기원은 운송 트럭이 비록 A 회사 소유가 아닐지라도, 콘크리트 판매로 인한 이익은 A 회사가 취득하고 있고 콘크리트의 운송량, 운송 장소, 도착 시간, 하역 종료 시간 등을 지시하는 업무는 A 회사에 있었으므로 트럭 운전사 C와 A 회사 간에 사용종속관계가 있다고 보아 상고를 기각하였다.[18] ii) 행정구역 A도(道)는 자신의 구역 내의 밀림에서 화재가 발생하자, 다른 행정구역 B도(道) 소속의 비행기 두 대의 급파를 긴급 요청하였고 이에 따라 해당 비행기가 진로를 바꾸어 화재 발생지로 날아가 화재 진압을 위한 액체를 투하하였고, 이 과정에서 화재 발생지 근처 지상에 있던 C가 상해를 입게 되었다. 원심이 A의 C에 대한 사용자책임을 인정하자 A가 파기원에 상고하였으나, 화재 진압과 관련한 명령과 지시는 A에 의하여 이루어졌음을 이유로 A의 상고가 기각되었다.[19][20]

---

18) Civ. 2e 16 nov. 2006, n°05-19.973; Com. 16 janv. 2007, n°05-11.507.

19) Civ. 2e 6 févr. 2003, n°01-16.380; Civ. 2e 4 févr. 2016, n°14-29.839.

20) 이러한 문제를 다룬 우리나라 판결례로는, 대법원 2003. 10. 9. 선고 2001다24655 판결 "…… 파견근로자보호등에관한법률에 의한 근로자 파견은 파견사업주가 근로자를 고용한 후 그 고용관계를 유지하면서 사용사업주와 사이에 체결한 근로자 파견계약에 따라 사용사업주에게 근로자를 파견하여 근로를 제공하게 하는 것으로서, 파견근로자는 사용사업주의 사업장에서 그의 지시·감독을 받아 근로를 제공하기는 하지만 사용사업주와의 사이에는 고용관계가 존재하지 아니하는 반면, 파견사업주는 파견근로자의 근로계약상의 사용자로서 파견근로자에게 임금지급의무를 부담할 뿐만 아니라, 파견근로자가 사용사업자에게 근로를 제공함에 있어서 사용사업자가 행사하는 구체적인 업무상의 지휘·명령권을 제외한 파견근로자에 대한 파견명령권과 징계권 등 근로계약에 기한 모든 권한을 행사할 수 있으므로 파견근로자를 일반적으로 지휘·감독해야 할 지위에 있게 되고, 따라서 파견사업주와 파견근로자 사이에는 민법 제756조의 사용관계가 인정되어 파견사업주는 파견근로자의 파견업무에 관련한 불법행위에 대하여 파

(2) 사무집행관련성

피용자가 사무집행과 관련하여 가해행위를 하였어야 하고, 피용자의 가해행위일지라도 사무집행과 관련성이 없으면 사용자는 이에 대한 배상책임이 없다. 그리고 프랑스 학설과 판례는 다음과 같이 사무집행 관련성을 넓게 해석함으로써 피해자를 보호하고 있다.

① 외관이론(théorie de l'apparence)

피용자의 가해행위가 외관상 사용자의 업무를 행하는 것으로 보인다면 실질적으로 피용자가 개인적 이득을 취하기 위한 것이었을지라도 사무집행 관련성이 인정된다. 외관상 업무 범위 내의 행위라면 피용자의 주관적인 의도는 문제 삼지 않는다.[21] 업무집행의 외관을 신뢰한 피해자는 기본적으로 보호되기 때문이다.[22]

견근로자의 사용자로서의 책임을 져야 하지만, 파견근로자가 사용사업주의 구체적인 지시·감독을 받아 사용사업주의 업무를 행하던 중에 불법행위를 한 경우에 파견사업주가 파견근로자의 선발 및 일반적 지휘·감독권의 행사에 있어서 주의를 다하였다고 인정되는 때에는 면책된다고 할 것이다 ……"

21) Civ. 2^{e} 4 mars 1999, n°96-20.270.

22) 우리 판례도 이러한 취지가 관철되고 있다. 대법원 1988. 11. 22. 선고 86다카1923 판결 "…… 민법 제756조에 규정된 사용자책임의 요건인 사무집행에 관하여라는 뜻은 피용자의 불법행위가 외형상 객관적으로 사용자의 사업활동 내지 사무집행행위 또는 그와 관련된 것이라고 보여질 때에는 행위자의 주관적 사정을 고려함이 없이 이를 사무집행에 관하여 한 행위로 본다는 것이고, 외형상 객관적으로 사용자의 사무집행에 관련된 것인지의 여부는 피용자의 본래 직무와 불법행위와의 관련정도 및 사용자에게 손해발생의 대한 위험창출과 방지조치 결여의 책임이 어느정도 있는지를 고려하여 판단하여야 한다 ……"; 대법원 1992. 2. 25. 선고 91다39146 판결; 대법원 1996. 1. 26. 선고 95다46890 판결; 대법원 1998. 2. 10. 선고 95다39533 판결; 대법원 2003. 12. 26. 선고 2003다49542 판결; 대법원 2017. 9. 26. 선고 2014다27425 판결 등 다수.

② 시간적·장소적 근접성

더 나아가 피용자의 가해행위가 사무집행 그 자체는 아닐지라도, 사용자의 사업과 시간적, 장소적으로 근접하여 이루어진 경우에는 사용자책임이 인정된다. 보석상이 자신이 운영하는 상점이 있는 건물의 관리회사 직원(청소 담당)에 의하여 보석들을 도난당한 경우, 직원의 행위가 근무 시간에, 그리고 청소 업무를 하는 기회에 발생하였다는 점을 들어서 관리회사의 사용자책임을 인정한 사안,[23] 연료 운송을 하던 유조차 운전자가 연료의 일부를 빼돌리기 위해 배송지가 아닌 자신의 집으로 운전하여 가서 연료를 옮겨 붓다가 과실로 유조차가 폭발하여 화재가 발생하여 근처에 있는 창고가 소실된 경우, 운전자의 행위가 근무 시간 내에, 운송 업무 중에 발생한 것이므로 사무집행 관련성을 인정하여 연료 회사의 창고 소유자에 대한 사용자책임을 인정한 사안[24] 등이 있고,[25] 더 나아가 피용자가 회사 내 다른 피용자에 대하여 한 폭행에 대하여,[26] 회사 내 피용자의 다른 피용자에 대한 성추행 등의 행위에 대하여 사무집행관련성을 인정하였고,[27] 청각 및 시각장애인들

---

23) Civ. 2e 22 mai 1995, n°92-19.172.

24) Civ. 2e 29 mars 2006, n°05-12.470.

25) 피용자의 가해행위와 사무집행과의 시간적 장소적 근접성을 기준으로 하여 이른 바 '사실적 불법행위'에 대하여도 사용자책임을 인정하고 있는 우리나라 재판례로는, 대법원 2000. 2. 11. 선고 99다47297 판결 "…… 민법 제756조에 규정된 사용자책임의 요건인 '사무집행에 관하여'라는 뜻은 피용자의 불법행위가 외형상 객관적으로 사용자의 사업활동 내지 사무집행행위 또는 그와 관련된 것이라고 보여질 때에는 행위자의 주관적 사정을 고려함이 없이 이를 사무집행에 관하여 한 행위로 본다는 것으로, 피용자가 고의에 기하여 다른 사람에게 가해행위를 한 경우 그 행위가 피용자의 사무집행 그 자체는 아니라 하더라도 사용자의 사업과 시간적, 장소적으로 근접하고, 피용자의 사무의 전부 또는 일부를 수행하는 과정에서 이루어지거나 가해행위의 동기가 업무처리와 관련된 것일 경우에는 외형적, 객관적으로 사용자의 사무집행행위와 관련된 것이라고 보아 사용자책임이 성립한다……"; 대법원 2009. 2. 26. 선고 2008다89712 판결; 대법원 2021. 9. 16. 선고 2021다219529 판결 등.

26) Crim. 7 sept. 2010, n°09-86.247.

을 교육하는 기관 소속의 음악 교사가 교육시설 내에서 학생을 가르치는 기회에 강간, 성폭행 등의 행위를 한 경우, 소속 기관의 사용자책임을 인정[28] 하였다.

③ 직무남용의 법리(abus de fonctions)

위와 같이 프랑스 판례는 피용자의 가해행위에 관한 사무집행관련성 요건을 넓게 해석함으로써 피해자를 보호하고 있는 한편, 사무집행관련성이 부정됨으로써 사용자가 면책될 수 있는 소위 '직무남용의 법리'가 정착되어 있다. 직무남용 법리는 수차의 프랑스 파기원 전원합의부 판결을 거친 끝에 1988년 5월 19일 전원합의부 판결[29]을 통해 확립된 후 지금에 이르고 있다. 이 판결은 보험사 직원이 고객으로부터 보험계약을 체결하기 위하여 받아 둔 돈을 횡령한 사안이었다. 여기서 파기원은 피용자의 권한 남용으로 사용자가 면책되기 위한 세 가지 요건을 제시하였다. i) 피용자가 직무 범위 외의 행위를 하였어야 하고, ii) 피용자가 사용자의 허가 없이 행위하였어야 하며, iii) 업무를 벗어나는, 개인적인 목적으로 행위를 하였어야 한다.

ii)의 경우 피용자의 가해행위가 직무 범위 내라면 사용자가 구체적으로 몰랐더라도 통상 사용자책임은 성립한다.[30] 운송회사의 피용자인 운전 기사가 사용자에게 알리지도 않고 예정된 시간을 임의로 앞당겨서 운송하던 중에 사고가 발생하여 승객이 상해를 입게 된 경우 운송회사의 사용자책임을 인정하였다.[31] iii)과 관련한 사안으로, A 회사 소유의 가옥을 B 회사가 임

---

27) Soc. 9 avr. 2015, n°13-23.314; Soc. 11 mars 2015, n°13-18.603; 직장 내 성희롱에 대하여 사용자책임 등을 묻는 사건에 대해 판시한 우리나라 재판례로는, 대법원 2021. 9. 16. 선고 2021다219529 판결 등.

28) Civ. 2e 17 mars 2011, n°10-14.468.

29) Ass. plén. 19 mai 1988, n°87-82.654.

30) Juris-Classeur Civil Code Art. 1240 à 1245-17 Fasc. 143(주 9), n°43.

31) Civ. 2e 3 juill. 1991, n°90-13.302.

차하여 사용하던 중 B 회사는 자신의 피용자인 직원 C에게 휴가용으로 사용을 허락하였는데, C가 휴가 중에 사용하다가 가스레인지에 올려놓은 냄비에 불이 붙어서 해당 가옥이 소훼된 경우, 해당 화재는 C의 개인적인 목적으로 가옥을 사용하던 중 발생한 것으로서 업무집행과 무관한 것이라고 하여 B 회사의 A 회사에 대한 사용자책임을 인정하지 않은 바 있다.[32)]

④ 피해자의 악의 또는 중대한 과책

피용자가 직무를 남용하여 개인적인 의도로 행위를 하고 있다는 사실을 피해자가 알았을 경우(악의)에는 사용자책임이 부정된다. 더 나아가 피해자가 이러한 사실을 몰랐던 점에 대하여 중대한 과책이 인정될 경우에도 사용자책임이 부정된다.[33)] 피용자의 직무 남용에 대하여서는 피해자의 선의가 추정되며, 피해자의 악의 또는 중대한 과책에 대하여는 사용자가 증명하여야 한다. 피해자와 사용자 간에 명백하게 통상적이지 않은 거래가 있었을 경우 피해자의 악의 또는 중대한 과책이 인정된다.[34)] 예를 들어, 은행 지점장이 몇몇 고객으로부터 계좌의 개설, 신용대출의 편의, 어음할인 등의 대가로 수차례 수수료를 받았는데, 피해자들이 사용자인 은행 명의 계좌가 아닌 계좌로 수수료를 입금하였던 사안,[35)] 투자 분야에 대하여 잘 알고 있는 피해자가 보험사 직원을 통하여 투자금을 맡긴 후 보험사 직원이 이를 횡령하였는데, 피해자는 투자금을 예치한 지 몇 달이 지나지 않아서 시중 이자의 20%를 초과하는 이자를 받아왔고 예치금에 대하여 영수증이나 기타 계약서가 전혀 작성된 바가 없었던 사안[36)] 등에서 사용자책임을 인정하지 않았다.[37)]

---

32) Civ. 2e 10 juin 1999, n°97-19.614.

33) Civ. 2e 13 nov. 1992, n°91-12.143; Civ. 2e 2 avr. 1997, n°95-13.944; Civ. 2e 19 nov. 1997, n°95-15.432

34) Juris-Classeur Civil Code Art. 1240 à 1245-17 Fasc. 143(주 9), n°54; Répertoire de droit civil – *Responsabilité du fait d'autrui*(주 6), n°140.

35) Civ. 2e 22 mai 2003, n°02-12.198.

(3) 피용자의 가해행위가 불법행위 요건을 갖추어야 한다. 특히 뒤에서 살펴볼 꼬스뜨도아 판결(arrêt Costedoat)이 나온 이후 사용자책임이 성립하기 위해서 피용자의 가해행위에 귀책사유가 있어야 하는가가 많이 논의되고 있으나, 대다수가 적극적으로 해석하고 있다.[38)]

3. 효과

(1) 사용자의 손해배상책임

① 위의 요건들이 충족되면 사용자는 피용자의 가해행위에 대하여 손해배상책임을 부담하며, 자신에게 과책이 없음을 이유로 면책될 수 없다.[39)] 이점에 있어서 우리 민법상의 사용자책임 운영 모습은 프랑스 민법과 가깝고 독일 민법과는 차이가 있다는 점은 앞서 언급하였다.

---

36) Civ. 1re 21 déc. 2006, n°04-12.637.

37) 우리 판례의 입장도 유사하다. 대법원 2006. 9. 14. 선고 2004다53203 판결 "…… 피용자의 불법행위가 외관상 사무집행의 범위 내에 속하는 것으로 보이는 경우에 있어서도, 피용자의 행위가 사용자나 사용자에 갈음하여 그 사무를 감독하는 자의 사무집행 행위에 해당하지 않음을 피해자 자신이 알았거나 또는 중대한 과실로 인하여 알지 못한 경우에는 사용자책임을 물을 수 없을 것이고, 이 경우 사용자책임이 면책되는 피해자의 중대한 과실이라 함은 거래의 상대방이 조금만 주의를 기울였더라면 피용자의 행위가 그 직무권한 내에서 적법하게 행하여진 것이 아니라는 사정을 알 수 있었음에도 만연히 이를 직무권한 내의 행위라고 믿음으로써 일반인에게 요구되는 주의의무에 현저히 위반하는 것으로 거의 고의에 가까운 정도의 주의를 결여하고, 공평의 관점에서 상대방을 구태여 보호할 필요가 없다고 봄이 상당하다고 인정되는 상태를 말하는바 ……"; 대법원 1996. 12. 10. 선고 95다17595 판결; 대법원 1998. 3. 27. 선고 97다19687 판결; 대법원 2009. 5. 14. 선고 2007다75921 판결 등 다수.

38) Répertoire de droit civil - *Responsabilité du fait d'autrui*(주 6), n°144.

39) Civ. 2e 17 juin 2021, n°20-14.463; 프랑스 채무불이행 일반 원칙에 따라 사용자는 불가항력 사유가 있음을 증명한 경우에만 면책이 가능하다. Civ. 2e 21 mai 2015, n°13-27.735.

② 프랑스 민법 체계에 의하면 다음과 같은 의문이 제기된다. 앞서 본 바와 같이, 프랑스는 계약불이행책임과 불법행위책임의 관계에 대하여 원칙적으로 청구권 불경합 원칙을 취하고 있다. 그렇다면 피해자인 채권자가 사용자와 계약관계가 있을 경우 계약책임만 추궁하고 사용자책임은 추궁할 수 없는 것 아닌가? 이에 대하여 프랑스 판례는 다음과 같이 판시하고 있다.

> "…… 계약책임과 불법행위책임의 불경합 원칙은 계약상 채권자가 채무자를 상대로 불법행위책임 규정을 원용하는 것을 금지할 뿐이고 계약상 채무불이행으로 인한 손해배상을 목적으로 하지 않는 별개의 손해배상청구를 금하지 않는다 ……"[40]

대상판결은 A 회사가 B 회사에게 사무실 및 상품들의 취급, 운반, 관리 등의 업무를 맡기는 용역계약을 체결하였는데, B 회사의 직원이 A 회사의 사무실에서 위의 업무를 행하는 기회에 A 회사 직원들의 식권(食券)이 들어 있는 상자를 훔쳐간 사안이었다. A 회사는 B 회사를 상대로 사용자책임을 추궁하였는데, 항소심은 A 회사와 B 회사 간에는 계약관계가 있으므로 청구권 불경합 원칙상 A 회사는 B 회사를 상대로 사용자책임을 추궁할 수 없다는 이유로 청구 기각한 것을 파기원이 위와 같이 판시하면서 파기환송하였다. 청구권불경합 원칙에 따라 피해자가 사용자와 계약관계가 있을 경우 원칙적으로 사용자책임은 추궁할 수 없지만, 계약책임과 별도로 발생한 손해에 대해서는 사용자책임을 추궁할 수 있다는 의미로 읽힌다. 결국 구체적 사안에서 계약책임의 범위가 어디까지인가 하는 계약 해석의 문제가 사용자책임 추궁 여부의 문제로 연결될 것으로 보인다.[41]

---

40) Com. 24 mai 2023, n°21-25.081.

41) 프랑스에서의 청구권불경합 원칙상, 피해자와 사용자 간에 계약관계가 있는 경우 피해자는 사용자를 상대로 이행보조자(피용자에 해당하는 사람)의 행위로 인한 계약책임을

(2) 피용자의 면책

① 전통적으로 사용자책임은 피해자를 보호하기 위하여 가해행위자인 피용자 외에 실질적으로 배상 자력 있는 사용자를 채무자로 추가하기 위하여 마련된 제도로 인식되었다. 따라서 피해자는 사용자 외에 피용자를 상대로 일반 불법행위상의 손해배상청구도 가능하고, 사용자가 피해자에게 손해배상을 하였을 경우 피용자를 상대로 구상권 행사도 가능하였다.[42]

그러나, 이러한 전통적인 입장에 대하여 다음과 같은 문제가 있다고 지적되었다.

첫째, 고용계약의 특성상 피용자의 활동으로부터 사용자가 이익을 얻고 있고 이에 대한 대가로 보수를 지급하는 것이므로 그에 수반하는 위험은 사용자가 부담하는 것이 맞다는 인식이 생기면서 파기원은 사용자의 피용자에 대한 구상권 행사를 제한하기 시작하였다.[43]

둘째, 피용자에게 중대한 과책이 없는 한 사용자가 피용자를 상대로 구상권을 행사할 수 없는 것이 파기원의 입장인 것[44]과의 균형이 맞지 않는다.

추궁하여야 하고, 프랑스 재판례의 상당수는 계약책임을 추궁했어야 하는 사안이었다고 지적하는 견해로 Répertoire de droit civil - *Responsabilité du fait d'autrui*(주 6), n°139.

42) Juris-Classeur Civil Code Art. 1240 à 1245-17 Fasc. 143(주 9), n°62.

43) Soc. 27 nov. 1958, D. 1958. 20. note R. Lindon; 우리 판례도 신의칙에 기하여 사용자의 피용자에 대한 구상권 행사가 제한될 수 있다는 입장이다. 대법원 1987. 9. 8. 선고 86다카1045 판결 "…… 사용자가 피용자의 업무집행으로 행해진 불법행위로 인하여 직접 손해를 입었거나 또는 사용자로서의 손해배상책임을 부담한 결과로 손해를 입게 된 경우에는 사용자는 그 사업의 성격과 규모, 사업시설의 상황, 피용자의 업무내용, 근로조건이나 근무태도, 가해행위의 상황, 가해행위의 예방이나 손실의 분산에 관한 사용자의 배려정도 등의 제반사정에 비추어 손해의 공평한 분담이라는 견지에서 신의칙상 상당하다고 인정되는 한도 내에서만 피용자에 대하여 위와 같은 손해의 배상이나 구상권을 행사할 수 있다 ……"; 대법원 1991. 5. 10. 선고 91다7255 판결; 대법원 1992. 9. 25. 선고 92다25595 판결; 대법원 1996. 4. 9. 선고 95다52611 판결; 대법원 2009. 11. 26. 선고 2009다59350 판결 등 다수.

44) Soc. 5 avril 1990, n°88-40.245.

셋째, 프랑스에서 공무원의 역무상의 과책(faute de service)으로 인한 행위에 대하여 국가배상책임이 성립하는 경우, 가해행위자인 공무원이 피해자에 대하여 면책되고 있는 것[45]과의 균형을 고려하여야 할 필요도 있다.[46]

② 꼬스뜨도아 판결(arrêt Costedoat)의 출현

위와 같은 문제의식을 바탕으로, 2000년 2월 25일 파기원 전원합의부[47]는 피해자에 대한 관계에서 피용자를 면책시키는 법리를 제시하였다. 헬리콥터로 농지에 제초제를 방사하는 업무를 하는 회사에 고용되어 있던 헬리콥터 조종사 꼬스뜨도아(Costedoat)는 농지 주인의 요청을 받고 제초제를 방사하고 있었다. 그런데 업무 당일 바람이 많이 불어서 인근 토지로 제초제가 방사되었다. 인근 토지 소유자인 피해자는 피용자인 꼬스뜨도아와 사용자인 회사를 상대로 손해배상을 청구하였으나, 소송 계속 중 사용자인 회사가 정리절차에 들어가게 되었다. 그러나 피해자는 관련 법률에 따른 자신의 채권 신고를 제대로 하지 못하여 당해 소송에서 피고는 피용자인 꼬스뜨도아만 남게 되었다. 1심과 원심은 당시 기상 상태로 보아 피고는 제초제 방사를 하지 말았어야 함에도 이를 하였다는 과책을 인정하여 원고의 청구를 인용하였다. 그러나, 파기원은 "피용자가 그에게 부여된 업무를 벗어나지 않는 범위 내에서 업무를 수행하는 중에 가해행위를 한 경우, 피해자에 대한 관계에서 피용자는 면책된다"고 하여 원심판결을 파기하였다.[48]

45) Loi n° 83-634 du 13 juillet 1983 portant droits et obligations des fonctionnaires 제11조 참조.

46) Juris-Classeur Civil Code Art. 1240 à 1245-17 Fasc. 143(주 9), n°62.

47) Ass. plén. 25 fév. 2000, n°97-17.378 et n°97-20.152.

48) 이후에는 피해자가 피용자를 상대로 불법행위책임을 추궁함에 있어서 피용자의 가해행위가 업무 범위 내에서 이루어진 것이었는지가 주요한 쟁점으로 등장하게 되었다. Civ. 2e 5 oct. 2006, n°05-18.494; Civ. 2e 10 déc. 2015, n°14-26.649.

③ 꼬스뜨도아 판결에 대한 비판

그러나 꼬스뜨도아 판결에 대해서는 다음과 같이 비판도 많이 제기되었다.[49)]

첫째, 사용자책임은 피해자를 구제하기 위한 제도이지 피용자를 위한 제도가 아니므로, 피해자는 피용자의 귀책사유가 인정되는 한 피용자에게도 손해배상책임을 추궁할 수 있어야 한다. 꼬스뜨도아 판결에 따르면 피해자는 대개의 경우 사용자를 상대로 하여서만 손해배상을 청구할 수 있게 된다. 그러나, 꼬스뜨도아 사안에서처럼 사용자가 배상능력이 없는 경우도 종종 발생한다.

둘째, 공무원의 특별한 보호를 받는 것은 공역무(公役務, service public)를 수행하기 때문인데, 사용자의 사적(私的) 이익에 봉사하는 경우도 동일하게 보호를 받아야 하는 것인지 의문이다. 피해자가 국가배상을 청구하는 경우 배상자의 무자력을 염려할 필요가 없으나, 사적 영역에서는 사용자가 배상능력이 없는 경우도 종종 발생한다.

셋째, 피용자의 행위가 일반 불법행위 요건을 충족하였음에도 그에게 손해배상책임을 인정하지 않는다면 일반 불법행위법의 의의가 크게 훼손된다.

④ 꼬스뜨도아 판결 법리의 제한

위와 같은 비판을 인식하여 파기원은 꼬스뜨도아 판결이 내려진 이후 다시 피용자를 면책시키는 범위를 제한하는 일련의 판시를 내고 있다. 특히 피용자가 의도적으로 제3자에게 손해를 가하는 형사범죄를 범한 경우, 그 행위가 사용자의 명령에 의한 것이었다고 하더라도 피해자에 대하여 손해배상책임이 있다.[50)] 피용자가 의도적으로 형사범죄를 저지른 경우까지 사용

---

49) 이하의 내용은 Répertoire de droit civil – *Responsabilité du fait d'autrui*(주 6), n°148.

50) Ass. plén. 14 déc. 2001, n°00-82.066(arrêt Cousin). 회계법인 소속의 회계사 꾸쟁(Cousin)이 청년 고용과 관련한 보조금이 지급되도록 하기 위하여 회사의 지시에 따라 관련 문서를 위조하였는데, 이후 꾸쟁은 문서 위조 및 동 행사죄, 사기죄 등으로 유죄판결을

자가 단독으로 위험을 부담하도록 하는 것은 타당하지 않기 때문이다. 이때 피용자가 형사 유죄판결을 반드시 받아야 할 것이 요구되는 것은 아니다.51) 이 경우 사용자와 피용자는 피해자에 대한 손해배상에 대하여 부진정연대 채무 관계에 있다.52)

(3) 사용자의 피용자에 대한 구상권 행사

① 피해자에게 손해를 배상한 사용자는 피용자를 상대로 구상권을 행사할 수 있었으나, 꼬스뜨도아 판결 이후 피용자가 피해자에 대한 관계에서 면책되는 한에 있어서는 사용자는 피용자에게 구상권을 행사할 수 없게 되었다. 예외적으로 피용자가 면책되지 않는 경우에는 사용자의 피용자에 대한 구상권 행사는 가능하다.

> "…… 민법 제1384조 제5항(현 프랑스 민법 제1242조 제5항)에 의거하여 피용자가 야기한 손해에 대하여 사용자가 피해자에게 배상한 경우, 당해 피해가 피용자의 형사범죄 또는 의도적 과책에 기한 경우가 아니고 피용자가 그의 업무 범위 내에서 행위하였다면 피해자는 피용자에 대하여 어떠한 권리도 없으므로, 사용자로서는 피해자의 권리도 대위할 수 없어서 피용자에 대하여 구상권이 없다 ……"53)

② 그러나 프랑스에서는 실제로 사용자가 피용자에게 구상권을 행사하는

받아 확정되었다. 꾸쟁의 행위로 손해를 받았던 사회보장분담금 징수 연합회(Unions de Recouvrement des Cotisations de Sécurité Sociale et d'Allocation Familiales)가 위 회계법인 외에 꾸쟁을 상대로도 손해배상을 청구한 사안이었다; 그밖에 Civ. 1re 27 nov. 2019, n°18-21.191.

51) Juris-Classeur Civil Code Art. 1240 à 1245-17 Fasc. 143(주 9), n°65; Crim. 7 avr. 2004, n°03-86.203.

52) Juris-Classeur Civil Code Art. 1240 à 1245-17 Fasc. 143(주 9), n°66.

53) Civ. 2e 20 déc. 2007, n°07-13.403.

일은 매우 드문데, 그 이유는 다음과 같다.[54)]

첫째, 사용자는 일반적으로 자신이 사용하는 피용자의 업무집행행위로 인하여 발생할 수 잇는 손해에 대하여 보험에 가입하는 것이 일반적이기 때문이다. 예를 들어, 프랑스 공중보건법(Code de la santé publique) L.1142-2조는 의료 계통 종사자에게 의료 행위와 관련하여 제3자에게 발생할 수 있는 손해에 대하여 의무적으로 보험에 가입하도록 규정하고 있고, 프랑스 사회보장 및 가족법(Code de l'action sociale et des familles) L.227-5조는 미성년자 교육기관 및 수련기관 등에 대하여 해당 활동과 관련하여 발생할 수 있는 손해에 대하여 의무적으로 보험에 가입하도록 하고 있다. 배상을 한 보험자는 보험법(Code des assurances)에 의하여 가해행위를 한 피보험자의 피용자에게 악의가 없는 한 구상권을 행사할 수 없다.[55)] 단, 이러한 구상권 행사의 제한은 보험자 간에는 적용되지 않는다. 따라서 사용자의 보험자가 피해자에게 손해를 배상하였을 경우, 사용자의 보험자는 피용자의 보험자에 대하여 구상권을 행사할 수 있다.[56)]

---

54) Répertoire de droit civil – *Responsabilité du fait d'autrui*(주 6), n°151.

55) **프랑스 보험법(Code des assurances)**

L.121-2조 보험자는 피보험자가 민법 제1242조에 의하여 손해배상책임을 져야 할 사람이 야기한 손실과 손해에 대하여, 이들의 과책의 성질이나 정도가 무엇이든 간에, 이를 보장할 책임이 있다.

L.121-12조 ③ 보험자는 피용자, 근로자, 가사피용인 등의 자녀, 직계비속, 직계존속, 피보험자의 생계를 같이하는 모든 사람 등에 대하여, 이들에게 악의(malveillance)가 없는 한 구상권이 없다.

56) Civ. 1re 12 juill. 2007, n°06-12.624; 다음의 우리나라 판결례도 유사한 문제의식을 가지고 있는 것으로 보인다. 대법원 2017. 4. 27. 선고 2016다271226 판결 "…… 일반적으로 사용자가 피용자의 업무수행과 관련하여 행하여진 불법행위로 인하여 직접 손해를 입었거나 피해자인 제3자에게 사용자로서의 손해배상책임을 부담한 결과로 손해를 입게 된 경우에 사용자는 사업의 성격과 규모, 시설의 현황, 피용자의 업무내용과 근로조건 및 근무태도, 가해행위의 발생원인과 성격, 가해행위의 예방이나 손실의 분산에 관한 사용자의 배려의 정도, 기타 제반 사정에 비추어 손해의 공평한 분담이라는 견지에서 신의칙상 상당하다고 인정되는 한도 내에서만 피용자에 대하여 손해배상을 청구

둘째, 프랑스 민법 제1242조 제1항의 물건 관리자 책임 제도의 기능적 측면에서도 기인한다. 사용종속관계가 인정되면, 사용자가 물건 관리자의 지위에 있고 피용자는 물건 관리자로서의 지위가 부정되기 때문에 (피용자의 지위와 물건 관리자의 지위는 양립할 수 없다고 보고 있다) 피용자가 면책될 가능성이 크다. 이 경우 사용자는 피용자에 대하여 구상권을 행사할 여지가 없다.[57)]

4. 2020년 프랑스 손해배상법 개정안

프랑스 손해배상법 개정 작업은 2017년 개정안을 거쳐서 프랑스 상원의 의결을 거친 2020년안이 나와 있다.[58)] 다음에서 보는 바와 같이 2020년안에 사용자책임에 관하여 위에서 논의한 내용들이 반영되어 있다. 제1항에서는 사용종속관계의 정의를, 제2항에서는 사용종속관계가 이전되었을 경우를,

---

하거나 구상권을 행사할 수 있고, 이러한 구상권 제한의 법리는 사용자의 보험자가 피용자에 대하여 구상권을 행사하는 경우에도 다를 바 없다. 그러나 사용자의 보험자가 피해자인 제3자에게 사용자와 피용자의 공동불법행위로 인한 손해배상금을 보험금으로 모두 지급하여 피용자의 보험자가 면책됨으로써 사용자의 보험자가 피용자의 보험자에게 부담하여야 할 부분에 대하여 직접 구상권을 행사하는 경우에는, 그와 같은 구상권의 행사는 상법 제724조 제2항에 의한 피해자의 직접청구권을 대위하는 성격을 갖는 것이어서 피용자의 보험자는 사용자의 보험자에 대하여 구상권 제한의 법리를 주장할 수 없다 ……"

57) 프랑스에서는 무과실책임으로서의 물건 관리자 책임 규정이 매우 광범위하게 적용되어 온 것에 대해서는 뒤의 15. 물건관리자의 책임 참조; 프랑스 민법상 계약책임뿐만 아니라 여러 종류의 불법행위책임이 피해자 보호를 중심으로 무과실책임으로 비교적 폭넓게 해석 운용되어 오고 있는데, 이는 여러 종류의 사회보장기금제도(social security system)가 가동되고 있기 때문이라는 지적으로, Jean-Sébastien Borghetti and Simon Whittaker, Introduction, *French Civil Liability in Comparative Perspective*, Hart Publishing (2019), p.5-6.

58) https://www.senat.fr/leg/ppl19-678.html

제3항에서는 직무남용의 법리가, 제4항에서는 피용자가 면책되는 경우를 각각 명시하고 있다.

> **제1248조**
> ① 사용자는 피용자가 야기한 손해에 대하여 당연히 배상할 책임이 있다. 업무 수행과 관련하여 피용자에게 명령이나 지시를 내릴 수 있는 권한이 있는 사람이 사용자이다.
> ② 사용종속관계가 이전되었을 경우, 피용자가 업무 수행을 하는 동안의 행위로 인하여 이익을 얻은 사람에게 배상책임이 있다.
> ③ 사용자나 사용종속관계 이전으로 이익을 얻은 사람은 피용자가 고용된 업무 외의 행위를 하였고, 허가가 없었고, 업무의 범위를 벗어나는 목적으로 행위를 하였다는 사실을 증명하면 손해배상책임이 없다. 그는 피용자가 사용자의 계산으로 행위하였을 것으로는 정당하게 생각할 수 없었다는 점을 증명한 경우에도 손해배상책임이 없다.
> ④ 피용자는 의도적 과책이 있거나, 사용자의 허가 없이 그의 업무를 벗어나는 목적으로 행위한 경우에만 손해배상책임이 있다.

This chapter surveys employer's liability under French civil law. The provision on employer's liability in the Korean Civil Code was directly influenced by Japanese civil law, itself rooted in French civil law. Although both Korean and Japanese civil laws adopt the *Pandekten* system derived from German law, the doctrine of vicarious liability has been overwhelmingly shaped by French legal principles.

First, Korean case law has adopted the appearance theory (*théorie de l'apparence*) in assessing whether a wrongful act is sufficiently connected to the performance of duties. If the employee's harmful act appears to fall within the scope of the employer's business activities, the connection to the execution of duties is recognized, even if the act was committed for the employee's personal benefit. In such cases, the employee's subjective intent is considered irrelevant.

Second, if the conditions for employer's liability are met, the employer is strictly liable for the employee's wrongful act and cannot escape liability by denying personal fault. Although Article 756(1) of the Korean Civil Code includes a proviso that allows for the possibility of exoneration for the employer, in practice, this provision has become largely obsolete.

These features align Korean and French approaches in many respects. However, Korean case law does not recognize the principle established in the French *Costedoat* decision, which exempts an employee from liability to the victim when the wrongful act was committed in the course of duties entrusted to them. As a result, under Korean law, a victim may pursue a separate tort claim for damages directly against the employee in addition to the claim against the employer. If the employer compensates the victim, recourse against the employee is available, though courts often limit indemnity under the principle of good faith.

French Civil Code

Art. 1242

⑤ Masters and employers, for harm caused by their servants and employees within the functions for which they employed them.

2020 French Draft Law on the Reform of Civil Liability

Art. 1248

① An employer is liable strictly for harm caused by his employee. An employer is a person who has the power to give orders or instructions to his employee in relation to the performance of his functions.

② In the case of transfer of the relationship of employment, this liability is borne by the beneficiary of the transfer.

③ An employer or a beneficiary of such a transfer is not liable if he proves that the employee acted outside the functions for which he was employed, without authorisation and for purposes alien to his attributions. Nor are they liable if they establish that the victim could not reasonably have believed that the employee was acting on behalf of the employer.

④ An employee is not subject to any personal liability except in the case of intentional fault, or where without authorisation he acted for purposes alien to his attributions.

Korean Civil Code

Art. 756 (Employer's Liability)

① A person who employs another to engage in a business shall be liable for any damage caused by the employee to a third party in the course of performing such business. However, this shall not apply if the employer has exercised due care in the selecting and supervision of the emoloyee, or if the damage would have occurred even with such due care.

② A person who supervises the business on behalf of the employer shall also be liable as provided in the preceding paragraph.

③ In the cases referred to in the preceding two paragraphs, the employer or the supervisor may seek recourse against the employee.

14. 자녀의 가해행위에 대한 부모의 책임

Parents' Liability for the Acts of Their Children

1. 의의

각국의 민법들은 대부분 미성년 혹은 책임무능력인 자녀가 타인에게 손해를 가했을 경우 피해자 보호를 위하여 부모가 이에 대하여 배상책임을 지도록 하는 규정을 마련하고 있는데, 프랑스 민법도 제1242조 제4항에서 다음과 같이 규정하고 있다.[1)]

> **제1242조**
> ④ 부모는 친권을 행사하는 자로서 그들과 함께 거주하는 미성년 자녀가 발생시킨 손해에 대하여 연대하여 배상할 책임이 있다.
> ⑦ 부모 …… 가 이러한 손해배상책임을 발생시키는 행위를 방지할 수 없었음을 증명할 수 없는 경우가 아닌 한, 위의 손해배상책임이 있다.

위 제4항에서 보는 바와 같이 부모의 손해배상책임은 친권을 행사하는 반대급부로서 부담하는 책임으로 인식되고 있다. 위 제도의 취지에 대하여는, 첫째, 미성년 자녀의 가해행위가 발생하지 않도록 부모로 하여금 주의를 기울이도록 하는 예방적 가치, 둘째, 만일 이러한 상황이 발생했을 경우에 대한 제재적 가치, 셋째, 피해자에 대한 배상이 제대로 되도록 하는 기능 등을 들 수 있다.[2)]

---

1) 우리 민법 제755조(감독자의 책임)에 상응하는 조문이다.

2. 책임의 법적 성격

1804년 프랑스 민법 제정 이후 2세기 가까운 기간 동안 위 책임의 성립에 가해행위자인 미성년 자녀의 귀책사유와 부모의 자녀에 대한 감독 또는 교육에 관한 귀책사유를 모두 요구하였는데(동조 제7항), 이 때문에 피해자에 대한 배상 기능이 상당히 축소되는 문제가 있었다.

(1) 과책의 추정

이에 프랑스 파기원은 위 조항을 운영함에 있어서 부모의 과책을 추정하기에 이르렀다.

> "…… 함께 거주하는 미성년 자녀가 발생시킨 손해에 대한 부모의 배상책임은 자녀에 대한 감독과 지도 의무로부터 도출된다. 이러한 근거로부터, 민법 제1384조 제7항(현 프랑스 민법 제1242조 제7항)은 부모에게 이러한 책임을 발생시킨 행위를 방지할 수 없었다는 것, 즉 그들이 자녀를 적절하게 교육하고 감독하였음을 증명함으로써 과책의 추정을 번복할 권한을 부여한다 ……"[3)]

그러나, i) 미성년 자녀일 경우에는 판단능력이 온전하지 않아서 과책을 인정하기가 어려운 경우들이 있었을 뿐만 아니라, ii) 부모가 자신에게 귀책사유가 없음을 증명하여 면책될 수 있었기 때문에 위의 판시만으로도 피해자가 배상받는 데에 여전히 걸림돌이 되고 있었다.

---

2) Juris-Classeur Civil Code Art. 1240 à 1245-17 Fasc. 141 par Aline Vignon-Barrault (5 juin 2024), n°4 ; Répertoire de droit civil – *Responsabilité du fait d'autrui* par Jérôme JULIEN(juill. 2019), n°69

3) Civ. 2e 12 oct. 1955, D. 1956 2. 301 note R. Rodière.

⑵ 배상책임의 추정

① 필렌와스 판결(arrêt Fullenwarth)

프랑스 파기원은 앞의 i)의 문제점에 대응하여 1984년 5월 9일 전원합의부 판결(일명 '필렌와스' 판결)에서 다음과 같이 선고하였다.4)

> "…… 함께 거주하는 미성년 자녀의 [가해행위에 대한] 부모의 배상책임을 추정함에 있어서, 피해자가 주장하는 손해의 발생에 자녀의 행위가 직접적인 원인이 된 것으로 족하다 ……"

위 사안은 만 7세인 아이가 같이 놀던 친구를 향해 장난감 화살을 쏘아서 이를 맞은 친구가 실명을 하게 되자, 피해자인 아이의 부모가 법정대리인으로서 가해자의 부모를 상대로 손해배상을 청구한 사안이었다. 위 판시는 부모의 과책을 추정하는 것에서 한 단계 더 나아가 부모의 배상책임 자체를 추정(responsabilité présumée)하였다.

그러나, 이 판시가 부모의 당연(de plein droit) 책임을 인정한 것까지는 아니었다. 실제로 필렌와스 판결 이후에도 부모는 감독과 교육상의 과책이 없었음을 증명함으로써 면책될 수 있는 사안들이 나타나고 있었다.5)

② 블리크 판결(arrêt Bliek)

한편, 앞의 ii)의 문제점에 대응하여 프랑스 파기원은 1991년 3월 29일 전원합의부 판결(일명 '블리크' 판결)6)에서 부모는 자신에게 과책이 없음을 이유로 면책될 수 없다고 선언함으로써 동 조항의 손해배상책임은 당연(de

---

4) Ass. plén. 9 mai 1984, n°79-16.612. (arrêt Fullenwarth)

5) Civ. 2e 4 mars 1987, n°85-14.554.

6) Ass. plén. 29 mars 1991, n°89-15.231. (arrêt Bliek)

plein droit)책임임을 정면으로 인정하였다. 이로써 부모는 자신에게 자녀에 대한 감독 또는 교육상의 과책이 없음을 이유로 면책될 수 없게 되었다.

③ 베르트랑 판결(arrêt Bertrand)

이후 파기원 민사2부 1997년 2월 19일 판시(일명 '베르트랑 판결')[7]에서 다음의 논리로 정리되었다.

> "…… 불가항력이나 피해자의 과책만이 미성년 자녀의 행위로 발생한 손해에 대한 부모의 당연책임을 면책시킬 수 있다 ……"

위 사안에서 베르트랑(Sébastian Bertrand)이라는 이름의 12세 소년이 자전거를 타고 횡단하다가 오토바이 운전자와 부딪쳐서 소년과 오토바이 운전자 모두 상해를 입었는데, 충돌의 원인 제공은 소년에게 있었음이 밝혀졌다. 이에 오토바이 운전자가 소년의 부모를 상대로 손해배상책임을 구하였는데, 소년의 아버지(M. Claude Bertrand)는 아이에 대한 주의감독의무를 위반하지 않았음을 이유로 배상의 의무가 없다고 주장하였고 항소심에서 그 주장이 받아들여졌다. 그러나 파기원이 위와 같은 이유로 파기환송하였다.

이 판결의 등장으로 위 조항의 책임은 더 이상 과책에 기반한 것이 아닌, 위험(risk) 책임이 되었으며, 미성년 자녀는 미성숙하고 자력이 없는 존재로서 제3자에게는 위험을 구성하는 것이므로, 부모는 그러한 위험으로 인하여 발생한 손해의 결과를 보장할 의무가 있다고 평가되었다.[8]

---

7) Civ. 2e 19 fév. 1997, n°94-21.111. (arrêt Bertrand)

8) Juris-Classeur Civil Code Art. 1240 à 1245-17 Fasc. 141(주 2), n°7; 같은 취지의 판결들로, Civ. 2e 4 juin 1997, n°95-16.490; Civ. 2e 2 déc. 1998, n°96-22.158; Civ. 2e 15 avr. 1999, n°97-16.381; Civ. 2e 9 mars 2000, n°98-18.095; Civ. 2e 20 avr. 2000, n°98-18.809.

④ 2002년 프랑스 전원합의부 판결

이상의 논의들은 이후 2002년 12월 13일 프랑스 파기원 전원합의부 판결들에서 총정리되기에 이르렀다.[9)]

"…… 친권을 행사하는 부모가 함께 거주하는 미성년 자녀가 발생시킨 손해에 대한 당연 배상책임을 추궁함에 있어서, 피해자가 주장하는 손해는 미성년 자녀의 행위에 과책이 없을지라도 이로 인하여 직접 야기된 것이면 족하다; 불가항력[10)]이나 피해자의 과책[11)]만이 부모의 이러한 책임을 면책시킬 수 있다 ……"[12)]

(3) 평가

위와 같은 프랑스 판례의 경향과 관련하여 프랑스 내에서는 다음과 같은 평가가 내려지고 있다.

첫째, 부모의 손해배상책임에 관한 프랑스 판례의 경향은 부모에게 너무 가혹하다는 비판을 불러일으켰다. 특히 손해를 야기한 아이나 부모 양쪽에 귀책사유가 없는 경우에도 배상책임을 지게 되는 경우들이 발생한다는 점에서, 부모의 손해배상책임이 부당하게 과도하고 비논리적이어서 비판하는 견해들이 등장하였다.[13)]

---

9) Ass. plén. 13 déc. 2002, n°00-13.787 et 01-14.007.

10) 프랑스 판례는 불가항력을 인정하여 부모를 면책시키는 경우는 드물다고 한다. Juris-Classeur Civil Code Art. 1240 à 1245-17 Fasc. 141(주 2), n°69.

11) 미성년인 피해자와 11세 미성년인 가해자가 언쟁 중에 가해자가 미끄러져서 피해자 위로 떨어지면서 엎쳐서 넘어짐으로써 피해자에게 심장마비를 일으켜 하지마비의 상해를 가한 사안에서, 가해자 부모에게 전부 혹은 일부 면책될 수 있는 여지가 있다고 한 사안으로 Civ. 2e 20 oct. 2005, n°04-19.243

12) 이후에도 이러한 판시가 계속 이어졌다. Civ. 2e 20 oct. 2005, n°04-19.243; Civ. 2e 19 oct. 2006, n°05-17.474.

13) Jacques Flour, Jean-Luc Aubert et Eric Savaux, *Les obligations - 2. Le fait juridique*

둘째, 동 조항에 따른 부모의 당연 배상책임이 현실적으로 만족스럽게 작동하기 위해서는 부모의 손해보험 가입이 필요하므로, 따라서 부모들의 손해보험 가입의 의무화를 생각해보아야 한다는 지적이 많다.[14] 프랑스 법원이 부모의 배상책임을 당연히 인정하게 되자 현실에서는 부모들이 이와 관련한 손해보험(assurance responsabilité civile - chef de famille)에 가입하는 관행이 생겨났고, 이러한 관행은 또 다시 법원이 계속하여 위의 책임을 엄격하게 부과하게끔 하였다.[15]

셋째, 더 나아가 부모가 배상할 자력이 없으면서도 손해보험에 가입하지 않은 경우에 대비하여 손해보상 보장기금(un fonds de garantie)을 설립해야 한다는 논의도 있다.[16]

3. 요건

이하에서는 프랑스 민법 제1242조 제4항이 규정하고 있는 요건을 살펴보기로 한다.

15e éd., Dalloz(2024), n°261(p.405-407).

14) Juris-Classeur Civil Code Art. 1240 à 1245-17 Fasc. 141(주 2), n°33, 57 et 90.

15) John Bell, Sophie Boyron and Simon Whittaker, *Principles of French Law 2nd ed.*, Oxford University Press(2008) p.394; Répertoire de droit civil - *Responsabilité du fait d'autrui*(주 2); Birke Häcker, "Fait d'autrui in Comparative Perspective" in Jean-Sébastien Borghetti and Simon Whittaker(ed.), *French Civil Liability in Comparative Perspective*, Hart Publishing(2019), p.173.

16) Répertoire de droit civil - *Responsabilité du fait d'autrui*(주 2), n°90.

(1) 부모에 관한 요건

① 친자관계

첫째, 친권을 행사하는 부모에게 손해배상책임이 인정되는 것이므로, 가해행위자인 미성년 자녀와의 친자관계가 존재하여야 한다. 친생관계이든, 입양관계이든 묻지 않는다. 일반 입양 자녀일 경우, 친생부모가 아닌 양부모만이 위 조항 소정의 손해배상책임이 있다.[17] 다만, 친자관계가 소급적으로 무효가 된 경우 위 조항상의 손해배상책임은 인정되지 않는다. 예를 들어, 혼인 전 아들을 출산한 여자의 아이를 인지(認知)한 남자가 이후 그 여자와 혼인을 하였으나 이후 인지가 소급적으로 무효가 된 경우, 인지 무효의 소급효는 친자관계를 소급적으로 소멸시키므로 따라서 위 조항상의 책임은 없다는 것이 프랑스 판례의 입장이다.[18] 이러한 판시에 대하여는, 미성년인 자녀에 대하여 인지가 무효로 인정되기까지 남자가 사실상 친권을 행사하고 있었다는 점에서 비판적인 견해가 있다.[19]

둘째, 프랑스 판례는 '친권을 행사하는 부모'의 문언을 엄격하게 해석하고 있고 부모가 아닌 제3자에게 확대하여 이 조항을 적용하지 않는다.[20] 예를 들어, 방학 때 조부모나 이모, 고모 등의 친척에게 비교적 장기간 미성년 아이가 맡겨진 동안에 아이가 가해행위를 한 경우에도 아이를 돌보고 있던 친척은 위 요건을 충족하지 않는다고 하면서 손해배상책임을 인정하지 않는다.[21] 다만, 조부모는 맡겨진 미성년 손자의 관리 감독에 귀책사유가 있

---

17) Juris-Classeur Civil Code Art. 1240 à 1245-17 Fasc. 141(주 2), n°16.

18) Crim. 8 déc. 2004, n°03-84.715. 미성년인 자녀가 폭행, 성폭행 등을 행한 사안이었다.

19) Juris-Classeur Civil Code Art. 1240 à 1245-17 Fasc. 141(주 2), n°12; 사안의 하급심도 인지가 소급적으로 무효가 되었더라도, 가해자가 범행할 당시에는 남자가 미성년인 가해자를 교육하고 감독할 당연한 의무가 있었다는 사실에는 변함이 없다는 이유로 남자에게도 부모로서의 손해배상책임을 인정하였다.

20) Répertoire de droit civil – *Responsabilité du fait d'autrui*(주 2), n°78.

21) Civ. 2e 25 janv. 1995, n°92-18.802; Civ. 2e 18 sept. 1996, n°94-20.580; Civ. 2e 15

을 경우에는 일반 불법행위규정에 따라 손해배상책임을 부담할 수 있다는 사안이 있다.[22)]

② 친권의 행사

법문에는 친권을 '행사(exercer)'한다고 되어 있지만, 현실적으로 행사할 것을 요구하는 것은 아니고 법적으로 친권을 '보유(titulaire)'하고 있으면 된다.[23)] 법률혼이든, 사실혼이든, 별거 중이든 부부는 친권을 공동으로 행사하므로[24)] 연대하여 손해배상책임을 부담한다.[25)] 단독으로 친권을 행사할 경우, 친권을 행사하는 부모가 손해배상책임을 진다. 친권을 보유하지 않는 부모는, 미성년 자녀가 가해행위 당시 자신과 잠시 거주하고 있었다고 하더라도 일반 불법행위책임을 부담할 수는 있으나 위 조항 소정의 손해배상책임은 없다.[26)]

③ 자녀와 함께 거주

㉮ 위 조항은 부모가 가해행위자인 미성년 자녀와 함께 거주할 것을 손

---

mars 2001, n°99-14.838; Civ. 2e 5 févr. 2004, n°01-03.585 et n°02-15.383. 이 경우 평상시에 가해자인 미성년 자녀와 함께 거주하는 부모가 손해배상책임을 부담한다; 미성년자가 기숙학교, 여름학교 등 교육시설에 거주하는 동안 가해행위를 한 경우에도 부모는 손해배상책임을 부담한다. Crim. 18 mai 2004, n°03-83.616; Crim. 29 oct. 2002, n°01-82.109; Civ. 2e 29 mars 2001, n°98-20.721; Civ. 2e 16 nov. 2000, n°99-13.023; Civ. 2e 9 mars 2000, n°98-18.095.

22) Civ. 2e 18 mars 2004, n°03-10.600.

23) Juris-Classeur Civil Code Art. 1240 à 1245-17 Fasc. 141(주 2), n°14.

24) **프랑스 민법**
제372조 ① 부와 모는 친권을 공동으로 행사한다. (2문 생략)
제373-2조 ① 부모의 별거는 친권 행사의 귀속에 관한 규정에 영향을 미치지 않는다.

25) Juris-Classeur Civil Code Art. 1240 à 1245-17 Fasc. 141(주 2), n°16.

26) Juris-Classeur Civil Code Art. 1240 à 1245-17 Fasc. 141(주 2), n°19.

해배상책임의 요건으로 명시하고 있다. 자녀의 행위로 인해 발생한 손해에 대한 부모의 배상책임은 부모의 자녀에 대한 감독 또는 교육에 관한 귀책사유를 근거로 하였던 1804년 프랑스 민법 제정 당시의 취지와 궤를 같이하는 것이었다.[27] 그러나 앞에서 본 베르트랑 판결(arrêt Bertrand) 이후 부모의 손해배상책임이 당연 책임으로 되면서 법문이 명시하고 있는 '함께 거주' 요건이 과연 필요한가에 대하여 많은 논란과 의문이 제기되어 왔다.[28]

㉯ 삼다 판결(arrét Samda)[29]이 내려지기까지 프랑스 판례는 '자녀와의 함께 거주' 요건을 구체적으로 파악하고 있었다. 즉, 자녀를 현실적으로 감독하지 않거나 제3자에게 일시적으로라도 위탁하였을 경우에는 동거 요건이 충족되지 않는다고 보았다. 따라서 조부모가 기르고 있거나 일정 기간 돌보아주고 있는 동안에 자녀가 가해행위를 한 경우, 가해행위 당시 부모가 자녀와 함께 거주하지 않았으므로 부모의 손해배상책임을 인정하지 않았다.[30]

㉰ 이러한 입장에 대해서는, 우선 부모나 자녀가 일방적으로 가출을 해버림으로써 함께 거주하지 않게 된 경우에도 동거 요건이 충족되지 않는다고 보아 부모의 손해배상책임을 부정할 것인가 하는 의문이 제기되었다. 그러

---

27) Répertoire de droit civil – *Responsabilité du fait d'autrui*(주 2), n°83.

28) Juris-Classeur Civil Code Art. 1240 à 1245-17 Fasc. 141(주 2), n°24; Répertoire de droit civil – *Responsabilité du fait d'autrui*(주 2), n°83.

29) Civ. 2e 19 févr. 1997, n°93-14.646. 만 16세인 삼다(Samda)라는 이름의 소년이 자동차를 훔쳐서 손상을 가하자, 차주(車主)가 그 부모를 상대로 손해배상을 청구한 사안. 소년의 부모는 이혼 중이었고, 평상시 모와 거주하고 있었는데, 사건 발생 당시에는 면접교섭권의 일환으로 부와 함께 거주하고 있었다. 부에 대해서는 아이에 대한 감독 및 교육상의 과책이 있다고 보아 일반 불법행위책임이 인정되었고, 모는 부의 면접교섭권 행사로 잠시 아이와 떨어져 있었더라도 이러한 사실이 자녀와의 동거를 중단시키는 것은 아니라고 보아 모에 대해서는 부모로서의 손해배상책임이 인정되었다.

30) Civ. 2e 24 avr. 1989, n°88-10.735; Civ. 1re 2 juill. 1991, n°90-12.062; Civ. 2e 25 janv. 1995, n°92-18.802.

나 이와 같은 동거의 위법한 중단은 동 조항의 적용을 방해하지 않는다고 보았고,[31] 이러한 배경하에서 프랑스 법원은 위 조항의 동거 개념을 추상적으로 파악하기 시작하였다.[32] 동거 요건을 자녀의 '법적 거주(résidence légale)'로 파악하여 이혼한 부부의 미성년 자녀들이 친할머니 집에 거주하면서 방화를 한 사건에서, 부부가 친권을 행사하고 있다면 자녀들의 실거주지와 부모의 거주지 간에 거리가 있더라도 부모로서의 피해자에 대한 손해배상책임을 면할 수 없다고 하였고,[33] 더 나아가 13세 자녀가 1세 이후 친권을 행사하는 부모의 위탁으로 할머니와 할머니의 남편과 함께 거주하면서 방화를 한 경우, 부모에게 위 조항의 손해배상책임을 인정하기까지 하였다.[34]

㉣ 다만, 법원의 결정에 의하여 미성년 자녀와 함께 거주하지 않는 경우에는 동 조항의 동거 요건이 충족되지 않는 것으로 보고 있다. 예를 들어, 부부가 법적 이혼을 하면서 아이가 한쪽 부모와 거주하면서 다른 부모와는 면접교섭권만을 가질 경우, 함께 거주하지 않는 부모는 친권을 보유하고 있다 하더라도 동거 요건을 충족하지 않으므로 미성년 자녀의 가해행위에 대

---

31) Crim. 28 juin 2000, n°99-84.627; 16세인 딸이 가출하여 1년 이상 애인과 동거하면서 행한 범행에 대하여 그 아버지에게 위 조항상의 손해배상책임을 인정한 사안으로 Crim. 7 mars 2001, n°00-84.168.

32) Juris-Classeur Civil Code Art. 1240 à 1245-17 Fasc. 141(주 2), n°28; Répertoire de droit civil - *Responsabilité du fait d'autrui*(주 2), n°85 et n°86.

33) Civ. 2e 20 janv. 2000, n°98-14.479. 미성년인 세 명의 형제들이 방학 동안 친할머니 댁에서 휴가를 보내던 중 인근 농장 건물에 방화를 하여 그 건물이 모두 소실된 사안이었다. 부모는 이혼 상태였고 친권을 공동으로 행사하고 있었는데, 자녀들은 평상시 모와 함께 거주하고 있었고 부가 면접교섭권을 행사하여 방학 동안 자녀들과 휴가를 보내던 중간 며칠간 자신의 어머니(가해자들의 친할머니)에게 자녀를 맡기던 중 사건이 발생하였다; 그밖에 Civ. 2e 5 juill. 2001, n°99-12.428; Civ. 2e 5 févr. 2004, n°01-03.585 et n°02-15.383; Crim. 29 oct. 2002, n°01-82.109.

34) Crim. 8 févr. 2005, n°03-87.447.

한 위 조항 소정의 손해배상책임은 없다.[35] 반면, 미성년 자녀와 함께 거주하지 않은 부모라고 하더라도, 친권을 공동으로 행사하고 있었고, 가해행위 당시 면접교섭권 행사의 일환으로 자녀와 함께 거주하고 있었다면 동거 요건이 충족되었다고 보았다.[36]

㉮ 친권을 공동으로 행사하면서도 법원이 자녀의 거주지를 지정하지 않은 상태에서 일방 부모와 함께 거주하다가 다른 부모의 집을 방문하여 있는 중에 가해행위를 한 경우, 비록 가해행위가 방문 당시에 발생하였다 하더라

---

35) Civ. 2e 21 déc. 2006, n°05-17.540; 우리나라 대법원도 비양육친이 미성년 자녀의 불법행위에 대한 감독의무자책임을 지는지 여부가 문제된 사건에서 다음과 같이 판시하였다. 대법원 2022. 4. 14. 선고 2020다240021 판결 "…… 이혼으로 인하여 부모 중 1명이 친권자 및 양육자로 지정된 경우 그렇지 않은 부모(이하 '비양육친'이라 한다)에게는 자녀에 대한 친권과 양육권이 없어 자녀의 보호·교양에 관한 민법 제913조 등 친권에 관한 규정이 적용될 수 없다. 비양육친은 자녀와 상호 면접교섭할 수 있는 권리가 있지만(민법 제837조의2 제1항), 이러한 면접교섭 제도는 이혼 후에도 자녀가 부모와 친밀한 관계를 유지하여 정서적으로 안정되고 원만한 인격발달을 이룰 수 있도록 함으로써 자녀의 복리를 실현하는 것을 목적으로 하고, 제3자와의 관계에서 손해배상책임의 근거가 되는 감독의무를 부과하는 규정이라고 할 수 없다. 비양육친은 이혼 후에도 자녀의 양육비용을 분담할 의무가 있지만, 이것만으로 비양육친이 일반적, 일상적으로 자녀를 지도하고 조언하는 등 보호·감독할 의무를 진다고 할 수 없다. 이처럼 비양육친이 미성년자의 부모라는 사정만으로 미성년 자녀에 대하여 감독의무를 부담한다고 볼 수 없다. 다만 비양육친도 부모로서 자녀와 면접교섭을 하거나 양육친과의 협의를 통하여 자녀 양육에 관여할 가능성이 있는 점을 고려하면, ① 자녀의 나이와 평소 행실, 불법행위의 성질과 태양, 비양육친과 자녀 사이의 면접교섭의 정도와 빈도, 양육환경, 비양육친의 양육에 대한 개입 정도 등에 비추어 비양육친이 자녀에 대하여 실질적으로 일반적이고 일상적인 지도, 조언을 함으로써 공동 양육자에 준하여 자녀를 보호·감독하고 있었거나, ② 그러한 정도에는 이르지 않더라도 면접교섭 등을 통해 자녀의 불법행위를 구체적으로 예견할 수 있었던 상황에서 자녀가 불법행위를 하지 않도록 부모로서 직접 지도, 조언을 하거나 양육친에게 알리는 등의 조치를 취하지 않은 경우 등과 같이 비양육친의 감독의무를 인정할 수 있는 특별한 사정이 있는 경우에는, 비양육친도 감독의무 위반으로 인한 손해배상책임을 질 수 있다 ……"

36) Crim. 6 nov. 2012, n°11-86.857.

도 잠시 데리고 있던 부모는 동거 요건이 충족되지 않는다고 보았고,[37] 다만, 잠시 데리고 있던 부모에 대하여는 귀책사유를 살펴서 일반 불법행위 책임(프랑스 민법 제1240조)을 추궁할 수 있었다.[38]

그러나, 이러한 논리에 대하여는 다음과 같은 문제점들이 지적되었다.

첫째, 위 논리는 피해자에 대한 배상이 원활하게 이루어지도록 하는 것과 조화되지 못하고, 둘째, 이혼 또는 별거 부부의 경우, 아동의 거주가 양쪽에 일정 기간씩 나누어서 이루어지는 경우도 적지 않은데, 이러한 경우 부모 중 어느 한쪽에만 손해배상을 부담시키는 것은 적절하지 않다.[39] 셋째, 친권연대(coparentalité)의 원칙을 촉진하기 위한 2002년 3월 4일 법률(loi n° 2002-305 du 4 mars 2002 relative à l'autorité parentale)의 목적에도 맞지 않을 뿐만 아니라, 유엔아동권리협약(Convention on the Rights of the Child) 제18조 제1항[40]에도 맞지 않는다.

이에 따라 프랑스 파기원은 2024년 6월 28일 전원합의부 판결[41]에서 이혼한 부부의 미성년 자녀가 평상시에는 법원의 결정이 아닌 협의에 의하여 모(母)와 거주하였는데 면접교섭권의 일환으로 부(父)의 집을 방문하여 거주하고 있는 동안에 방화를 한 사안에서, 항소심에서 자녀가 부와 동거하지 않았고 가해행위 당시 부의 귀책사유를 찾아보기 어렵다는 이유로 부의 손해배상책임을 부인하였던 사건을 위와 같은 이유로 파기환송하였다. 이로써 친권을 공동으로 행사하면서도 법원이 자녀의 거주지를 지정하지 않은 상태에서 일방 부모와 함께 거주하던 중 다른 부모의 집을 방문해서 지내다가

37) Crim. 2 déc. 2014, n°13-85.727; Crim. 29 avr. 2014, n°13-84.207; Crim. 6 nov. 2012, n°11-86.857; Civ. 2e 19 févr. 1997, n°93-14.646. (arrêt Samda)

38) Civ. 2e 19 févr. 1997, n°93-14.646. (arrêt Samda); Crim. 21 juin 1990, n°89-82.965.

39) Juris-Classeur Civil Code Art. 1240 à 1245-17 Fasc. 141(주 2), n°33.

40) 협약국은 부모 모두가 아동의 양육과 발전에 대한 공동의 책임이 인정되도록 보장하기 위하여 최선을 다하여야 한다는 취지의 규정

41) Ass. plén. 28 juin 2024, n°22-84.760.

가해행위를 한 경우, 비록 가해행위가 방문 당시에 발생하였다 하더라도 잠시 데리고 있던 부모도 손해배상책임을 부담하는 것으로 되었다.

㈓ 부모가 자녀와 함께 거주하여야 한다는 요건은 사실상 없애는 것이 타당하지만, 피해자에 대하여 부부가 연대책임을 부담하되 미성년 자녀가 가해행위를 할 당시 함께 거주하던 부모가 부담부분을 더 부담함으로써 내부적인 구상권 행사를 통해 이 문제를 해결하는 것이 적절하다는 견해들도 있다.[42)]

⑵ 자녀에 관한 요건

① 미성년이어야

프랑스 민법 제388조 제1항[43)]에 따라 가해행위 당시 만 18세 미만이어야 한다.[44)] 성년인 장애인 자녀의 가해행위에 대하여는 함께 거주하고 있더라도 동 조항 소정의 배상책임이 없다.[45)] 다만, 친권에서 벗어난 혹은 성년 자녀가 육체적 정신적 질병이 있어서 제3자에게 위험이 될 가능성이 있을 경우, 부모로 하여금 특별한 주의의무를 부담하게 하여 일반 불법행위책임을 부담하게 할 수 있다.[46)]

프랑스 민법 제413-1조 이하에 따라 미성년자가 혼인 등으로 부모의 친권으로부터 해방되었을 경우, 프랑스 민법 제413-7조[47)]에 의하여 부모는 자녀

---

42) Juris-Classeur Civil Code Art. 1240 à 1245-17 Fasc. 141(주 2), n°33.
43) **프랑스 민법 제388조** ① 미성년자는 성별을 불문하고 만 18세에 이르지 않은 사람이다.
44) Civ. 2e 25 oct. 1989, n°88-16.210.
45) Civ. 2e 1er avr. 1999, n°97-18.048.
46) Juris-Classeur Civil Code Art. 1240 à 1245-17 Fasc. 141(주 2), n°41.
47) **프랑스 민법 제413-7조**
① 친권에서 해방된 미성년자는 부모의 친권에 복종하지 않는다.
② 부모는 미성년 자녀가 친권에서 해방된 이후 타인에게 가한 손해에 대하여, 단지

의 가해행위에 대한 손해배상책임을 지지 않는다. 미성년 자녀가 해방되었는지 여부는 가해행위 당시를 기준으로 판단한다.[48] 다만, 피해자는 일반 불법행위책임으로서 귀책사유를 따져서 부모에 대한 손해배상책임을 추궁할 수는 있다.[49]

② 가해행위

㉮ 부모의 손해배상책임이 발생하기 위한 전제로서 가해행위를 한 미성년자에게 우리 민법 제750조 소정의 고의 또는 과실에 상응하는 과책(faute)이 요구되는지가 문제되었다. 특히 우리 법상의 책임능력에 상응하는 사리분별능력(discernement)이 요구되는지가 문제되었는데, 가해자가 유아기의 어린 아이이거나 정신 상태에 문제가 있는 아이일 경우, 이 요건이 충족되지 않아서 피해자에 대한 배상이 어려워지기 때문이다. 그러나 1968년 1월 3일 법률(loi n° 68-5 du 3 janvier 1968 portant réforme du droit des incapables majeurs)에 의하여 프랑스 민법 제489-2조(현 프랑스 민법 제414-3조)[50]가 도입된 이후로는 이를 요구할 필요가 없어졌다.

㉯ 이에 따라 1984년에 프랑스 파기원 전원합의부에서 이와 관련한 일련의 판결들이 등장하였다. 우선, 앞에서 언급했던 퓔렌와스 판결(arrêt Fullenwarth) 판결[51]은 부모의 과책의 추정에서 더 나아가, 가해행위를 한 미성년 자녀의 행위에 과책을 요구하지 않는 취지였다. 미성년 자녀의 행위가 손해발생에 직접적인 원인이면 족하기 때문이다.[52] 한편, 같은 해의 다른

부모라는 이유만으로 배상책임을 부담하지 않는다.

48) Civ. 2e 25 oct. 1989, n°88-16.210.

49) Juris-Classeur Civil Code Art. 1240 à 1245-17 Fasc. 141(주 2), n°40.

50) **프랑스 민법 제414-3조** 타인에게 손해를 야기한 사람은 당시 정신적 장애 상태에 있었더라도 이를 배상할 의무가 있다.

51) Ass. plén. 9 mai 1984, n°79-16.612. (arrêt Fullenwart)

전원합의부에서는 “사리분별능력은 과책의 구성요소가 아니며, 따라서 미성년자는 어린 나이일지라도 과책을 범할 수 있다”는 내용으로 판시하였다.[53)]

㈐ 이후 다음의 르베르 판결(arrêt Levert)[54)]에서 위의 논의가 명확히 정리되었다.

> “…… 함께 거주하는 미성년 자녀가 발생시킨 손해에 대한 부모의 당연책임은 자녀의 과책의 존재를 요건으로 하지 않는다 ……”

위 판결은 학교에서 아이들이 럭비 운동을 하는 중에 한 아이가 적법하게 태클을 걸었는데 이로 인해 같이 경기를 하던 아이가 눈에 상해를 입어서 피해자가 가해자의 부모들을 상대로 손해배상을 청구한 사안이었다. 1심과 2심에서는 가해자는 경기 규칙을 준수하였고 피해자가 럭비 운동에 참가하였다는 것은 운동으로 인한 위험을 감수한 것이라는 이유로 청구를 기각하였으나, 파기원이 위와 같이 판시하면서 파기환송하였다.[55)]

4. 효과

(1) 부모는 친권을 공동으로 행사하므로 피해자에 대하여 연대하여 손해배상책임을 부담한다. 부모는 부진정연대채무를 부담하고, 각자의 과책의 비율에 따라 부담부분이 있고 피해자에 대하여 전액을 배상한 부 또는 모는

---

52) Juris-Classeur Civil Code Art. 1240 à 1245-17 Fasc. 141(주 2), n°52; Civ. 2e 25 oct. 1995, n°93-15.905.

53) Ass. plén. 9 mai 1984, n°80-93.031 (arrêt Lemaire) et n°80-93.481 (arrêt Derguini).

54) Civ. 2e 10 mai 2001, n°99-11.287. (arrêt Levert)

55) 그밖에 Civ. 2e 3 juill. 2003, n°02-15.696.

상대방에 대하여 과책의 비율에 따른 구상권을 행사할 수 있다.[56] 다만, 삼다 판결(arrêt Samda)[57]에서처럼 가해행위자인 미성년 자녀와 함께 거주하지 않는 부모의 경우 귀책사유를 살펴서 일반 불법행위책임을 부담할 수 있는데, 이때 귀책사유가 인정되어 피해자에게 손해를 배상한 부 또는 모는 프랑스 민법 제1242조 제4항 소정의 당연책임을 부담하는 상대방 부 또는 모에 대하여 구상권을 행사할 수는 없다.[58]

(2) 매우 드물기는 하겠지만, 피해자에게 손해배상을 한 부모는 가해행위자인 자녀에게 자력이 있을 경우, 자녀를 상대로 구상권을 행사할 수 있다[59] 이때 부모가 손해보험에 가입하여 보험자가 피해자에게 손해를 배상하였을 경우, 보험자가 가해행위자인 미성년 자녀를 상대로 구상권 행사를 대위할 수 있는가가 문제될 수 있으나, 프랑스 보험법 L.121-12조 제3항[60]에 의하여 구상권 행사는 제한된다.[61] 이 규정은 강행규정으로서 직접적으로나 간접적으로 이에 반하는 약정은 효력이 없다.[62]

5. 2020 프랑스 손해배상법 개정안

(1) 프랑스는 현재 손해배상법 개정을 진행하고 있다. 가장 최근에 나온

56) Juris-Classeur Civil Code Art. 1240 à 1245-17 Fasc. 141(주 2), n°69 et n°70.
57) Civ. 2e 19 févr. 1997, n°93-14.646. (arrêt Samda)
58) Juris-Classeur Civil Code Art. 1240 à 1245-17 Fasc. 141(주 2), n°71.
59) Juris-Classeur Civil Code Art. 1240 à 1245-17 Fasc. 141(주 2), n°72.
60) **프랑스 보험법 L.121-12조** ③ 보험자는 피용자, 근로자, 가사피용인 등의 자녀, 직계비속, 직계존속, 피보험자의 생계를 같이하는 모든 사람 등에 대하여, 이들에게 악의(malveillance)가 없는 한 구상권이 없다.
61) Juris-Classeur Civil Code Art. 1240 à 1245-17 Fasc. 141(주 2), n°75.
62) Civ. 2e 5 oct. 2006, n°05-11.823.

개정안은 2020년 프랑스 상원을 통과한 개정안으로서 이 개정안은 부모의 손해배상책임을 다음과 같이 규정하고 있다.[63]

제1243조
타인이 야기한 손해에 대하여는 제1244조 내지 제1248조에 규정된 경우와 요건에 따라서 배상할 책임이 있다.

제1244조
타인이 야기한 손해에 대한 배상책임은 그 타인이 직접 야기한 손해에 대하여 [그가] 배상책임을 부담할 성질의 행위(un fait de nature à engager la responsabilité de l'auteur direct du dommage)임을 증명할 것을 전제로 하며, 반대 규정이 없는 한, 이러한 책임과 함께 병존할 수 있다.

제1245조
미성년자가 야기한 손해에 대하여는 [다음의 사람들이] 당연히 배상할 책임이 있다.
1° 친권을 행사하는 부모
2° 미성년자를 돌보고 있는 후견인
3° 법원 또는 행정 결정에 의하여 미성년자의 생활 방식을 항시적으로 관리하고 감독할 의무를 부담하는 사람. 이 경우 부모나 후견인은 배상책임이 없다.

제1246조
법원 또는 행정 결정에 의하여 [특정한] 성년을 보호하기 위해 그 생활 방식을 항시적으로 조직하고 감독하도록 임명된 사람은 그 성년이 발생시킨 손해에 대하여 당연히 배상할 책임이 있다.

제1247조
계약에 의하여 전문적으로 타인을 감독하거나 그들의 행동을 관리하고 통제할 업무를 하는 기타의 사람은, 자신의 의무 이행에 과책을 저지르지 않았음을 증명하

63) https://www.senat.fr/leg/ppl19-678.html

지 않는 한, 그의 감독 하에 있는 미성년 혹은 성년이 야기한 손해, 혹은 관리되거나 통제되는 [피감독자들의] 행동에 의하여 발생된 손해에 대하여 배상할 책임이 있다.

개정안의 주요한 취지를 요약하면 다음과 같다.

첫째, 개정안 제1244조는 타인이 야기한 손해에 대한 배상책임은 그 타인이 직접 야기한 손해에 대하여 [그가] 배상책임을 부담할 성질의 행위(un fait de nature à engager la responsabilité de l'auteur direct du dommage)임을 증명할 것을 전제로 한다고 규정함으로써 가해자인 미성년자의 과책을 요구하지 않았던 르베르 판결(arrêt Levert)을 명확히 배척하고 있다.64)

둘째, 미성년인 자녀와 부모와의 동거 요건이 삭제되어 있다. 동 조항은 부모의 자녀에 대한 감독과 교육상의 과책에 기하여 인정되는 것으로 인식되었으나 이후 당연책임으로 해석됨에 따라 동 조항의 손해배상책임은 부모의 행위와는 절연되었으므로, 동거 요건은 삭제하는 것이 타당하다.65)

셋째, 제1245조에서 보는 바와 같이 손해배상의 주체를 부모뿐만 아니라 더 확장하고 있다.

In this chapter, I provide an overview of French case law and academic discussions concerning parents' liability for the acts of their children, as stipulated in Article 1242, paragraphs 4 and 7 of the French Civil Code. It was particularly interesting to examine how France has come to impose strict

64) Répertoire de droit civil - *Responsabilité du fait d'autrui*(주 2), n°99; Juris-Classeur Civil Code Art. 1240 à 1245-17 Fasc. 141(주 2), n°8 et n°58.

65) Juris-Classeur Civil Code Art. 1240 à 1245-17 Fasc. 141(주 2), n°34.

liability on parents for damages caused by their children, as well as the controversies surrounding related measures, such as the requirement for parents to purchase liability insurance and proposals to establish a social security fund for this purpose.

The Korean Civil Code contains no equivalent to Article 414-3 of the French Civil Code. By contrast, under Korean law, the establishment of tort liability requires that the tortfeasor possesses the capacity for discernment (see Articles 753 and 754 of the Korean Civil Code). Accordingly, Article 755 of the Korean Civil Code, which plays a role comparable to that of paragraph 4 of Article 1242 in the French Civil Code, provides that a person who has a legal duty to supervise the tortfeasor is liable for damages even if the tortfeasor lacks such capacity. In South Korea, if a minor who causes harm is deemed to lack the capacity for discernment, the parents are held liable under Article 755 of the Civil Code. If the minor is deemed to possess such capacity, the parents may be held liable under the general tort provision, Article 750. Thus, in contrast to the French system, South Korean law does not impose strict liability on parents for the wrongful acts of their minor children.

French Civil Code

Art. 1242

④ To the extent to which they exercise parental authority, a father and mother are jointly and severally liable for harm caused by their minor children who live with them.

⑦ The above liability arises unless the father and mother and the artisans cannot prove that they could not have prevented the action which gave rise to this liability.

Art. 414-3
A person who has caused damage to another while under the influence of a mental disorder is nonetheless obliged to provide compensation.

2020 French Draft Law on the Reform of Civil Liability

Art. 1244
Liability for damage caused by another requires proof of a fact capable of engaging the responsibility of the direct author of the harm, with which, unless otherwise provided, it may be cumulative.

Art. 1245
The following are liable strictly for the action of a minor:
1° his parents, to the extent to which they exercise parental authority;
2° his guardian or guardians, to the extent to which they are charged with care of the minor's person;
3° a physical or legal person charged by judicial or administrative decision with organising and controlling the minor's way of life on a permanent basis. In these circumstances, the parents' liability of such a minor cannot be engaged.

Art. 1246
A physical or legal person charged by judicial or administrative decision with organising and controlling an adult's way of life on a permanent basis is liable strictly for the action of such an adult placed under their supervision.

Art. 1247
Other persons who, by contract, professionally undertake the task of

supervising another or organizing and controlling another's activity are liable for damage caused by the minor or adult under their supervision or whose activity they organize and control, unless they can prove that they did not commit any fault in carrying out their duties.

Korean Civil Code

Art. 753 (Liability of Minors)
A minor who causes damage to another shall not be liable for compensation if he or she lacks the capacity to discern the wrongful nature of his or her act.

Art. 754 (Liability of a Person of Unsound Mind)
A person who causes damage to another while in a state of unsound mind shall not be liable for compensation; provided, however, that this shall not apply if the state of unsound mind was caused by the person's intent or negligence.

Art. 755 (Liability of a Supervisor)
① Where a person is not liable under Article 753 or Article 754, the person who has a legal duty to supervise such person shall be liable for compensation. However, this shall not apply if there has been no negligence in the performance of the supervisory duty.
② A person who assumes, in place of the legal supervisor, the supervision of a person not liable under Article 753 or Article 754 shall also be liable as provided in paragraph (1).

15. 물건 관리자의 책임

Liability for Things in One's Keeping

1. 프랑스 민법 제1242조 제1항

제1242조
① 누구나 자기의 행위로 인하여 발생한 손해뿐만 아니라, 자기의 책임 하에 있는 사람의 행위로 인하여 발생한 손해, 자기가 관리하고 있는 물건의 작용으로 인하여 발생한 손해에 대하여 배상할 책임이 있다.

위 조항은 자신의 책임하에 있는 사람의 행위로 발생한 손해, 자기가 관리하고 있는 물건의 작용으로 인하여 발생한 손해 등에 대한 일반 규정으로서, 전자에 대해서는 자녀의 행위에 대한 부모의 책임, 사용자책임 등으로 같은 조 제4항과 제5항에 각 구체화되어 있고, 후자에 대해서는 제1243조[1]와 제1244조[2]에 구체화되어 있다. 이 중 위의 밑줄 친 부분은 우리 민법상 공작물책임(민법 제758조)에 상응하는 조항이라고 할 수 있다.

프랑스 민법 입법자들은 물건으로 인하여 발생한 손해에 대한 배상책임이 대해서는 구체적으로 제1243조와 제1244조의 책임 정도만을 염두하고

---

1) **프랑스 민법 제1243조** 동물 소유자의 동물이 손해를 발생시켰거나 동물의 이용자가 이용하는 동안 동물이 손해를 발생시킨 경우, 그 동물이 그의 관리 하에 있는지, 유실되었는지 혹은 이탈하였는지 여부에 관계없이 동물 소유자와 이용자는 배상할 책임이 있다.

2) **프랑스 민법 제1244조** 건물의 소유자는 관리상의 결함 또는 건축상의 하자로 인하여 건물이 붕괴함으로써 발생한 손해에 대하여 배상할 책임이 있다.

입법했을 뿐이고,[3] 입법 당시에는 위 조항은 단지 일반조항으로서 원칙을 선언한 것에 지나지 않았다. 물건으로 인하여 발생한 손해 중에서 제1243조와 제1244조의 적용을 받는 이외의 손해는 일반 불법행위 규정인 제1240조와 제1241조에 의한 배상이 가능할 뿐이라고 생각하였다.

그러나 이후 산업화가 가속화되어 다양한 위험이 상존하는 사회로 변화함에 따라 물건으로 인하여 손해를 입은 피해자를 구제해야 할 필요성이 생겼고(특히 피해자가 어느 누군가의 귀책사유를 증명하기가 곤란해서 일반 불법행위 규정만으로 손해를 전보받기 어려운 경우), 이러한 필요성에 부응하기 위하여 프랑스 법원은 프랑스 민법 입법자들이 크게 중요하게 생각하지 못했던 제1242조 제1항에 주목하여 이를 적극적으로 활용하여 왔다. 위 조항은 가해자의 귀책사유를 명시하지 않고 있어서 피해자 보호를 위해 무과실책임으로 운용될 수 있었기 때문이다. 프랑스 민법상 물건 관리자의 책임에 관한 법리는 실질적으로는 프랑스 판례에 의하여 형성되어 왔고, 이러한 배경에는 위험이론(théorie du risque)을 주장했던 프랑스 법학자 살레이으(Salleilles)와 조세랑(Josserand)이 매우 큰 영향을 주었다.[4]

2. 무과실책임

위 조항이 무과실책임으로서 자리를 잡는 데에 결정적인 계기가 되었던 대표적인 프랑스 재판례는 다음의 두 사건이라고 할 수 있다.

---

3) 산업화 초기인 19세기 전반까지만 하더라도 운송 수단이 주로 동물이었기 때문에 물건으로 인하여 발생한 손해 중에서 동물이 야기한 손해가 가장 빈번했다.

4) 여하윤, "민법 제758조 개정시안에 관한 검토 - 프랑스 민법 제1384조 제1항(물건 관리자의 책임)에서의 시사점을 중심으로 -", 민사법학 제69호, 한국민사법학회(2014. 12.), 514-516면.

(1) 떼펜느 판결(Arrêt Teffaine) 판결[5]의 등장

프랑스 민법 제1242조 제1항의 중요성을 인식하게 된 주요한 계기는, 산재사고에서 피해를 입은 근로자들의 손해배상을 보장해야 할 필요성이 커졌기 때문이었다. 이러한 필요를 배경으로 하여 1896년 6월 16일 파기원 민사부에서 떼펜느 판결이 선고되기에 이르렀다. 당해 사안은, 증기선 마리(Marie)호가 르와르(Loire) 강변에 정박해 있던 중, 마리호의 증기기관 하나가 폭발하여 당시 선박에서 근무하던 정비사 테펜느를 향해 뜨거운 증기와 탄각이 분출되어 그날 저녁 테펜느가 사망한 사건이었다. 상속인인 테펜느의 배우자가 고용주였던 마리호 소유자를 상대로 손해배상을 청구하였는데, 사건의 조사 결과 증기기관 폭발의 원인은 기관의 용접 부분에 문제가 있었기 때문이라는 점이 밝혀졌다. 그렇다면, 선박의 소유자는 이러한 하자의 존재를 몰랐었고 알 수도 없었기 때문에 (선박 제조자가 아니었으므로) 그에게 손해배상책임을 묻는 것이 과실책임주의 원칙상 가능한가 하는 의문이 제기되었다. 프랑스 파기원은 다음과 같이 판시함으로써 선박 소유자의 손해배상책임을 인정하였다.

> "…… 사정이 이와 같다면 불가항력 사유는 없는 것으로 보이고, [프랑스] 민법 제1384조(현 프랑스 민법 제1242조)에 따라 선박 소유주는 선박 제작자의 과책이 있었다거나 문제가 된 선박의 하자가 용이하게 발견될 수 없는 것이라는 점 등을 증명함으로써 면책될 수 없고, 따라서 피해자에 대하여 손해배상책임이 있다 ……"

위 판결이 나온 이후 얼마 지나지 않아 1898년 4월 9일 법률[6]에 의하여 산재사고에서 발생한 손해배상책임이 규율되기 시작하였기 때문에 프랑스

---

5) Civ. 18 juin 1896 https://www.legifrance.gouv.fr/juri/id/JURITEXT000006952536/

6) Loi du 9 avril 1898 concernant les responsabilités dans les accidents du travail

민법상 물건 관리자의 책임 규정이 위와 같은 사고에 적용될 여지는 없어졌지만, 이 판결에서 나타난 내용은 이후 위 조항의 적용에 있어서 주요한 법리를 구성하게 되었다.

⑵ 쟝드외르 판결(Arrêt Jand'heur)[7)]

소녀 A는 피고 Y 회사에 소속된 B가 운전하던 Y 회사 소유의 트럭에 치여 상해를 입게 되었다. 원고 A는 Y 회사를 상대로 손해배상을 청구하였는데, 원심이었던 브장송 항소법원(Cour d'appel Besançon, 29 déc. 1925)과 파기환송심이었던 리옹 항소법원(Cour d'appel Lyon, 7 juill. 1927)은 모두 원고의 청구를 기각하였다. 사고 발생 당시 트럭은 사람이 조종하고 있었으므로 물건 관리자의 책임에 관한 프랑스 민법 제1384조 제1항(현재 제1242조 제1항)이 아닌 일반 불법행위책임에 관한 프랑스 민법 제1382조(현재 제1240조)가 적용되어야 하고 이에 따라 운전자의 과책이 증명되어야 하는데, 이에 대한 증명이 없다는 것을 그 근거로 하였다. 결국 프랑스 파기원은 1930년 2월 13일 연합부(Chambre Réunies)[8)]에서 다음과 같이 판시하기에 이르렀다.

> "…… 민법 제1384조 제1항에 의하여 물건 관리자는 자기가 관리하는 물건으로 인하여 타인에게 손해가 발생한 경우 그에 대한 배상책임 자체가 추정되는데, 물건 관리자는 그에게 기인하지 않은 불가항력(cas fortuit ou force majeure)이나 외재적 원인(cause étrangère)이 있었음을 증명한 경우에만 이를 번복할 수 있다. 자신에게는 어떠한 과책도 없었다거나 손해 발생의 원인불명임을 증명한 것만으로는 이를 번복할 수 없다 ……"

---

7) Ch. Réunies, 13 Feb. 1930 https://www.legifrance.gouv.fr/juri/id/JURITEXT00000 6952821/
8) 현재의 전원합의부(Assemblée Plénière)에 해당한다.

3. 물건의 작용

(1) 물건의 의미

① 프랑스 민법 제1242조 제1항은 우리 민법에서처럼 '공작물'로 인하여 발생한 손해에 한정하지 않고, 동산·부동산을 불문하고 '물건'으로 인하여 발생한 손해이기만 하면 모두 그 적용 대상이 될 수 있는 것으로 하고 있다. 예를 들어, 버려진 유리병을 발로 차서 상대방에게 피해를 입힌 행위[9]뿐만 아니라, 암벽이나 낭떠러지,[10] 실내바닥,[11] 웅덩이[12] 등으로 피해를 발생한 경우 등에도 물건 관리자로서 손해배상책임이 있다. 더 나아가 액체,[13] 기체[14] 등도 이에 해당하며, 음향[15]으로 인한 피해도 이에 해당한다.

---

9) Civ. 2e 10 fév. 1982, n°81-40.495 길가에 버려진 유리병을 발로 찼는데 유리병이 산산조각이 나면서 튄 파편이 피해자의 눈에 박혀서 실명이 되었던 사안. 파기원은 유리병을 발로 찬 사람에 대하여 물건 관리자로서의 손해배상책임을 인정하였다.

10) Civ. 2e 17 mars 1993, n°91-18.731. 암벽 일부가 자연 마모로 붕괴되면서 근처에 거주하고 있는 사람의 집이 손상된 경우, 암벽을 관리하는 시(市)를 상대로 하는 손해배상청구가 인용된 사안.

11) Civ. 2e 22 févr. 2007, n°01-17.532. 아파트 아래층 집의 공사로 인해 윗집의 바닥이 붕괴된 사안.

12) Civ. 2e 22 mai 2003, n°02-11.692 원고가 야간 관광을 위하여 관광버스에 탑승하고 있다가 화장실을 가기 위해 피고의 건물 안으로 들어가다가 웅덩이처럼 파인 세탁조에 빠져 넘어져서 상해를 입은 사안.

13) Civ. 2e 5 mars 1975, n°72-14.320, n°72-14.507 et n°72-14.509 A 회사 소속의 근로자 X가 대로(大路)에서 하수구 설치 굴착 공사 감독 업무를 수행하고 있던 중 배관이 폭발하여 X가 사망했던 사안. 폭발의 원인이 공사 작업 중이던 도로 근방에 있던 Y 회사가 관리하던 황화수소액이 지하로 스며들어 공사작업 현장 지하까지 침투하여 작업 중에 튀었던 불똥이 황화수소와 결합하여 배관이 폭발했던 것으로 밝혀졌다. Y 회사에게 물건 관리자로서의 책임이 인정되었다.

14) Civ. 2e 10 fév. 1967, Bull. civ. II n°66 어떤 도로에서 교통사고가 발생하여 피해자 X가 사망하였는데, 그 사고의 원인이 근처 Y 회사의 소유의 탑에 증기가 응축되어 보관되어 있었는데 증기가 새어나와 도로가 빙판이 되었기 때문임이 밝혀진 경우, Y 회사에게 물건 관리자로서의 배상책임을 인정하였다; Civ. 2e 11 juin 1975, n°73-12.112.

② 물건으로 인한 손해가 사람에 의해 그 물건이 조종된 것인지 여부도 문제되지 않는다고 보았다. 앞의 쟝드외르 판결은 다음과 같이 판시하였다.

> "…… 제1384조에 규정된 손해배상책임의 추정을 적용함에 있어서 법률은 손해를 발생시킨 물건이 사람에 의해 조종된 것인지, 그 물건 스스로 발생시킨 것인지를 구분하지 않는다; 손해가 목적물에 내재된 결함에 기인할 것을 요하는 것도 아니다. 제1384조는 물건의 관리에 관한 것이지, 물건 자체에 대한 것이 아니다 ……"

(2) 물건의 작용

물건관리자의 책임이 성립하기 위해서는 물건이 손해 발생의 원인이 되었어야 하므로, 물건이 손해 발생에 적극적인 역할(active role)을 하였거나 손해 발생의 도구(instrument)가 되었어야 한다. 이와 관련하여 물건이 정상적이지 않은 위치에 놓여있음(position anormale)으로 인해 손해가 발생하였을 경우 물건 자체에 결함이 없었더라도 해당 물건으로 인하여 손해가 발생한 것으로 판단된다. 예를 들어, 피알레 판결(arrêt Pialet)[16] 사안에서는 까페

Y 회사 소유 건물의 굴뚝에서 연기가 나와서 근처에 있던 X 소유의 자동차가 손상된 경우; Civ. 2e 13 sept. 2018, n°17-23.163 Y 선박회사가 운송물인 대두콩 깻묵가루를 하역(荷役)하는 과정에서 대량의 콩가루가 바람에 날려와서 옆의 부두에 정박 중이던 X 선박회사의 선박에 콩가루 분말들이 선체 전체에 접착되어버린 사안. Y회사에게 물건 관리자로서 선박 세척비 33,626 유로의 배상책임이 인정되었다.

15) Civ. 2e 5 juin 1991, n°88-20.132. X가 셀프서비스 상점에서 정상적으로 물건을 사서 검색 통로를 지나가는데, 경보음이 잘못 울려서 X가 검색을 받게 되자, X는 상점주 Y를 상대로 물건 관리자로서의 책임 규정에 기하여 위자료를 청구하여 인용된 사안. 프랑스는 우리와 달리 청구권 불경합 원칙을 취하고 있어서 이 경우 X는 Y에게 계약책임을 추궁해야 하는 것이 아닌가 하는 점도 지적되었으나, 파기원은 상점의 자유로운 출입에 관한 업무는 준불법행위 영역에 속한다고 보아 물건 관리자로서의 책임을 인정하였다.

16) Civ. 24 févr. 1941, Eva Steiner, *French Law – A Comparative Approach 2nd ed.*,

테라스에 접이식 의자가 저녁에 제 위치에 놓여있지 않았을 경우, 의자가 잘못된 시간에 잘못된 위치에 있었으므로 손해 발생에 적극적인 역할을 하였다고 판단되었다. 한편, 까데 부인 판결(arrêt Dame Cadé)[17]에서는 까데 부인이 대중 온천장의 탈의실에서 자신의 지병으로 갑자기 실신을 하여 쓰러졌는데 온수도관 위에 쓰러지는 바람에 화상을 입게 되어 온천장 업주를 상대로 손해배상을 청구한 사안이었다. 파기원은 온수도관이 손해 발생에 수동적인 역할을 하였을 뿐이라는 이유로 원고의 청구를 받아들이지 않았다.

4. '관리'의 의미

(1) 프랑크 판결(arrêt Franck)[18]

물건 관리자 책임에서의 '관리'의 개념을 정착시킨 사안은 1941년 12월 2일 파기원 연합부에서 선고한 프랑크 판결이었다. 1929년 12월 24일 크리스마스 이브에 프랑크 소유의 차량을 그의 아들이 몰고 나갔다가 도난을 당하였는데, 이후 도난된 차량이 우편 집배원인 X를 치어서 X가 사망하였다. 이에 X의 상속인들이 프랑크를 상대로 물건 관리자로서의 손해배상책임을 청구한 사안이었다.

파기원은 1936년 3월 3일 이 사안에 대하여 사고 당시 프랑크의 아들이 차량을 사용하고 있었고 도난까지 당하였더라도 프랑크를 여전히 차량의

Oxford University Press(2018), 270면에서 재인용.

17) Civ. 19 févr. 1941, Henri Capitant, François Terré, Yves Lequette et François Chénedé *Les grands arrêts de la jurisprudence civile t.2 13e éd.*, Dalloz(2015), p.391.
"…… 해당 물건이 정적인 상태였더라도 손해 발생에 관련이 있다면 손해 발생의 원인으로 추정된다. 그러나 이 경우에도 물건 관리자는 그 물건이 손해 발생에 수동적인 역할을 하였을 뿐이라는 점을 증명함으로써 이러한 추정을 번복할 수 있다 ……"

18) Ch. Réun. 2 Déc. 1941 https://www.legifrance.gouv.fr/juri/id/JURITEXT000006953144/

관리자로 보아 프랑크에게 손해배상책임을 인정한 바 있었다. 이러한 판시는, 차량의 소유자는 차량으로 인하여 이익을 얻는 만큼 그로 인해 발생할 위험도 부담해야 한다는 위험이론을 배경으로 하고 있었다. 그런데 파기환송심이었던 브장송 항소법원(Cour d'appel Besançon)은 사고 당시 차량을 실질적으로 관리하고 있었던 사람은 절도범이었다고 하면서 파기원과 달리 프랑크의 손해배상책임을 인정하지 않았다. 이에 따라 사건에 관한 법리를 정리하기 위하여 파기원 연합부의 심리를 거쳐 파기원은 1941년 12월 2일 기존의 자신의 입장을 바꾸어 다음과 같은 판시를 함으로써 브장송 항소법원에서처럼 프랑크의 손해배상책임을 부정하였다.

> "…… 프랑크는 [사고 당시] 자신의 자동차에 대한 사용, 감독, 지배를 상실한 상태로서 이에 대한 관리자의 지위에 있지 않았으므로, 민법 제1384조 제1항(현 프랑스민법 제1242조 제1항)에 규정된 손해배상책임의 추정이 더 이상 적용되지 않는다. 항소심은 이와 같이 판시하였으므로 위 규정에 위반한 바 없다 ……"

위 판시 이후 사고 발생 당시 물건에 대한 사용, 감독, 지배가 있었는지 여부가 물건에 대한 관리자로서의 인정 여부에 중요한 기준이 되기 시작하였다.

(2) 관리 개념의 확장 - 의제적 관리(garde intellectuelle)

시간이 지나면서 '관리'의 개념이 추상적으로 변모되기도 하였다. 즉, 물건에 대하여 실질적으로는 물리적인 통제가 없더라도 이에 대한 통제 권한이 있으면 관리의 요건을 충족한다고 본 것이다. 이에 따라 사고 발생 당시 가해자에게 사리분별능력(discernement)[19]이나 의식이 없더라도 관리가 인

---

19) 우리 불법행위법상의 책임능력 개념이다.

정될 가능성을 배제하지 않았다. 프랑스 파기원은 1984년 5월 9일 전원합의체 판결에서 이를 명확히 하였다.[20] 만 30개월이던 피고 Y가 임시로 만들어진 시소에서 놀다가 시소의 판이 부러졌는데, 하필 한 손에 나뭇가지를 쥐고 있던 Y는 미끄러지면서 함께 놀고 있던 친구의 눈을 나뭇가지로 찔러 그 친구의 한쪽 눈이 실명하였다. 이에 피해자 X의 법정대리인인 부모가 가해자 Y와 그 부모를 상대로 손해배상을 청구하였다. 이때 사고 발생 당시 만 30개월의 나이인 피고 Y에게 사리분별능력을 인정할 수 있는지, Y에게 사리분별능력이 없음에도 프랑스 민법 제1384조 제1항의 책임을 인정하는 것이 타당한지 등이 문제되었다. 항소심은 Y의 물건 관리자 책임을 인정하였고, 파기원 역시 Y는 나뭇가지를 사용, 감독, 지배하고 있었으므로, Y가 매우 어린 미성년자라 하더라도 항소심 법원은 Y에게 사리분별능력이 있는지 여부를 살펴볼 필요가 없다고 판시하였다.

참고로 프랑스 민법 제414-3조는 "타인에게 손해를 야기한 자는 정신적 장애 상태에 있었더라도 이를 배상할 의무가 있다"고 규정하고 있다. 프랑스에서의 이와 같은 법리는 다른 유럽 국가들의 불법행위법과는 매우 대조적인 특징을 이루고 있다.[21] 다른 유럽 국가들은, 특히 가해자가 어린 아이

---

20) Ass. plén. 9 mai 1984, n°80-14.994. (arrêt Gabillet)

21) **독일 민법 제828조 [未成年者]**

① 7세에 이르지 아니한 사람은 타인에게 가한 손해에 대하여 책임을 지지 아니한다.

② 7세 이상 10세 미만의 사람은 자동차, 궤도차 또는 현수차(懸垂車)의 사고에서 타인에게 가한 손해에 대하여 책임을 지지 아니한다. 그가 침해를 고의로 야기한 때에는 그러하지 아니하다.

③ 18세 미만의 사람이 제1항 또는 제2항에 의하여 책임이 배제되지 아니하는 경우에, 가해행위 당시에 책임을 변식함에 필요한 판단력을 가지지 못한 때에는, 그는 타인에게 가한 손해에 대하여 책임을 지지 아니한다.

스위스 채무법 제54조 (책임능력이 결여된 사람의 손해배상책임)

① 형평에 의하여, 책임능력이 없는 사람이 발생시킨 손실 또는 손해에 대하여 법원은 또한 그 전부 또는 일부의 배상을 명할 수 있다.

② 일시적으로 책임능력을 상실한 사람은, 그와 같은 상태에서 발생시킨 손실 또는

들일 경우에는 배상책임을 인정하는 것에 신중한 입장이다.[22)]

(3) 관리 개념의 축소

① 한편, 물건 관리자의 책임이 무과실책임으로 운용되어 물건 관리자에게 손해배상책임을 인정하는 것이 지나치게 가혹한 경우들이 나타나게 되자, 이 규정의 적용을 제한하기 위한 이론적 시도들이 나타나기 시작했다. 그 중의 대표적인 것이 구조상의 관리(garde de la structure)와 행태상의 관리(garde du comportement)를 구분하는 것이었다. 전자는 물건의 생산자 또는 소유자에게 물건에 대한 관리가 인정되는 개념이고, 후자는 물건의 사용자에게 물건에 대한 관리가 있다고 보는 개념이다. 물건의 생산자 또는 소유자에게 물건 관리자의 책임이 인정되는 것은 물건 자체에 동력(動力) 또는 위험성이 있거나 또는 자체 결함이 있는 경우로 한정한다. 예를 들어, 고압축된 유리병들을 운반하는 과정에서 유리병들이 폭발하여 피해를 입힌 사안에서 압축 유리병 생산자에게 물건 관리자로서의 배상책임이 인정된 반면,[23)] 흡연을 많이 해서 폐암(肺癌), 설암(舌癌) 등으로 사망한 사람의 유족이 담배 제조회사를 상대로 담배를 판매하면서 흡연의 위험성에 대한 경고 조치 등을 하지 않은 것으로 인한 피해였음을 주장하면서 물건 관리자로서의 손해배상책임을 청구한 사안에서, 담배는 흡연자가 사용하지 않고서도 피해를 유발하는 그 자체의 동력을 지닌 물건이 아님을 이유로 담배 제조회사의 물건 관리자로서의 배상책임이 부정되었다.[24)]

손해에 대하여 그 상태가 자기의 과책으로 인한 것이 아님을 증명하지 아니하면 배상책임이 있다.

이탈리아 민법 제2046조 (책임무능력자의 손해배상책임)

행위 당시에 책임능력이 없었던 사람은, 그와 같은 무능력 상태가 자기의 부주의로 인하여 발생한 것이 아닌 한 손해배상책임이 없다.

22) E. Steiner(주 16), p.258.

23) Civ. 2^e^ 5 jan. 1956, n°56-02.126 et n°56-02.138.

② 위와 같은 구분론에 대해서는 다음과 같은 비판이 제기되고 있다. 첫째, 누가 구조상의 관리자로 인정되는 사람인지가 분명하지 않았다. 물건의 제조자, 공급자, 소유자 등 개별적인 경우에 따라 판단되었다. 둘째, 피해자는 해당 물건의 구조상의 결함을 증명해야 하거나 관리 행태가 잘못되었다는 점을 증명해야 하고, 경우에 따라 양자 모두를 피고로 하여 손해배상책임을 추궁해야 하는 일들이 발생하는데, 이는 피해자에 대한 배상을 확실하고 단순하게 하려는 위 규정의 취지와는 거리가 있다.[25)]

③ 프랑스에서 제조물책임 규정(프랑스 민법 제1245조 내지 제1245-17조)이 시행된 이후로는 위와 같은 논의는 그 의미가 많이 축소되었다.[26)]

5. 과실상계의 문제

물건 관리자의 손해배상책임을 추궁할 수 있게 된 피해자에게 손해 발생 또는 확대에 과실이 있는 경우 법원이 이를 참작하여 손해배상액을 감액할

---

24) Civ. 2^{e} 20 nov. 2003, n°01-17.977; 우리나라에서도 1999년 흡연자와 그 가족들이 흡연으로 폐암 또는 후두암이 발생하였다고 주장하면서 대한민국과 주식회사 KT&G를 상대로 손해배상청구소송을 제기하여 15년만에 대법원의 판시가 나온 적이 있었다(대법원 2014. 4. 10. 선고 2011다22092 판결). 대상판결에서는 제조물책임법과 민법 제750조의 적용이 문제되었다. 프랑스에서의 위 담배소송에서 일반 불법행위 규정 외에 (제조물책임법이 아닌) 물건 관리자의 책임 규정이 논의되었던 이유는, 프랑스 제조물책임법은 1998년에 제정되었고, 그 이전까지는 프랑스 민법상 물건 관리자 책임 규정이 제조물책임법의 역할을 담당하고 있었기 때문이다. 사안의 피해자인 피상속인은 만 13세인 1963년부터 흡연을 시작해서 1999년에 사망하였다.

25) John Bell, Sophie Boyron and Simon Whittaker, *Principles of French Law 2nd ed.*, Oxford University Press(2008), p.385.

26) Philippe Malaurie, Laurent Aynès et Philippe Stoffel-Munck, *Droit des obligations 13e éd.*, LGDJ(2024), n°134(p.118).

수 있는가 하는 문제, 즉 우리 법상으로는 과실상계(민법 제396조), 영미법상으로는 기여 과실(contributory negligence)의 문제가 제기된 바 있었다. 프랑스 파기원은 1982년의 데마르 판결(arrêt Desmares)[27]에서 이를 인정하지 않았었다. 대상판결은 노부부인 원고 X, X1이 횡단보도가 아닌 곳에서 밤에 혼잡한 거리를 건너려고 하다가 피고 Y가 운전하는 차에 치어서 상해를 입은 사안이었다. 피고 Y는 배상액을 정함에 있어서 원고들이 횡단보도가 아닌 곳에서 건너려고 하였던 과책을 감액 사유로 인정해야 한다고 주장하였으나, 파기원은 다음과 같이 판시하면서 피고의 주장을 받아들이지 않았다.

> "…… 민법 제1384조 제1항에 의하여 배상책임을 지게 되는 손해의 도구가 된 물건의 관리인을 면책시키는 것은 불가항력의 경우이다; 그러므로, 피해자의 행동이 관리자에게 예상할 수 없거나 회피할 수 없었던 것이 아니라면, 그를 부분적으로도 면책시킬 수 없다 ……"

데마르 판결의 판시는 프랑스에서도 많은 논란을 일으켰고, 판결이 나온 이후에도 프랑스 하급심 법원들은 유사한 사례에서 피해자의 과책을 고려하여 배상액을 감액하는 판시를 하였다.[28] 몇 년 후 1987년에 이르러 데마르 판결의 논지는 다음과 같이 변경된 후 현재에 이르고 있다.

> "…… 손해 발생의 도구가 된 물건의 관리인은 피해자가 손해에 기여한 과책을 증명하면 부분적으로 책임을 면할 수 있다 ……"[29]

---

27) Civ. 2e 21 juin 1982, n°81-12.850.
28) E. Steiner(주 16), p.275.
29) Civ. 2e 6 avril 1987, n°85-12.833.

6. 특별 법률들의 제정

(1) 앞에서 소개한 판결들, 특히 테펜느 판결, 쟝드외르 판결, 프랑크 판결은 프랑스 민법상 물건 관리자의 책임에 관한 주요 법리를 제시한 원리적 판결(arrêt de principe)들로 평가받고 있다. 위 판시들이 나온 이후 산재사고에 관한 법률[30]뿐만 아니라, 유명한 프랑스 법학자 앙드레 텡크(André Tunc) 교수의 주도로 교통사고 피해자의 처우 개선과 손해배상 절차의 신속을 위한 1985년 7월 5일 법률[31]이 제정되어 시행되고 있으므로, 위와 같은 사고가 현재 발생한다면 프랑스 민법상의 물건 관리자의 책임 규정이 적용될 여지는 별로 없으나 위의 판시에서 제시한 법리 자체는 주요한 논리로서 그 효력을 발휘하고 있다.

(2) 한편 프랑스는 1985년 7월 25일에 의결한 '제조물 결함의 책임에 대한 회원국 법령의 조화에 관한 EC 지침(Council Directive on liability for defective products)'에 따라 1998년에 이르러 프랑스 민법전에 제조물책임에 관한 규정을 새로이 삽입하는 방식으로 제조물책임법을 제정하였다.[32] 프랑스는 다른 유럽 국가에 비하여 제조물책임법의 제정이 늦은 편이었는데(독일의 경우는 1989년 제정), 이렇게 늦어지게 된 주요한 이유 중의 하나가 제조물책임 규정 도입 이전에도 프랑스 민법상 물건 관리자 책임 규정이 무과실책임으로 운용되면서 그 역할을 상당 부분 담당하고 있었기 때문이다. 제

---

30) 앞의 주 6)

31) Loi n° 85-677 du 5 juillet 1985 tendant à l'amélioration de la situation des victimes d'accidents de la circulation et à l'accélération des procédures d'indemnisation. 일명 방댕떼(loi Bandinter) 법률. 우리나라의 자동차손해배상보장법에 상응하는 법률이다.

32) 제조물책임 규정 도입 당시 프랑스 민법 제1386조의 1부터 제1386조의 18 규정에 위치하고 있었는데, 2016년 프랑스 채권법 개정 이후 조문의 위치만 제1245조 내지 제1245-17조로 변경되었다.

조물책임 규정의 도입 이후 물건 관리자 책임 규정이 적용되던 과거의 많은 사안들 또한 그 적용대상에서 제외되었다.[33]

7. 2020 프랑스 손해배상법 개정안

2020년 프랑스 손해배상법 개정안[34]은 물건 관리자의 손해배상책임을 다음과 같이 규정하고 있다.

제1242조

① 누구나 자기가 관리하고 있는 유체물의 작용으로 인하여 발생한 손해에 대하여 당연히 배상할 책임이 있다.

② 물건이 움직임으로써 손해[가 발생한] 곳과 접촉한 때에는 물건의 작용이 있었던 것으로 추정된다.

③ 그 이외의 경우, 물건의 하자, 물건의 비정상적 위치, 상태, 거동 등을 증명함으로써 물건의 작용이 있었음을 증명할 책임은 피해자에게 있다.

④ 관리자는 손해 발생 당시 물건을 사용, 감독, 지배를 하는 사람이다. 소유자는 관리자로 추정된다.

⑤ 본조(本條)는 동물의 행위에 적용된다.

This chapter traces the development of French doctrine and case law regarding liability for things in one's keeping, as set out in Article 1242, Paragraph 1 of the French Civil Code. Historically, France adopted a strict

33) 프랑스 제조물책임법의 경과와 내용에 대해서는, 양창수, "프랑스의 새로운 製造物責任立法", 民法硏究 第6卷, 博英社(2007), 483면 이하 참조.

34) https://www.senat.fr/leg/ppl19-678.html

liability regime in response to industrialization and increased societal risk, applying the provision to industrial accidents, traffic accidents, and analogous cases. Before the enactment of the French Product Liability Act, this article effectively functioned as a product liability provision.

Today, both France and South Korea have special legislation governing industrial accidents, traffic accidents, and product liability. As a result, Korean legal scholars tend to show limited interest in Article 1242, Paragraph 1 of the French Civil Code. Nonetheless, the liability of the guardian of a thing remains a fundamental and expansive area of French tort law. Most French civil law literature presumes that readers are already familiar with the landmark court decisions interpreting this provision. Without an understanding of this area, it is often difficult to engage fully with French civil law scholarship. The Korean Civil Code counterpart to Article 1242, Paragraph 1, is Article 758.

French Civil Code

Art. 1242

① One is liable not only for the harm which one causes by one's own action, but also for that which is caused by the action of persons for whom one is responsible, or of things which one has in one's keeping.

2020 French Draft Law on the Reform of Civil Liability

Art. 1242

① A person is liable strictly for harm caused by the action of corporeal

things within his keeping.
② An action of a thing is presumed wherever, while moving, it comes into contact with the person or property which is harmed.
③ In other cases, it is for the victim to prove the action of the thing by establishing either its defect or the abnormality of its position, its state or its behaviour.
④ The keeper of a thing is the person who has the use, control and direction of the thing at the time of the action causing the harm. The owner of a thing is presumed to be its keeper.
⑤ The provisions of this article apply to the acts of animals.

Korean Civil Code

Art. 758 (Liability of Possessor or Owner of Structures, etc)
① If damage is caused to another by reason of a defect in the construction or maintenance of a structure, the possessor of the structure shall be liable for compensation. However, if the possessor has not neglected the duty of care necessary to prevent such damage, the owner shall be liable.
② The preceding provision shall apply mutatis mutandis to defects in the planting or preservation of trees.
③ In the cases set forth in the preceding two paragraphs, the possessor or owner may seek recourse against the person responsible for the cause of the damage.

16. 부당이득

Unjustified Enrichment

1. 의의

프랑스 민법 제1303조 이하에 마련된 부당이득에 관한 규정들도 2016년 프랑스 민법 개정의 하나의 장(場)으로 자리매김하고 있다. 그러나 이 부분은 프랑스에서 그다지 개혁적이라고 평가받는 부분은 아니다. 그 이유는 프랑스 민법은 부당이득에 관한 규정을 두고 있지 않았기 때문에 판례에 의해서 부당이득 법리가 발전되어 왔는데, 프랑스 민법상의 부당이득은 보충성의 원칙이 작동하여 적용 영역이 넓지 않았고, 이렇게 상대적으로 협소한 영역에 관한 프랑스 판례의 법리를 그대로 입법화한 것에 불과하기 때문이다.

제1303조
사무관리, 비채변제 외에 다른 사람의 불이익으로 부당한 이득을 얻은 사람은, 다른 사람이 이로 인하여 손실을 입었다면 그 이득과 손실 중 적은 가액을 한도로 배상할 책임이 있다.

제1303-1조
손실자의 채무의 이행이나 무상양여(無償讓與) 의사에 기하지 않은 이득은 부당하다.

제1303-2조
① 손실자의 이익을 위한 행위로 인하여 발생한 손실에 대하여는 배상하지 않는다.
② 법원은 손실자의 과책으로부터 발생한 손실에 대한 배상을 감액할 수 있다.

제1303-3조
손실자가 다른 권리를 행사할 수 있거나 그 권리가 시효소멸하는 등 [그 행사에] 법적 장애가 있는 경우에는 부당이득에 근거한 권리는 없다.

제1303-4조
비용 발생일에 확인된 손실과 청구일에 존속하는 이득은 판결일을 기준으로 평가된다. 수익자가 악의인 경우, 이 두 가지 중에서 더 큰 가액으로 배상한다.

부당이득에 관한 프랑스 민법 규정들은 우리 민법 제741조 이하의 모습과는 체계적으로 상당히 다른 모습을 하고 있다. 우선, 우리 민법은 부당이득반환이 제741조에서 일반원칙으로 선언된 다음, 부당이득반환 특칙으로서 비채변제가 규정되어 있다(제742조). 그런데, 프랑스 민법은 제1302-1조[1] 이하에서 비체변제(paiment de l'indu)를 부당이득에 앞서서 규정하고 있다. 비채변제를 이유로 한 반환청구가 허용되지 않는 경우에 일반 부당이득반환청구가 허용된다는 점에서 큰 차이는 없다고 볼 수 있다. 그러나 프랑스 민법은 더 나아가 제1303-3조에서는 다른 민사상 권리를 행사할 수 있는 경우에는 부당이득반환을 허용하지 않고 있다. 우리 민법 제741조(부당이득)가 제390조(채무불이행책임), 제750조(불법행위책임)와 어깨를 나란히 하면서 전면에 등장하고 있는 것과 매우 대비되는 모습이다.

프랑스의 부당이득제도가 왜 이렇게 우리 민법과 체계적으로 다른 모습으로 등장하게 되었는가? 그 이유는 대체로 다음과 같이 설명되고 있다. 첫째, 프랑스 민법은 일반 불법행위책임에 관하여 매우 포괄적인 규정 형식을 두고 있을 뿐만 아니라 물건관리자의 책임이 무과실책임으로서 적용 영역이 매우 확장되어 왔기 때문에, 부당이득 제도 활용의 필요성이 현실적으로

1) **프랑스 민법 제1302-1조** 착오 또는 고의로 채무 없는 사람으로부터 부당하게 변제를 받은 사람은 변제자에게 이를 반환해야 한다.

적었다는 점이 지적되고 있다. 둘째, 프랑스 학자들은 '부당한 이득'이라는 개념의 모호성으로 인하여 부당이득반환을 적극적으로 허용할 경우 위와 같이 불법행위책임에 관하여 일반조항주의를 취하고 있는 프랑스 민법의 체계가 흔들릴 수 있다는 점을 우려하였고, 셋째, 프랑스 법원도 부당이득반환을 통한 소송의 폭주를 방지할 필요가 있다고 생각하였기 때문이다.[2)]

2. 전용물소권(轉用物訴權, action de in rem verso)

(1) 프랑스 민법상 부당이득제도가 실제로 활용되는 국면은 매우 협소하다. 우리 민법상 부당이득제도가 해결하고 있는, 계약의 실효와 급부 청산의 문제를 프랑스 민법은 부당이득반환의 문제로 인식하지 않고 있다는 점을 고려하면 더욱 그러하다. 그리고 프랑스 민법상 부당이득제도가 작동하고 있는 국면은 전용물소권이다. 우리 판례가 확고하게 전용물소권을 인정하지 않고 있는 것과 대조적이다. 프랑스 부당이득 판례 법리의 효시를 이루었던 부디에 판결(arrêt Boudier)[3)]을 살펴보기로 하자.

(2) 부디에 판결(arrêt Boudier)

비료 판매상 부디에가 농부 A에게 비료를 판매하였는데, A는 농지를 임

---

2) Mélodie Combot, "Unjustified Enrichment and Civil Liability" in Jean-Sébastien Borghetti and Simon Whittaker, *French Civil Liability in Comparative Perspective*, Hart Publishing (2019), p.356-358. 앞에서 살펴본 바와 같이 독일 민법의 불법행위책임 조항은 프랑스만큼 포괄적이지 않고, 영국은 개별 사건들에서의 논리가 직접되면서 불법행위법이 발전되어 왔기 때문에 일반 불법행위책임 조항이 존재하지 않는다. 독일이나 영국에는 부당이득에 관한 논문이나 책이 많이 나와 있지만, 프랑스는 이들 국가에 비해 부당이득을 연구한 글이 현저하게 적다.

3) Req. 15 juin 1892, Henri Capitant, François Terré, Yves Lequette et François Chénedé *Les grands arrêts de la jurisprudence civile t.2 13e éd.*, Dalloz(2015), p.520-522.

차하여 경작하고 있었다. A는 이 비료를 사용하여 농토를 비옥하게 만들고 경작을 계속하였다. 그런데, A는 비료를 인도받고 사용한 뒤 무자력 상태가 되어 비료 대금, 농지 차임 등을 제대로 지급할 수 없는 상황이 되었다. A가 더 이상 경작을 할 수 없는 상황이 되자, 농지 소유자이자 임대인 B는 A로부터 수확 전의 농산물이 있는 상태의 농지를 인도받았다. A는 대물변제로서 농산물도 B에게 인도하였던 것이다.[4)] A로부터 비료 대금을 지급받지 못한 부디에는 비료의 사용으로 농지 소유자 B가 궁극적으로 이익을 받게 되었으므로 (토지를 비옥하게 하여 농산물을 수확하게 되었으므로) 그 이득의 반환을 구하였다. 이 사안에서 프랑스 파기원은 다음과 같이 판시하면서 원고 부디에의 청구를 인용하였다.

> "…… 전용물소권은 법률에 규정되어 있지는 않으나 다른 사람의 불이익을 통하여 이익을 얻는 것은 금지된다는 형평의 원리에 기하여 도출되므로, 그 행사에 있어서 어떠한 특정된 요건에 따를 것은 아니고, 다만 인용되기 위하여는 자신의 희생 또는 행위로 취득하였을 수익을 상대방이 취득하였다는 것을 주장하고 증명하는 것으로 충분하다 ……"

⑶ 이후의 프랑스 판례의 흐름

프랑스 판례는 전용물소권을 인정하고 있으나, 우리 판례는 확고하게 이를 인정하고 있지 않다.[5)] 그런데, 이와 같은 외견상의 차이에 대해서는 좀

---

4) 대물변제로서의 농산물 가격을 산정할 때, 이때 사용된 비료 가격은 고려하지 않았다. Lionel Andreu et Nicolas Thomassin, *Cours de droit des obligations 9e éd.*, Gualino Lextenso(2024), n°1384(p.513); H. Capitant, F. Terré, Y. Lequette et F. Chénedé(주 3), p.527.

5) 대법원 2002. 8. 23. 선고 99다66564, 66571 판결; 대법원 2005. 4. 15. 선고 2004다49976 판결; 대법원 2008. 9. 11. 선고 2006다46278 판결; 대법원 2010. 6. 24. 선고 2010다9269 판결; 대법원 2011. 11. 10. 선고 2011다48568 판결 등.

더 면밀하게 점검할 필요가 있다. 특히 부디에 판결 이후 프랑스 판례는 전용물소권의 인정에 대하여 더 엄격한 태도를 보이고 있기 때문이다.[6)] 예를 들어, 임차인 A가 임차 목적물의 수리, 개조 등에 대하여 B에게 도급을 주었는데 A가 보수를 지급하지 않았을 경우, 수급인 B는 수리, 개조 등으로 증가된 가치분에 대하여 목적물의 임대인이자 소유자인 C에게 부당이득반환을 구할 수 있는가? 이와 같은 구조의 사안에서 프랑스 파기원은 부당이득반환을 인정하지 않고 있다. 임대인 C와 임차인 B는 임대차계약을 체결하면서 임대차 종료시 임대차 목적물의 개량된 상태에 대하여 배상하지 않기로 약정한 바가 있었는데, 이러한 약정의 존재로 C의 급부 보유는 정당하고 수급인이 위 약정의 당사자가 아니라고 하더라도 마찬가지라고 하였다.[7)] 그리고 이러한 기조는 앞으로도 유지될 것으로 전망되고 있다.[8)] 위 부디에 판결에 대해서는, 농지 소유주 B는 임차인 A로부터 경작물과 농지를 인도받고 그 대금을 산정함에 있어서 이미 비료대금이 공제되었기 때문에, 설사 A와 B 간에 관련한 계약이 체결된 바가 있었다고 하더라도 B는 비료 사용으로 인한 이익을 보유할 적법한 원인이 없는 것으로 평가되는 것이 맞고, 이 사안에 있어서는 오늘날의 프랑스 판례의 관점에서 보더라도 결론이 다르지는 않을 것이라는 점이 지적되고 있기도 하다.[9)] 결론적으로, 프랑스에서 전용물소권이 인정되고 있기는 하지만, 실제로는 전용물소권이 인정되는

---

6) Konrad Zweigert & Hein Kötz, *An Introduction to Comparative Law 3rd ed.*, Oxford University Press(1998), p.563.

7) Civ. 3e mai 1986, n°85-10.367; Civ. 3e 27 fév. 2008, n°07-10.222; Com. 16 déc. 2014, n°13-24.943; 이점을 명시한 선구적 재판례는 Civ. 28 fév. 1939, DP. 1940. 1. "…… 이득이 이를 적법하게 하는 법률행위에 근거할 경우, 부당한 이득은 없다 ……" 이 사안의 판결 원문은 H. Capitant, F. Terré, Y. Lequette et F. Chénedé(주 3), p.531-532 참조.

8) Gaël Chantepie et Mathias Latina, *Le noveau droit des obligations 3e éd.*, Dalloz(2024), n°747(p.800).

9) K. Zweigert & H. Kötz(주 6), p.550.

영역이 극히 축소되어 있다고 평가된다.10)

(4) 우리 판결례와의 비교

그렇다면 전용물소권이 인정되는지 여부가 문제되는 사안의 구체적 해결에 있어서 프랑스와 우리나라 판례가 얼마나 차이를 보이고 있는가? 몇 가지 구체적 재판례를 들어서 비교해보자.

① 대법원 2002. 8. 23. 선고 99다66564, 66571 판결

A(½ 지분), B(¼ 지분), C(¼ 지분)는 甲 건물을 각각의 지분에 따라 공유하고 있었다. 그런데, B가 A의 동의 없이 D에게 이 건물의 1, 2층 창호 공사를 2억 5천만 원에 도급을 주었고, D가 약정 기간 내에 공사를 완료하였으나 공사대금을 지급하지 않고 있었다. 이 공사로 인하여 건물의 가치는 약 1억 5천만 원 상당이 증가해 있었다고 평가되고 있었다. D가 공사대금을 받지 못하여 건물을 계속 점유하고 있자 A는 D를 상대로 건물인도를 청구하였고, 이에 대해 D는 유치권을 주장하면서 위 건물의 1억 5천만 원 상당의 증가분 중 A 지분의 상응하는 금액(약 7천 5백만 원)을 반소로써 청구하였다. 아래와 같은 이유로 D의 청구는 인정되지 않았다.

> "…… 계약상의 급부가 계약의 상대방뿐만 아니라 제3자의 이익으로 된 경우에 급부를 한 계약당사자가 계약 상대방에 대하여 계약상의 반대급부를 청구할 수 있는 이외에 그 제3자에 대하여 직접 부당이득반환청구를 할 수 있다고 보면, 자기 책임하에 체결된 계약에 따른 위험부담을 제3자에게 전가시키는 것이 되어 계약법의 기본원리에 반하는 결과를 초래할 뿐만 아니라, 채권자인 계약당사자가 채무자인 계약 상대방의 일반채권자에 비하여 우대

---

10) K. Zweigert & H. Kötz(주 6), p.540. 전용물소권이 인정되고 있는 오스트리아도 마찬가지이다. 民法注解[XVII] 債權⑽, 118면(梁彰洙 집필 부분).

> 받는 결과가 되어 일반채권자의 이익을 해치게 되고, 수익자인 제3자가 계약상대방에 대하여 가지는 항변권 등을 침해하게 되어 부당하므로, 위와 같은 경우 계약상의 급부를 한 계약당사자는 이익의 귀속 주체인 제3자에 대하여 직접 부당이득반환을 청구할 수는 없다고 보아야 한다 ……"

이 사안의 경우, 수익자 A와 제3자 B 간에 A가 수익을 보유할 수 있는 별도의 합의 내지 약정이 체결되어 있지 않다면, 프랑스 판례의 시각에서는 우리와 달리 부당이득반환을 인정했을 것으로 일응 보인다.

② 대법원 2009. 9. 24. 선고 2009다15602 판결

그런데 부합과 부당이득에 관한(민법 제261조) 대법원 판결례의 내용을 살펴보면, 프랑스와 우리나라가 결론에 있어서는 유사할 것으로 추측된다. B 회사는 A 회사로부터 건축자재를 매수하였고, 매수하면서 소유권유보부 특약을 체결하여 A 회사에게 건축 자재의 소유권이 유보되어 있는 상태였다. C는 B 회사에 공장 건물의 신축을 도급 주었고 B 회사가 A 회사의 건축 자재를 공장 건물 건축에 사용하였다. C는 B 회사에게 공사대금을 이미 지급하였으나, B 회사는 A 회사에게 건축 자재 대금을 지급하지 않은 상태였다. 이에 A는 C를 상대로 민법 제261조에 따른 보상청구권을 행사하였다.

> "…… 민법 제261조에서 첨부로 법률규정에 의한 소유권 취득(민법 제256조 내지 제260조)이 인정된 경우에 "손해를 받은 자는 부당이득에 관한 규정에 의하여 보상을 청구할 수 있다"라고 규정하고 있는바, 이러한 보상청구가 인정되기 위해서는 민법 제261조 자체의 요건만이 아니라, 부당이득 법리에 따른 판단에 의하여 부당이득의 요건이 모두 충족되었음이 인정되어야 한다. 매도인에게 소유권이 유보된 자재가 제3자와 매수인 사이에 이루어진 도급계약의 이행으로 제3자 소유 건물의 건축에 사용되어 부합된 경우 보상청구를 거부할 법률상 원인이 있다고 할 수 없지만, 제3자가 도급계약에 의하여

제공된 자재의 소유권이 유보된 사실에 관하여 과실 없이 알지 못한 경우라면 선의취득의 경우와 마찬가지로 제3자가 그 자재의 귀속으로 인한 이익을 보유할 수 있는 법률상 원인이 있다고 봄이 상당하므로, 매도인으로서는 그에 관한 보상청구를 할 수 없다 ……"

손실자 A와 수익자이자 건물 소유주인 C 간의 이익의 이전은 직접적이지 않다. B라는 매개체를 통하여 간접적인 관련성을 가질 뿐이다. 전용물소권의 구도와 유사하다. 그러나 수익자 C는 제3자 B와 그 이익 보유에 관한 약정이 체결되어 있다고 볼 수 있으므로 전용물소권이 인정되고 있는 프랑스에서도 C의 수익은 법률상 원인이 있는 것을 평가되어 이 경우 부당이득반환이 인정되지 않을 것으로 추론할 수 있다.

3. 부당이득의 보충성

(1) 프랑스는 프랑스 민법 제1303-3조에 따라 손실자가 불법행위로 인한 손해배상청구권을 행사할 경우 부당이득반환청구권을 행사할 수 없다. 우리 민법 제741조(부당이득)는 제390조(계약상 채무불이행책임), 제750조(불법행위책임)와 함께 어깨를 나란히 하면서 일반 원칙으로 전면에 등장하고 있고, 우리나라 통설과 판례도 양자의 경합을 인정하고 있다. 그러나 다음에서 보는 바와 같이 그 운용의 실질을 보면 우리나라에서도 양자의 경합을 인정하는 것이 바람직한 것인지에 대해서 의문이 없지는 않다.

(2) 보충성 원칙의 의의

① 다른 민사상 권리를 행사할 수 없을 경우 부당이득반환이 허용되지 않는다는 원칙은 프랑스 민법 제1303-3조뿐만 아니라 제1303조에서도 나타

나고 있다; "사무관리, 비채변제 외에 다른 사람의 불이익으로 부당한 이익을 얻은 사람은 …… 배상할 책임이 있다." 프랑스에서 부당이득의 보충성 원칙이 인정되어 왔던 것은, 채권자가 손실을 보상받기 위하여 다른 권리를 행사할 수 있으나 이에 대한 법률적 제한이 있을 때 이러한 제한을 회피하기 위하여 부당이득반환을 구하는 것을 방지하고자 함에 있었다.[11] 프랑스 법원은 주로 내연관계(concubinage)가 종료되었을 경우 내연관계 당사자 일방이 상대방에게 기여한 이익을 보상해주기 위한 논리로 부당이득을 활용하여 왔다. 예를 들어, 내연관계에 있는 당사자 일방이 상대방의 회사에 무보수로 일을 하면서 회사 운영에 기여한 경우, 내연관계 종료시에 이에 대한 보수를 부당이득으로 보아 반환하도록 하였다. 물론 이러한 행위가 있었다고 해서 항상 부당이득 반환이 인정되는 것은 아니고, 일상적이고 평균적인 공동생활의 범위를 넘어서 기여한 바가 있는지를 검토하여 이를 넘어서는 부분에 대하여 인정되었다.[12] 이와 같은 보충성 원칙의 취지를 선명하게 드러내기 시작한 판결례는 다음의 1915년 3월 2일 민사부 판결이었다.[13]

"…… 부당이득반환소권(訴權, action de in rem verso)[14]은 한 사람의 재산이

---

11) François Terré, Philippe Simler, Yves Lequette et François Chénedé, *Droit civil Les obligations 13e éd.*, Dalloz(2022), n°1309(p.1434) et n°1311(p.1435). 프랑스 학계에서 이러한 원칙은 오브리와 로(Aubry et Rau)에 의하여 주장되었고, 이후 앙드레 루아스트(André Rouast), 폴 에스마인(Paul Esmein) 등에 의하여 기조가 이어져왔다.

12) Yvaine Buffelan-Lanore, Virginie Larribau-Terneyre, *Droit civil – Les obligations 19e éd.,* Dalloz(2024), n°2057(p.680); F. Terré, P. Simler, Y. Lequette et F. Chénedé(주 11), n°1307(p.1430); Muriel Fabre-Magnan, *Droit des obligations 2 - Responsabilité civile et quasi-contrats 6e éd.*, puf(2025), n°627(p.661).

13) Civ. 2 mars 1915, DP 1920. 1. 102. 판결 원문은 H. Capitant, F. Terré, Y. Lequette et F. Chénedé(주 3), p.527-528 참조.

14) action de in rem verso 의 정확한 번역은 전용물소권이다. 그러나 프랑스 문헌들은 이 용어를 전용물소권 외에 넓게 부당이득반환소권 일반의 의미로 확장하여 사용하고 있는 경우도 많다.

> 다른 사람의 재산의 손실로 적법한 원인 없이 이익을 얻는 경우에 한하여 인정되어야 하는데, 손실자가 보상을 받기 위해서는 계약(contrat), 준계약(quasi-contrat), 불법행위(délit), 준불법행위(quasi-délit) 등에 기인하는 어떠한 소권도 없어야 한다 ……"

그리고 이후 프랑스 파기원은 부당이득의 보충성 원칙의 내용을 다음과 같이 자세히 설시하기에 이른다.

> "…… 부당이득반환소권은 원고가 행사할 수 있는 다른 모든 소권이 없을 경우에 한하여 인정되는 것이므로, 특히 소멸시효, 실권, 제척기간, 판결의 기판력, <u>해당 권리가 요구하는 증명을 하지 못하거나</u> 기타 다른 법적 장애로 인하여 다른 권리를 행사할 수 없는 경우에 이를 보완하기 위하여 행사할 수는 없다 ……"[15)]

② 그러나 다음에서 보는 바와 같이 이후의 프랑스 판례는 부당이득 보충성 원칙을 제한하고 있다. A는 1984년 6월 2일 경매사 B가 주관하는 공개경매시장에서 C가 소유하는 뷰로(bureau) 책상을 구입하였다. 이 책상은 당시 루이 15세 시기의 책상으로 소개되었다. 그런데 이후 1990년 이 책상의 복원을 의뢰하면서 위조품이라는 사실을 알게 되었다. 이에 A는 소송을 통해서 B에게 25만 프랑(franc)의 지급을 명하는 판결을 얻었다. 그리고 B 또한 부당이득을 이유로 C로부터 14만 프랑의 지급을 받는 판결을 얻었다. 이에 대하여 C는 다음과 같은 이유로 상고하였다; 부당이득반환소권은 보충성이 있다. 그런데 확인된 사실관계에 따르면 B는 자신(C)에게 담보청구권(action en garantie)을 행사한 바가 있었고, 이 청구가 인용되기 위해서는 C의 과책을 B가 증명해야 했으나 이를 증명하지 못하여 기각되었다. 따라라

---

15) Civ. 3^{e} 29 avril 1971, n°70-10.415.

서 당시 B에게 인정되지는 않았지만 다른 권리가 있었던 것이므로, 부당이득반환소권은 받아들여질 수 없다고 주장하였다. 그러나 파기원은 C의 상고를 기각하였다.[16)]

> "…… 항소심법원이 C의 과책이 결여되어 있어서 B의 C에 대한 담보청구권을 배척하고 B의 부당이득반환 청구를 인용한 것은, 매도인의 부당이득에 기인한 권리의 보충성에 위배되지 않는다 ……"

프랑스 판례의 흐름상 부당이득의 보충성 원칙의 경계가 불분명한 면이 있었음에도 불구하고 프랑스 민법 제1303-3조로 입법화되었다. 그리고 이 조항은 다른 민사상 권리가 존재하지 않는 경우뿐만 아니라 존재하여 행사는 가능하지만 증명책임을 다하지 못하여 승소하기 어려운 경우에도 부당이득반환을 제한하는 것인지는 분명하지 않다는 점이 여전히 지적되고 있다.[17)] 프랑스 민법 제1303-3조에 관한 입법이유서는 다음과 같이 기술하고 있다.[18)]

> "…… 민법 제1303-3조는 판례에 의하여 인정되어 왔던 부당이득반환소권의 보충성을 인정한 것이다. 이 권리는 손실자가 보유하고 있는 계약, 계약 외의, 또는 법적 권리들에 관한 규정을 우회하기 위한 목적으로 행사될 수 없고, 소멸시효, 제척기간, 실권, 제척기간, 판결의 기판력 등 다른 권리들이 이러한

---

16) Civ. 1re 3 juin 1997, n°95-13.568; 이후에도 같은 취지의 판시로 Civ. 1re 25 juin 2008, n°06-19.556 등.

17) Y. Buffelan-Lanore et V. Larribau-Terneyre(주 12), n°2078(p.686); L. Andreu et N. Thomassin(주 4), n°1400(p.518-519).

18) Rapport au Président de la République relatif à l'ordonnace n°2016-131 du 10 février 2016 portant réforme du droit des contrats, du régime général et de la preuve des obligations
https://www.legifrance.gouv.fr/affichTexte.do?cidTexte=JORFTEXT000032004539

법적 장애로 행사할 수 없는 것을 보완하기 위하여도 행사될 수 없다 ……"

위 입법이유서에는 앞의 파기원 민사 3부 1971년 4월 29일 판결(Civ. 3e 29 avril 1971, n°70-10.415)에서 언급되었던 내용의 일부(다른 권리를 행사하면서 증명책임을 다하지 못하여 권리를 행사할 수 없는 경우)가 빠져 있음을 알 수 있다. 이에 따라 다음과 같이 해석론이 나뉘고 있다. 부당이득이 허용되지 않는 경우는 다른 권리의 행사에 법적 장애가 있는 경우에 한정되고 사실상의 장애가 있는 경우는 허용되기 때문에, 손실자가 다른 권리를 행사하면서 증명책임을 다하지 못한 경우는 사실상의 장애가 있는 경우이어서 부당이득반환청구를 할 수 있다는 견해[19]와 이 경우에도 부당이득반환은 제한된다고 보는 견해[20]가 있다.

⑶ 우리 판례와의 비교

우리나라에서도 부당이득반환청구권과 다른 민사상 권리와의 경합 논리를 관철시키기 어려운 사안들이 등장하여 왔다.

대표적인 사안이 대법원 2002. 1. 25. 선고 2001다52506 판결이다. 사안의 구조만 간단히 설명하면 다음과 같다. A는 주식회사 B의 이사였고, B 회사의 공장매수대금을 마련하기 위하여 금융기관 C로부터 자금을 대출받아 B

---

19) Philippe Malaurie, Laurent Aynès et Philippe Stoffel-Munck, *Droit des obligations 13e éd.*, LGDJ(2024), n°702(p.626).

20) Alain Sériaux et Gwendoline Lardeux, *Manuel de droit des obligations 5e éd.*, puf (2023), n°91(p.207); Gilles Raoul-Cormeil, *La réforme du droit des contrats, du régime général et de la preuve des obligations sous la direction de Thibault Douville 2e éd.*, Gualino, 2018, p.257; Muriel Fabre-Magnan, *Droit des obligations 2 - Responsabilité civile et quasi-contrats 6e éd.*, puf(2025), n°628(p.661); 최근 프랑스 파기원은 원고와 피고 간에 금전소비대차계약의 존재한다는 점을 원고가 증명하지 못한 경우, 원고가 피고를 상대로 부당이득반환을 구하는 것은 부당이득반환의 보충성에 반한다는 판시를 한 바 있다. Civ. 1re 10 janv. 2024, n°22-10.278.

회사에게 지급하였다. B회사는 A와 연대하여 대출원리금 반환채무를 부담하기로 하였다. 그런데, B 회사는 이전에 확정판결에 의한 부당이득반환채권을 C에 대하여 취득한 바 있었고, 이에 B 회사와 C는 각각의 입장에서 위 부당이득반환채권과 대출금반환채권에 대한 상계권을 행사할 수 있는 입장이었다. 이에 C는 위 대출원리금 채권을 자동채권으로 하고, 위 부당이득반환채권을 수동채권으로 하여 B 회사에 대하여 상계의 의사를 표시하였다. 한편, 위 부당이득반환의무는 C가 소속 직원의 고의의 불법행위에 대하여 B에게 민법 제756조 책임을 져야 하는 채무로부터 발생한 것이기도 하였다(청구권 경합). 여기서 민법 제496조의 취지상 C가 B에게 상계권을 행사할 수 있는 지위에 있다고 볼 수 있는가가 문제되었다. 이에 대하여 대법원은 다음과 같은 이유로 상계권 행사를 허용하지 않았다.

> "…… 민법 제496조의 취지는, 고의의 불법행위에 의한 손해배상채권에 대하여 상계를 허용한다면 고의로 불법행위를 한 자까지도 상계권 행사로 현실적으로 손해배상을 지급할 필요가 없게 되어 보복적 불법행위를 유발하게 될 우려가 있고, 또 고의의 불법행위로 인한 피해자가 가해자의 상계권 행사로 인하여 현실의 변제를 받을 수 없는 결과가 됨은 사회적 정의관념에 맞지 아니하므로 고의에 의한 불법행위의 발생을 방지함과 아울러 고의의 불법행위로 인한 피해자에게 현실의 변제를 받게 하려는 데 있다 할 것인바, 법이 보장하는 상계권은 이처럼 그의 채무가 고의의 불법행위에 기인하는 채무자에게는 적용이 없는 것이고, 나아가 <u>부당이득의 원인이 고의의 불법행위에 기인함으로써 불법행위로 인한 손해배상채권과 부당이득반환채권이 모두 성립하여 양채권이 경합하는 경우 피해자가 부당이득반환채권만을 청구하고 불법행위로 인한 손해배상채권을 청구하지 아니한 때에도, 그 청구의 실질적 이유, 즉 부당이득의 원인이 고의의 불법행위였다는 점은 불법행위로 인한 손해배상채권을 청구하는 경우와 다를 바 없다</u> 할 것이어서, <u>고의의 불법행위에 의한 손해배상채권은 현실적으로 만족을 받아야 한다는 상계금지의 취</u>

지는 이러한 경우에도 타당하므로, 민법 제496조를 유추적용함이 상당하다 ……"

부당이득과 불법행위가 형식적으로 경합하는 것은 맞지만, 민법 제496조의 입법취지에 비추어 불법행위로 인한 손해배상이 인정되지 않는 경우 부당이득반환도 허용하지 않겠다는 것이다. 그리고 다음에서 보는 바와 같이 다른 민사상 권리가 민법 제162조 제2항의 소멸시효기간보다 짧아서 시효소멸하였을 경우, 당사자가 10년의 소멸시효 기간의 적용을 받는 부당이득반환청구권을 행사하여 실질적으로 보상의 목적을 달성할 수 있는가에 대하여 대법원은 다음과 같이 제한하기도 하였다.

"…… 주식회사인 부동산 매수인이 의료법인인 매도인과의 부동산매매계약의 이행으로서 그 매매대금을 매도인에게 지급하였으나, 매도인 법인을 대표하여 위 매매계약을 체결한 대표자의 선임에 관한 이사회결의가 부존재하는 것으로 확정됨에 따라 위 매매계약이 무효로 되었음을 이유로 민법의 규정에 따라 매도인에게 이미 지급하였던 매매대금 상당액의 반환을 구하는 부당이득반환청구의 경우, 거기에 상거래 관계와 같은 정도로 신속하게 해결할 필요성이 있다고 볼 만한 합리적인 근거도 없으므로 위 부당이득반환청구권에는 상법 제64조가 적용되지 아니하고, 그 소멸시효기간은 민법 제162조 제1항에 따라 10년이다 ……"[21]

"…… 가맹점사업자인 갑 등이 가맹본부인 을 유한회사를 상대로 을 회사가 가맹계약상 근거를 찾을 수 없는 'SCM Adm'(Administration Fee)이라는 항목으로 갑 등에게 매장 매출액의 일정 비율에 해당하는 금액을 청구하여 지급받은 것은 부당이득에 해당한다며 그 금액 상당의 반환을 구한 사안에서, 갑

21) 대법원 2003. 4. 8. 선고 2002다64957, 64964 판결.

등이 청구하는 부당이득반환채권은 갑 등과 을 회사 모두에게 상행위가 되는 가맹계약에 기초하여 발생한 것일 뿐만 아니라, 을 회사가 정형화된 방식으로 가맹계약을 체결하고 가맹사업을 운영해 온 탓에 수백 명에 달하는 가맹점사업자들에게 갑 등에게 부담하는 것과 같은 내용의 부당이득반환채무를 부담하는 점 등 채권 발생의 경위나 원인 등에 비추어 볼 때 그로 인한 거래관계를 신속하게 해결할 필요가 있으므로, 위 부당이득반환채권은 상법 제64조에 따라 5년간 행사하지 않으면 소멸시효가 완성된다 ……"[22]

우리는 프랑스처럼 부당이득의 보충성 원칙이 인정되지 않을 뿐만 아니라 청구권 경합의 논리를 기반으로 하고 있다. 그러나, 구체적 사안에 있어서 프랑스 민법 제1303-3조의 취지가 느껴질 수 있는 경우들이 있었고, 이에 따라 외견상 다른 논리를 통해서 이를 관철시켰음(부당이득반환청구권의 소멸시효가 경우에 따라 상사시효의 적용을 받게 된다는 등)을 알 수 있다.

4. 손실자의 과책(faute)

(1) 프랑스 민법상 부당이득이 우리 민법상 부당이득에 비하여 구조상 큰 특징을 보이고 있는 또 하나는, 부당이득 반환 여부 내지 반환범위 등을 정함에 있어서 손실자의 귀책사유를 고려하고 있는 점이다(프랑스 민법 제1303-2조). 프랑스 민법상 부당이득은 당사자들이 재산적 균형을 회복시키는 것과 '손실자의 행동을 고려하여' 부당한 이득을 배상하는 것 두 가지 요소를 기반으로 하고 있다.[23]

---

22) 대법원 2018. 6. 15. 선고 2017다248803, 248810 판결.
23) Y. Buffelan-Lanore et V. Larribau-Terneyre(주 12), n°2052(p.678).

(2) 프랑스 판례

이와 관련한 기존의 프랑스 판례는 손실자의 과책이 중대할 경우(faute lourde ou grave)와 단순한 경솔(imprudence) 또는 부주의(négligence)한 경우를 나누어서, 전자의 경우에는 부당이득반환을 허용하지 않았고, 후자의 경우에는 부당이득반환을 인정하고 있었다.

> "…… 자신의 손실로 다른 사람에게 이득을 준 사람의 경솔 혹은 부주의를 범한 행위가 그의 부당이득에 기초한 권리를 상실시키지는 않더라도, 그 손실이 손실자의 중대한 혹은 의도적인 과책에 기인한 경우에는 부당이득반환은 이루어질 수 없다 ……"[24]

그런데, 프랑스 민법 제1303-2조 제2항은 기존 프랑스 판례처럼 과책이 중대한지 여부를 구분하지 않고 손실자의 과책의 정도에 따라 감액을 할 수 있다고 하는, 더 실용적인 방식으로 규정하였다. 그리고 이는 법관의 판단 영역을 넓혀준 입법으로 평가되고 있다.[25] 프랑스 민법 입법이유서에서도 밝힌 바와 같이, 법원은 경우에 따라 부당이득반환을 인정하지 않을 수도 있다.[26] 프랑스 민법은 부당이득에서뿐만 아니라, 비채변제에 있어서도 손실자의 과책을 고려하여 반환범위를 정하고 있다.[27] 우리 민법 제741조 이

---

24) Civ.1re 5 avr. 2018, n°17-12.595 et n°17-14.029.

25) François Chénedé. *Droit des obligations et des contrats 3e éd.*, Dalloz(2023), n°134.71(p.205); L. Andreu et N. Thomassin(주 4), n°1406(p.520-521). 불법행위에서처럼 부당이득에서도 채권자의 과책을 고려하는 것이 논리적이다. ; F. Terré, P. Simler, Y. Lequettet et F. Chénedé(주 11), n°1318(p.1445).

26) Rapport au Président de la République relatif à l'ordonnace n°2016-131 du 10 février 2016 portant réforme du droit des contrats, du régime général et de la preuve des obligations
https://www.legifrance.gouv.fr/affichTexte.do?cidTexte=JORFTEXT000032004539

27) **제1302-1조** 착오 또는 고의로 채무 없는 자로부터 부당하게 변제를 받은 사람은 변제

하의 규정들은 손실자의 과책은 고려하지 않고 있다. 프랑스 민법의 입법 태도는 반환범위의 조정을 통해서 구체적 타당성 있는 해결책을 도모하는 데에 더 유용하다고 평가할 수 있다.[28)]

In this chapter, I introduce the provisions on unjustified enrichment newly established by the 2016 revision of the French Civil Code, found in Article 1303 and the articles that follow, which adopt a markedly different structure from the Korean Civil Code.

First, Article 1303-3 of the French Civil Code stipulates that restitution for unjustified enrichment is not permitted if another civil remedy is available. This contrasts sharply with South Korea, where Article 741 (unjust enrichment) functions alongside Articles 390 (contractual liability) and 750 (tort liability) as a fundamental remedy. The structural divergence between the two systems is discussed in detail in Chapter 9.

Second, the actual scope of application of the unjustified enrichment regime under the French Civil Code is quite narrow. In South Korea, unjust enrichment serves as a basis for resolving matters, such as restitution following contract termination, issues that are not treated as unjustified enrichment under French law. This illustrates a significant difference in legal frameworks.

자에게 이를 반환해야 한다.

제1302-3조 ② 변제가 과책에 기한 경우, 법원에 의하여 반환이 경감될 수 있다.

28) 부당이득의 영문은 보통 'unjust enrichment'로 표기되는데, 프랑스 민법전의 영문본은 'unjustified enrichment'로 표현하고 있다. 이에 따라 필자는 프랑스 민법상의 부당이득의 영문 표기는 'unjustified enrichment'로 하였다. Mélodie Combot(주 2), 354면 참조.

Third, the main area in which unjustified enrichment operates in France is through "*action de in rem verso*," as exemplified by the landmark *Boudier* case. This contrasts with Korean jurisprudence, which categorically rejects the recognition of such an action. Korean courts maintain that if the performance of a contract benefits not only the contractual counterparty (B) but also a third party (C), the performing party (A) cannot claim unjust enrichment against the third party. They argue that allowing such a claim would improperly shift the contractual risk assumed by A onto a non-contracting party, violating the principle of self-responsibility. However, even in France, current case law generally denies restitution from a third party (C) where a valid contract exists between the counterparty (B) and the third party (C), upholding the third party's right to retain the benefit. Thus, in practice, the scope of the "*action de in rem verso*" in France remains limited.

Finally, Article 1303-2 of the French Civil Code permits courts to consider the fault of the impoverished party when determining restitution. This element of fault is not reflected in Korean legislation or jurisprudence. From both a legislative and theoretical standpoint, I believe that South Korea should consider adopting a provision similar to Article 1303-2 of the French Civil Code.

French Civil Code

Art. 1303

Apart from the situation of management of another's affairs and undue payment, a person who benefits from an unjustified enrichment to the detriment of another person must indemnify the person who is thereby made the poorer to an amount equal to the lesser of the two values of the enrichment and the impoverishment.

Art. 1303-1
An enrichment is unjustified where it stems neither from the fulfilment of an obligation by the person impoverished nor from his intention to confer a gratuitous benefit.

Art. 1303-2
① Compensation is excluded where the impoverishment stems from an act effected by the impoverished person with a view to personal profit.
② Compensation may be reduced by the court if the impoverishment stems from the fault of the person impoverished.

Art. 1303-3
The impoverished person has no action on this basis where another action is open to him or is legally barred, as in the case of prescription.

Art. 1303-4
Impoverishment established from the day of its expenditure, and enrichment such as it still exists at the day of the claim, are evaluated as of the day of judgment of the court. In the case of bad faith in the person enriched, the compensation due is equal to the higher of the two values.

Korean Civil Code

Art. 741 (Unjust Enrichment)
A person who benefits from another's property or labor without legal justification, thereby causing loss to the other person, shall return the benefit.

Art. 747 (Return of Value When Return of Original Object Is Impossible)

① If the recipient is unable to return the original object, they shall return its value instead.

② If the recipient is unable to return the benefit, a third party who received the object gratuitously from the recipient in bad faith shall be liable to make restitution as preceding in the preceding paragraph.

Art. 748 (Scope of Restitution by the Recipient)

① A recipient in good faith is liable to make restitution only to the extent that the benefit still exists.

② A recipient in bad faith shall return the benefit with interest and compensate for any resulting damage.

Art. 749 (Recognition of Bad Faith of the Recipient)

① If, after receiving the benefit, the recipient becomes aware that there is no legal basis for it, they shall be deemed to be in bad faith from that point onward and must make restitution accordingly.

② If a recipient in good faith loses a lawsuit concerning the benefit, they shall be deemed to have been in bad faith from the time the lawsuit was filed.

17. 불법원인급여

Exception d'indignité / Clean Hands Rule

1. 의의

(1) "누구도 자신의 부도덕함을 원용하는 것은 허용되지 않는다(*Nemo auditur propriam turpitudinem allegans*)"는 법언(法諺)에 따라 프랑스 민법상으로도 불법원인급여(exception d'indignité) 법리가 인정되고 있다. 그러나 프랑스 민법은 이를 입법화하지는 않았다. 1804년 나폴레옹 민법 제정 당시 이에 관한 논쟁이 계속되고 있어서 이를 입법화하지 않고 해석론에 맡겨두었다고 하며,[1] 2016년 프랑스 채권법 개정 이후 지금까지도 프랑스 민법에 이에 관한 규정은 없다. 다만, 프랑스 판례에 의하여 Nemo auditur 법리는 받아들여지고 있다. 이는 영미법상 "Who comes into equity must come with clean hands" 법리에 상응하는 것으로서, 라틴어 격언이기는 하나 로마법에서 유래한 것이 아니라 교회법(canon law) 학자들에 의하여 인정된 법리이다.[2]

(2) 불법원인급여 법리는 불법한 원인으로 이행한 급부에 대한 반환을 거부함으로써 사람들로 하여금 불법한 계약 체결을 단념하게 하고, 이미 체결을 하였더라도 당사자들이 이에 대한 이행을 거부하도록 하는 예방적 기능에 그 취지가 있다.[3] 그러나 이미 계약 당사자가 급부를 이행한 후에는 급

---

1) Juris-Classeur Civil Code App. Art. 1131 à 1133 par Philippe le Tourneau (28 fév. 2013), n°14 et n°22.

2) Juris-Classeur Civil Code App. Art. 1131 à 1133(주 1) n°8.

3) Juris-Classeur Civil Code App. Art. 1131 à 1133(주 1) n°14, n°158 et n°159.

부를 반환받을 수 없는 상황이 되어버리는데, i) 이러한 단계에서는 당사자들이 자신의 의지로 적법한 상황으로 회복하도록 하는 기능이 발휘되지 못하고, ii) 결과적으로 위법한 계약이 이행되도록 함으로써 함께 위법행위를 한 일방 당사자가 이익을 가져가게 되는 한계가 있다. 결국 불법에 있어서 능수능란하고 교활한 사람이 불법에 있어서 순진한 사람을 제치고 이익을 가져가게 되는 결과가 초래된다.[4)]

2. 보충적 지위

⑴ 불법원인급여 법리의 위와 같은 기능적 한계는 1804년 나폴레옹 민법뿐만 아니라 2016년 프랑스 채권법 개정 이후에도 입법화되지 않는 데에 적지 않은 영향을 미쳤다. 불법원인급여에 관한 명문의 규정을 두고 있지 않은 프랑스 민법 체계상 프랑스에서는 다른 법률 규정이나 판례가 없을 경우에만 예외적으로 이 법리가 적용된다[5)].

⑵ 불법원인급여 법리를 적용하여 반환을 인정하지 않은 재판례는 많지 않은데, 그 이유에 대해서는 다음과 같은 지적이 있다. 우선, 명문 규정이 있는 불법행위책임이나 계약상 신의칙 적용을 통해서 동일한 결과에 도달할 여지가 있기 때문이다.[6)] 그리고, 사실상 불법의 원인이 양 당사자에게 동등하게 있다고 평가되는 경우가 많지는 않으므로 (불법성이 수익자에게만 있거나 불법성 비교론에 의하여 피고에게 더 있다고 볼 수 있는 경우가 많아서), 실제로 급부의 반환이 허용되지 않는 경우가 많지 않다.[7)]

4) Juris-Classeur Civil Code App. Art. 1131 à 1133(주 1) n°160, n°161 et n°162.
5) Juris-Classeur Civil Code App. Art. 1131 à 1133(주 1) n°27 et n°146.
6) Juris-Classeur Civil Code App. Art. 1131 à 1133(주 1) n°147.

3. 적용범위

프랑스에서는 불법원인급여 법리가 체계상 보충적 지위로 인식되고 있어서, 우리 민법상의 불법원인급여에 비하여 적용범위가 상대적으로 축소되어 있다. 불법원인급여는 불법한 원인으로 계약이 실효된 경우의 계약 당사자의 급부의 반환에 관하여만 적용된다.[8] 따라서 다음과 같은 영역에는 적용을 제한하고 있다.

(1) 물권관계

우선, 물권관계에는 적용되지 않는다. 물건과 사람의 관계에는 정의(定義)상 비윤리성이나 위법성이 개입될 수 없기 때문이다. 따라서 계약의 이행으로 부동산의 소유권을 이전하였더라도, 계약이 실효되어 소유권이 본래의 소유자인 계약 당사자에게 회복됨으로써 부동산 소유권에 기한 반환청구권을 행사할 경우, 상대방은 불법원인급여를 주장하여 반환을 거부할 수 없다.[9] 예를 들어, 윤락업을 운영하기 위한 의도로 부동산 임대차계약이 체결되었을 경우(동기의 불법), 이러한 계약이 불법한 원인으로 무효가 되었을지라도, 임대인은 계약관계가 아닌 소유권에 기하여 건물의 반환을 구할 수 있다.[10] 이러한 태도는 우리 불법원인급여제도가 채권편에서만 작동하는 것이 아니라 소유권에 의한 급부 청구에서도 적용된다는 입장을 취하고 있는

7) Juris-Classeur Civil Code App. Art. 1131 à 1133(주 1) n°159 et n°163.

8) Juris-Classeur Civil Code App. Art. 1131 à 1133(주 1) n°36, n°37 et n°79; Civ. 1re 17 juill. 1996, n°94-14.662.

9) Juris-Classeur Civil Code App. Art. 1131 à 1133(주 1) n°42.

10) Juris-Classeur Civil Code App. Art. 1131 à 1133(주 1) n°42. 다만, 프랑스 문헌에서 들고 있는 이 예는, 피고에게 불법한 목적으로 임대를 한 사안이고 소유권을 이전했던 사안은 아니라는 점에서 주 11)의 우리나라 재판례 사안과는 구체적인 사실관계에 있어서 차이가 있다.

우리 판례의 입장과 논리적으로 대비를 이루고 있다.[11)]

(2) 불법행위

자신이 했던 급부가 불법원인급여에 해당하여 해당 급부를 반환받을 수 없는 사람이 불법행위의 피해자임을 주장하여 급부를 수령한 사람을 상대로 손해배상책임을 추궁할 수 있는가? 프랑스에서는 불법원인급여 법리가 불법행위책임 영역에 적용되지 않는다.[12)] 예를 들어, 매춘부가 매춘 활동과 관련하여 포주에게 지급한 금전이 있었는데, 이에 대하여 포주를 상대로 불법행위를 이유로 한 손해배상청구가 인용된 예가 있고 (여기서 원고는 불법

---

11) 대법원 1979. 11. 13. 선고 79다483 전원합의체 판결 "…… 민법 제746조는 불법의 원인으로 인하여 재산을 급여한 때에는, 그 이익의 반환을 청구하지 못한다고 규정하고 있는 바, 일반의 법리에 따른다면, 불법의 원인에 의한 급여는, 법률상의 원인이 없는 것이되므로, 부당이득이 되어 그 이익의 반환을 청구할 수 있게 되는 것이나, 이러한 청구를 인정하는 것은, 법의 이념에 어긋나는 행위를 한 사람의 주장을 시인하고 이를 보호하는 것이 되어, 공평의 이념에 입각하고 있는 부당이득제도의 근본취지에 어긋날 뿐만 아니라, 법률 전체의 이념에도 어긋나게 되기 때문에, 이 규정은 선량한 풍속, 기타 사회질서에 위반한 사항을 내용으로 하는 법률행위를 무효로 하는 민법 제103조와 표리를 이루어, 사회적 타당성이 없는 행위를 한사람을 보호할 수 없다는 법의 이념을 실현하려고 하는 것이다. 이리하여 민법 제746조는 민법 제103조와 함께 사법의 기저를 이루는 하나의 큰 이상의 표현으로서 이것이 비록 민법 채권편 부당이득의 장에 규정되어 있기는 하나, 이는 일반적으로 사회적 타당성이 없는 행위의 복구가 부당이득의 반환청구라는 형식으로 주장되는 일이 많기 때문이고, 그 근본에 있어서는 단지 부당이득제도만을 제한하는 이론으로 그치는 것이 아니라, 보다 큰 사법의 기본 이념으로 군림하여, 결국 사회적 타당성이 없는 행위를 한 사람은 그 스스로 불법한 행위를 주장하여, 복구를 그 형식 여하에 불구하고 소구할 수 없다는 이상을 표현하고 있는 것이라고 할 것이다. 따라서 급여를 한 사람은 그 원인행위가 법률상 무효라 하여 상대방에게 부당이득을 원인으로 한 반환청구를 할 수 없음은 물론, 그 원인행위가 무효이기 때문에 급여한 물건의 소유권은 여전히 자기에게 있다고 하여, 소유권에 기한 반환청구도 할 수 없는 것이고, 그리하여 그 반사적 효과로서 급여한 물건의 소유권은 급여를 받은 상대방에게 귀속하게 되는 것이라고 해석함이 타당하다고 할 것이다 ……"

12) Juris-Classeur Civil Code App. Art. 1131 à 1133(주 1) n°50.

행위책임을 추궁했으므로, 우리와 같은 불법성 비교론은 개입되지 않는다),[13] 암거래 시장에서 금을 구입하는 과정에서 사기를 당한 피해자가 판매자를 상대로 불법행위를 이유로 한 손해배상청구가 인용된 예[14] 등이 있다. 프랑스에서의 이러한 논리는 불법의 원인으로 재산을 급여한 사람은 상대방 수령자가 그 불법의 원인에 가공하였다 하더라도 특별한 사정이 없는 한 상대방의 불법행위를 이유로 그 재산의 급여로 말미암아 발생한 자신의 손해를 주장할 수 없다는 우리 대법원의 논리와 대비를 이루고 있다고 할 수 있다.[15]

(3) 내연관계 유지를 목적으로 하는 증여 등의 경우

흥미로운 것은, 내연관계 유지를 위한 증여의 효력에 관한 프랑스 판례의 입장 변화이다. 이러한 계약은 원인(cause)이 불법한 것으로서 무효라는 것이 프랑스 판례와 학설의 일관된 입장이었다.[16] 그러나 프랑스 법원은 원고가 자신의 정부(情婦)인 피고에게 증여했던 재산의 반환을 청구했던 사안에

---

13) Crim. 7 juin 1945, D. 1946. 149. note R. Savatier. (Juris-Classeur Civil Code App. Art. 1131 à 1133(주 1), n°58 3° 에서 재인용)

14) Crim. 3 juill. 1947, JCP G 1948. II. 4474 note J. Carbonnier; Crim. 25 mai 1956, JCP G 1956. II. 9413; Crim. 15 juill. 1948, JCP G. 1948. II. 4488 (모두 Juris-Classeur Civil Code App. Art. 1131 à 1133(주 1) n°58 3° 에서 재인용)

15) 대법원 2013. 8. 22. 선고 2013다35412 판결 "…… 불법의 원인으로 재산을 급여한 사람은 상대방 수령자가 그 '불법의 원인'에 가공하였다고 하더라도 상대방에게만 불법의 원인이 있거나 그의 불법성이 급여자의 불법성보다 현저히 크다고 평가되는 등으로 제반 사정에 비추어 급여자의 손해배상청구를 인정하지 아니하는 것이 오히려 사회상규에 명백히 반한다고 평가될 수 있는 특별한 사정이 없는 한 상대방의 불법행위를 이유로 그 재산의 급여로 말미암아 발생한 자신의 손해를 배상할 것을 주장할 수 없다고 할 것이다. 그와 같은 경우에 급여자의 위와 같은 손해배상청구를 인용한다면, 이는 급여자는 결국 자신이 행한 급부 자체 또는 그 경제적 동일물을 환수하는 것과 다름없는 결과가 되어, 민법 제746조에서 실정법적으로 구체화된 앞에서 본 바와 같은 법이념에 반하게 되는 것이다 ……"

16) 반면, 내연관계를 정리하면서 상대방에게 위자료를 지급하는 약정이나 그 노후를 위한 증여계약은 유효한 것으로 보았다.

서 원고의 청구를 인용하였다.17) 불법원인급여 법리는 무상행위에는 적용되지 않는데, 이때에는 수증자만이 이익을 보기 때문이라고 설명되었다.18)

그러나 이후 프랑스 파기원 1부 1999년 2월 3일 판결에 이르러 "증여자가 수증자와의 내연관계를 유지하기 위한 무상행위의 원인은 선량한 풍속(bonnes moeurs)에 반하지 않는다"19)고 판시하였다. 그러나, 이 판결에 대해서는 부부 간의 정조의무(프랑스 민법 제212조)20)에 반한다고 보아 비판적인 견해가 많았고, 하급심도 이를 피해 가려는 논리들이 나타났다. 예를 들어, 위 판시는 내연관계를 '유지하기 위한(maintenir la relation adultère)' 계약이라고 하고 있었으므로, 내연관계를 형성하거나 다시 시작하기 위한 계약 등에는 위 논리를 적용하지 않고 무효로 보았다.21)

이에 파기원은 전원합의부 2004년 10월 29일 판결에서 "내연관계에 기하여(à l'occasion d'une relation adultère) 합의한 무상행위는 선량한 풍속에 반하는 원인으로서의 무효가 되지 않는다"고 하여 기존의 입장을 더 명확히 정리하였다.22) 결국 내연관계에서의 무상행위는 그 동기가 무엇이든 간에 적법한 것으로 정리되었다.

---

17) Civ. 1re 25 janv. 1972, n°70-12.679

18) Juris-Classeur Civil Code App. Art. 1131 à 1133(주 1) n°73.

19) Civ. 1re 3 fév. 1999, n°96-11.946. 이는 그동안의 프랑스 사회의 가치관의 변화와 사회상(社會相)을 반영한 결과라고 추측된다.

20) **프랑스 민법 제212조** 부부는 서로 존중하고, 정조를 지키고, 구조(救助)하고, 협력하여야 한다.

21) Juris-Classeur Civil Code App. Art. 1131 à 1133(주 1) n°72.

22) Ass. plén. 29 oct. 2004, n°03-11.238. 해당 사안은 1990년 당시 만 95세였던 남자가 출장 판매원으로 일해왔던 자신의 정부(情婦)에게(당시 만 64세) 밀린 보수 지급의 명목으로 전 재산을 포괄적으로 증여하는 유언증서를 작성하고 1991년 사망하였는데, 그 배우자와 자녀들이 정부를 상대로 유증받은 재산의 반환을 청구하였던 것이었다; 그밖에 Civ. 1re 25 janv. 2005, n°96-19.878.

(4) 불법한 원인에 기하여 이루어진 급부를 반환하기 위한 계약

① 불법원인급여가 이루어진 후에 이를 다시 반환하기로 하는 약정은 유효하다. 불법원인급여의 법리가 위법한 약정의 이행을 미리 방지하고자 함으로써 사회의 구성원들이 정도(定道)에 들어서도록 함에 그 취지가 있다면, 이러한 약정은 이미 이루어진 위법한 또는 비도덕적인 급부를 원래의 상태로 돌려놓기 위한 것으로서 위법하다고 볼 수 없기 때문이다.[23] 우리나라 대법원도 불법원인급여 후 급부를 이행받은 자가 급부의 원인행위와 별도의 약정으로 급부 그 자체 또는 그에 갈음한 대가물의 반환을 특약하는 것은 불법원인급여를 한 자가 그 부당이득의 반환을 청구하는 경우와는 달리 그 반환약정 자체가 사회질서에 반하여 무효가 되지 않는 한 유효하다고 판시한 바 있다.[24]

② 불법원인급여를 함과 동시에 사전에 미리 반환하기로 하는 약정은 무효이다. 이러한 경우의 사후 반환 약정은 불법한 원인에 기한 선행 약정의 일부를 이루는 것으로 보아야 하기 때문이다.[25] 우리나라 대법원도 도지사에게 청탁하여 택시운송사업면허를 받아줄 것을 부탁하면서 도지사에 대한 청탁 교제비조로 금원을 교부한 것은 교부할 당시에 그 면허를 취득하지 못하게 될 경우 금원을 반환하여 주기로 약정하였다 하더라도 이와 같은 약정은 결국 불법원인급여물의 반환을 구하는 범주에 속하는 약정이라 할 것이며 이는 사회질서에 반하는 법률행위로서 무효라고 판시하였다.[26]

---

23) Juris-Classeur Civil Code App. Art. 1131 à 1133(주 1) n°77.

24) 대법원 2010. 5. 27. 선고 2009다12580 판결.

25) Juris-Classeur Civil Code App. Art. 1131 à 1133(주 1) n°78.

26) 대법원 1991. 3. 22. 선고 91다520 판결.

4. 불법성 판단기준

(1) 원인이 위법한 경우(cause illicite)와 비도덕적인 경우(cause immorale)

① 계약이 위법한 원인(cause illicite)으로 실효된 경우가 아니라 비도덕적 원인(cause immorale)으로 실효된 경우에 한하여 불법원인급여 법리가 적용되어 급부의 반환이 허용되지 않는다는 견해[27]가 유력하다. 이는 민법 제746조가 규정하는 불법원인이라 함은 그 원인되는 행위가 선량한 풍속 기타 사회질서에 위반하는 경우를 말하는 것으로서, 법률의 금지에 위반하는 경우라 할지라도 그것이 선량한 풍속 기타 사회질서에 위반하지 않는 경우에는 이에 해당하지 않는다고 하여 불법원인급여의 적용범위를 한정시키는 우리 판례의 논리[28]와 유사하다고 생각된다.

② 프랑스 판례의 입장은 명확하지 않은 것으로 보인다. 예를 들어, 고용주가 강행규정인 정리해고에 관한 법률 규정을 회피한다는 것을 감추고 체결한 화해계약에 기하여 근로자에게 임금을 지급한 경우, 이후 고용주가 화해계약이 무효임을 이유로 이미 지급한 임금의 반환을 구한 것을 허용하였다.[29] 이에 대하여는 근로자와 고용주의 불법성을 비교해볼 때, 고용주의 불법성이 더 크므로 반환청구를 허용하지 말았어야 한다는 지적이 있다.[30] 계약이 사회질서 위반(contraire à l'ordre public)으로 실효되었다고 하면서

---

27) Juris-Classeur Civil Code App. Art. 1131 à 1133(주 1) n°109 et n°110. 이 주석서에서는 비도덕적 원인(cause immorale)의 의미에 대해서 선량한 풍속(bonne moeurs)의 개념의 의미와 관련하여 설명하고 있다.
프랑스 민법 제6조 누구도 개별 합의에 의하여 공공질서와 선량한 풍속과 관계있는 법률에 위반할 수 없다.

28) 대법원 2003. 11. 27. 선고 2003다41722 판결.

29) Soc. 10 nov. 2009, n°08-43.805 à n°08-43.823.

30) Juris-Classeur Civil Code App. Art. 1131 à 1133(주 1), n°133.

이에 기하여 이행된 급부에 대하여 반환을 허용한 사안도 있다. 유상으로 고객(환자) 명단을 포함한 의료 영업을 양도하면서 그 부근에서의 경업금지 의무를 약정하였던 의사, 간호사 등이 근처에서 기존 환자들을 대상으로 동일 영업을 하였던 사안들에서, 고객인 환자의 명단은 거래의 대상이 될 수 없는 것으로서 (환자의 의료 서비스 선택권의 보장이라는 측면에서) 이러한 약정은 사회질서 위반으로 무효임이 인정되었다. 그러나 영업을 양수한 사람이 사회질서 위반으로 계약의 실효를 주장하면서 대가의 반환을 구한 청구는 인용되었다.[31)]

⑵ 불법성 비교론

양 당사자가 부도덕할 경우, 급부는 반환되지 않는다(In pari causa turpitudinis cessat repetitio)에 따라, 양 당사자의 불법성을 비교하여 불법성이 적은 사람의 반환청구는 허용된다.[32)] Nemo auditur와 달리 이는 로마법에서 유래된 법리이다.[33)]

5. 소결

⑴ 우리 민법은 제746조에서 불법원인급여를 명문으로 규정하고 있고, 프랑스는 이에 관한 명문 규정이 없어서 보충적 법리로만 작동한다는 체계상의 차이는 이 법리를 운용하는 시각에 상당한 차이를 나타내게 되었다고 생각한다. 이러한 차이는 구체적인 사안을 음미하고 비교하는 데 있어서도

---

31) Civ. 1re 27 nov. 1984, n°83-11.265; 유사한 취지로 Civ. 1re 2 mai 1989, n°88-11.611; Com. 11 juill. 2006, n°04-16.759 등.

32) Juris-Classeur Civil Code App. Art. 1131 à 1133(주 1) n°123.

33) Juris-Classeur Civil Code App. Art. 1131 à 1133(주 1) n°121.

신중한 접근을 필요로 하고 있다.

(2) 예를 들어, 남자가 내연관계에 있는 자신의 정부(情婦)에게 재산을 증여하였다가 이후 그 반환을 청구하는 경우, 앞에서 보는 1972년 프랑스 파기원 사례에서는 원고의 청구를 인용하였고,[34] 1979년 우리나라 대법원 전원합의체 사례에서는 원고의 상속인들의 청구를 기각하였다.[35] 프랑스는 수익자에게만 이득이 있는 경우 불법원인급여 법리는 적용되지 않기 때문이라고 설명되었고, 1979년 대법원 판결은 불법원인급여 법리를 물권관계에도 적용하였기 때문이다. 비슷한 시기에 유사한 사실관계에 대해서 반대의 결론이 도출되고 있었던 셈이다. 프랑스는 물권관계에는 불법원인급여 법리가 적용되지 않고 있다고 보고 있기도 하다. 그러나, 프랑스는 1999년 파기원 판결을 거쳐서 2004년 파기원 전원합의부 판결을 통해 현재는 내연관계에 기하여 합의한 무상행위는 선량한 풍속에 반하는 원인으로 무효가 되지 않는다는 입장으로 정리되었다.

요약하자면, 내연관계에 기한 재산의 증여행위에 대하여 우리나라는 원칙적으로 민법 제103조에 반하는 행위로서 무효이면서 민법 제746조의 불법원인급여에 해당하여 이미 이행한 급부에 대한 반환청구를 허용하지 않고 있고, 프랑스는 이러한 행위를 유효로 보게 되었으므로 이미 이행한 급부에 대한 반환청구의 문제는 다른 특별한 사정이 없는 한 제기되지 않는다.

This chapter analyzes the legal principle in French civil law that “no one may rely on their own wrongdoing“ (*Nemo auditur propriam turpitudinem allegans*). Although the French Civil Code does not explicitly codify this

34) 주 17)
35) 주 11)

principle, it has been firmly established through case law. This stands in contrast to Korean civil law, where the principle is expressly provided for in Article 746 of the Korean Civil Code. As a result, there are systematic differences in how the *Nemo auditur* principle functions in the two legal systems.

First, in France, as with unjustified enrichment, the *Nemo auditur* principle plays only a supplementary role. It is applied exceptionally and only in the absence of other applicable legal provisions or case law. This is not the case in South Korea, where the principle has a more active role in legal reasoning.

Second, in France, the principle does not extend to real rights (i.e., rights *in rem*). This is because, by definition, legal relationships involving property do not entail questions of morality or illegality. For instance, even if ownership of real property was transferred under a contract that is later deemed void, the original owner may seek restitution based on ownership, and the *Nemo audtur* principle cannot be invoked to deny this claim. By contrast, Korean case law applies Article 746 even to matters involving real rights, holding that a person who transferred property under an unlawful cause cannot seek restitution, even on the basis of ownership.

Third, in France, the unlawful cause doctrine does not bar tort claims; if tort liability requirements are met, damages may be sought despite the claimant's wrongful conduct. Therefore, if the conditions for tort liability are met, such a person may still claim damages. Korean case law, however, generally rejects such claims, holding that a person who acted under an unlawful cause is not entitled to tort damages.

Finally, the principle that "in cases of equal fault, there is no recovery" (*in pari causa turpitudinis cessat repetitio*) is recognized in both France and

South Korea. Accordingly, when both parties have acted unlawfully, the party who is much less at fault may still be permitted to seek restitution.

In conclusion, because the *Nemo auditur* principle has not been codified in France, its scope of application is considerably narrower than in South Korea.

> Korean Civil Code
>
> **Art. 746 (Performance Based on an Unlawful Cause)**
> A person provides property or services based on an unlawful cause may not claim restitution of the benefit. However, this does not apply where the unlawful cause is attributable solely to the recipient.

18. 마치며

지금까지 프랑스 채권법을 이해하는 데에 핵심이 되는 주요한 개념과 제도들을 살펴보았다. 이제 로완(Solène Rowan) 교수가 지적한 2016년 프랑스 채권법 개정의 방향성에 대한 평가를 소개하면서 마무리하고자 한다. 아래의 내용은 영미법과의 비교법적 시각을 반영하고 있어서 프랑스 채권법을 어느 정도 거리를 두고 밖에서 바라볼 수 있는 시각을 주고 있을 뿐만 아니라, 프랑스인의 시각에서 그 개정과 결과에 있어서의 한계도 지적하고 있어서 우리에게 프랑스 채권법에 대한 이해의 지평을 넓혀주고 있다고 생각한다.

2016년 프랑스 채권법의 개정 방향은 다음과 같았다. 첫째, 프랑스법에 대한 접근가능성과 예측가능성을 높이는 것, 둘째, 프랑스법을 거래지향적으로 만들어서 잠재적인 외국 투자자들에게 호감을 주고 영미법 체계에 대하여 경쟁력을 높이는 것, 셋째, 계약적 정의를 실현하는 것이었다. 이러한 취지는 얼마나 달성될 수 있을 것인가?[1)]

우선, 2016년 개정으로 프랑스 민법에 대한 일반인의 접근가능성은 높아졌다고 평가되고 있다. 그러나, 거래의 예측가능성을 높이는 것과 동시에 계약적 정의를 추구하는 것 간에는 상호 긴장관계가 있어서 이러한 취지가 일관성 있게 반영되기에는 한계가 있었다는 점이 지적되고 있다.

첫째, 프랑스 채권법 개정에 15년 이상의 많은 시일이 걸리면서 프랑스 법무부가 다양한 집단(학자, 판사, 실무가, 기업인 대표, 소비자 단체 등등)

---

1) 아래의 내용들은 Solène Rowan, *The New French Law of Contract,* Oxford University Press(2022), p.257-259 참조.

의 의견을 경청하기 위해 대규모 공청회를 수차 개최하여 가능한 많은 의견을 수렴하여 협의점을 찾고자 노력하였는데, 이 과정 자체가 개정의 일관성을 얻기 쉽지 않은 과정이었다. 이후 국회에서 하원과 상원의 각 심의를 거치면서 다시 일부 수정이 가해졌고 결국 최종법안은 여러 가지 생각들의 잡동사니가 되어버린 면이 있다.

둘째, 개정 이후에도 프랑스법은 영미법에 비해 계약적 정의 실현을 위한 법원의 간섭이 상대적으로 많은 체제를 취하고 있어서, 거래의 예측가능성을 높임으로써 영미법 체계에 비하여 국제거래에 있어서 경쟁력을 높이겠다는 목표를 달성하기는 쉽지 않아 보인다. 프랑스법은 개정 이후에도 과거 프랑스법의 전통과 단절하지 않고 있고,[2] 계약적 정의와 관련한 프랑스의 전통적 법이론들(신의칙, 불공정행위 등)[3]은 영국에서는 윤리적 접근방식이라고 평가되면서 개념의 모호성으로 인해 여전히 비판받고 있다. 영국에서는, 절대적 정의에 대한 거래의 확실성과 결과의 예측가능성의 우위, 당사자들은 그들이 원하는 대로 계약 내용을 정해야 한다는 원칙의 중요성, 이를 위한 법원의 간섭의 최소화, 그리고 합리성, 공정, 비양심, 선의 등의 모호한 일반 개념에 기초하여 계약 내용을 무효화하는 재판의 부재(不在) 등등의 사항에 대하여 어느 정도 공통의 합의(common consensus)가 형성되어 있다.[4]

셋째, 그렇다면 차라리 프랑스는 국제 거래에 있어서 영미법 체계와의 경쟁력을 높이겠다는 것에 대해서는 채권법 개정의 목표로 비중을 두지 않았던 것이 현실적이었을 것이다. 국제 상거래에서 분쟁의 준거법이나 그 관할로서 영미법을 선택하는 기업 당사자들은 넓은 지역에 걸쳐서 상당한 규모

---

2) Eva Steiner, *French Law – A Comparative Approach 2nd ed.*, Oxford University Press (2018), p.212도 참조.

3) 프랑스에서의 이러한 계약이론들은 중세 카톨릭이 고리대금업을 혐오했었던 것을 그 배경으로 하고 있다. E. Steiner(주 2), p.224.

4) E. Steiner(주 2), p.218-219.

가 있는 조직들이어서, 이미 자신의 이해관계를 스스로 살필 수 있을 뿐만 아니라 거래의 상업성과 기회의 공정성에 대한 판단능력을 갖추었기 때문이다. 개인주의, 계약 자유의 원칙 등이 더 강조되고 있는 영미법은 이들에게 더 적합하다. 그러나, 실제 상거래 분쟁에 있어서는 소규모 기업들의 분쟁이 현저히 많다. 이들 중 많은 수는 법적 조력을 얻기가 쉽지 않아서 자신들의 계약 내용을 살펴보고 그들에게 불리한 용어를 따져보는 데에 한계가 있는 경우가 많다. 계약 자유의 원칙의 한계를 인지하고 약자를 보호하는 규정들은 이들에게 더 적합하다.

Epilogue

The reason for which I chose French law as the subject of my comparative legal studies is quite simple: French was the foreign language that I learned in high school, alongside English. In Korean legal academia, where the study of German civil law has long prevailed, delving into French civil law felt like entering uncharted territory. It was as though I were quietly making my way through a dark tunnel, searching for a single ray of light. Yet the depth and intellectual richness of France's long-standing civil law tradition did not disappoint. Comparative legal research is, at its core, the study of how other systems function and why. But ultimately, it is a mirror: it reflects one's own legal system, raises new questions, and opens up fresh perspectives. Without a doubt, my exploration of French civil law has cast a meaningful light on my study of Korean civil law.

As I mentioned in the preface, it would not be an overestimation to say that within South Korea's law school system, professors are primarily regarded as instructors for the bar exam. In such an environment, the path of a law school professor who aspires to be a true scholar has been a lonely and often difficult journey. Korean students, too, are under immense pressure to prepare for the bar exam, and few are in a position to pursue legal studies as a purely academic discipline. Nonetheless, things are beginning to change. Among Western languages other than English, French and Spanish have now surpassed German in popularity among Korean students. I believe that

Koreans feel a special affinity for French literature. Although few Koreans speak French fluently, the works by Albert Camus are more widely loved in South Korea than those of Shakespeare (though, of course, comparing authors from different eras is not entirely fair). I have great admiration for Romain Rolland. The popularity of contemporary French author Bernard Werber in South Korea is also remarkable. I am consistently moved by the profound insight that French writers offer into the universality of the human condition. This cultural and emotional affinity that Koreans have with French culture, I believe, will quietly but steadily form a fertile ground for the growth of French legal studies as a field of comparative law in South Korea. I hope that many outstanding future Korean scholars of French civil law will emerge.

여하윤

서울에서 나고 자랐으며, 대원 외국어고등학교, 서울대학교 법과대학을 졸업하고, 같은 학교 법과대학원에서 〈채권자대위권〉을 주제로 박사학위를 취득하였다. 2007년부터 홍익대학교 법과대학 조교수로 근무하였고, 2010년부터 현재까지 중앙대학교 법학전문대학원 교수로 재직하면서 민법을 가르치고 있다. 한국 민법과 프랑스 민법을 비교 연구해오고 있으며, 이 책은 저자가 지금까지 공부한 핵심적인 내용들을 정리한 것이다.

Hayoon Yeo

Born and raised in Seoul, she graduated from Daewon Foreign Language High School and the College of Law at Seoul National University, where she also earned her doctoral degree with a dissertation entitled The Creditor's Right of Subrogation (Action Oblique). She began her academic career in 2007 as an assistant professor at the College of Law, Hongik University, and since 2010 has been serving as a professor at the School of Law, Chung-Ang University, where she teaches civil law. Her research focuses on comparative studies of Korean and French civil law. This book offers a synthesis of the key ideas and insights she has developed through years of study.

유민총서 31

프랑스 채권법 연구

초판 1쇄 인쇄 2025년 12월 18일
초판 1쇄 발행 2025년 12월 25일

지 은 이 여하윤
편 찬 홍진기법률연구재단
주 소 서울특별시 종로구 동숭3길 26-12 2층
전 화 02-747-8112 팩 스 02-747-8110
홈페이지 www.yuminlaw.or.kr

발 행 인 한정희
발 행 처 경인문화사
편 집 부 김지선 한주연 김한별 양은경 정효민
마 케 팅 하재일 유인순
출판번호 제406-1973-000003호
주 소 경기도 파주시 회동길 445-1 경인빌딩 B동 4층
전 화 031-955-9300 팩 스 031-955-9310
홈페이지 www.kyunginp.co.kr
이 메 일 kyungin@kyunginp.co.kr

IISBN 978-89-499-6902-2 93360
값 23,000원

| 유민총서 목록 |

번호	제목 및 서지정보
1	**유민 홍진기 법률논문 선집** 홍진기 저 / 홍진기법률연구재단 편
2	| 제1회 홍진기법률연구상 수상논문 | | 2018 세종도서 우수학술도서 | **신탁의 기본 법리에 관한 연구** – 본질과 독립재산성 이계정 저
3	**–1. 헌법주석** [국회, 정부] 제40조~제100조 이성환, 방승주, 명재진 저 외 **–2. 헌법주석** [법원, 경제질서 등] 제101조~제 130조 이국운, 이헌환, 석인선 저 외
4	| 2019 대한민국학술원 우수학술도서 | **한국과 일본에서 행정소송법제의 형성과 발전** 하명호 저
5	**행정소송법** (Verwaltungsprozessrecht) 볼프 뤼디거 쉔케 저 / 강현호 번역
6	| 제3회 홍진기법률연구상 수상논문 | **국제투자협정의 예외조항 연구** – 규제권한과의 균형을 위한 예외조항 모색 김보연 저
7	| 제4회 홍진기법률연구상 수상논문 | **공정거래절차의 법리** – 당사자의 권리보장과 제3자 절차참여를 중심으로 박준영 저
8	**의료·의약품 산업과 경쟁법** 정재훈 저
9	| 2022 대한민국학술원 우수학술도서 | **판례·사료로 읽는 한국법사강의** 심희기 저
10	| 2022 대한민국학술원 우수학술도서 | **이슬람법입문** (An Introduction to Islamic Law) 조셉 샤흐트 저 / 명순구 번역
11	| 2022 대한민국학술원 우수학술도서 | **계약법과 도산법** – 민법의 관점에서 도산법 읽기 최준규 저
12	| 2022 세종도서 우수학술도서 | **법도그마틱과 은유** – 전형상 준거 헌법해석 이덕연 저
13	**단체의 법이론** – 유민 홍진기의 법이론 양천수 저
14	| 제5회 홍진기법률연구상 수상논문 | **공법상 당사자소송 중 확인소송에 관한 연구** 이승훈 저
15	**규범적 과제로서 기능적 분화** 고봉진 저
16	| 2023 대한민국학술원 우수학술도서 | **영업비밀보호법의 철학적·규범적 토대와 현대적 적용** – 존 로크의 재산권 철학을 바탕으로 나종갑 저

번호	제목 및 서지정보
17	| 2023 세종도서 우수학술도서 | **4차 산업혁명 시대의 인공지능 알고리즘에 의한 법 분야 위험 예측** 양종모 저
18	**공용수용의 공공필요 검증론** 정기상 저
19	| 제7회 홍진기법률연구상 수상논문 | | 2023 세종도서 우수학술도서 | **금융기관 부실 개선제도 연구** 박상현
20	| 제7회 홍진기법률연구상 수상논문 | | 2024 대한민국학술원 우수학술도서 | **데이터세트 보호 법제에 관한 연구** 이상용 저
21	| 2023 세종도서 우수학술도서 | **4차 산업혁명과 조세** 김영순
22	| 제6회 홍진기법률연구상 수상논문 | | 2024 세종도서 우수학술도서 | **디지털 정보에 대한 강제처분에서의 정보 프라이버시권 보장 방안** – 미국과의 비교를 중심으로 전치홍 저
23	| 2024 대한민국학술원 우수학술도서 | **특허, 특허권, 특허법의 연구** – 자연권 및 공리주의적 도구주의의 발전과 서구 자본주의 경제윤리의 형성 나종갑 저
24	**손해배상산정론** 최우진 저
25	| 제7회 홍진기법률연구상 수상논문 | | 2025 대한민국학술원 우수학술도서 | **조약법상 준비문서** (Travaux Préparatoires)**의 지위** 황준식 저
26	| 2025 대한민국학술원 우수학술도서 | **공정이용의 역설** – 시소에 올라탄 거인, 균형의 복원 남형두 저
27	| 제8회 홍진기법률연구상 수상논문 | **국제조세레짐** – 국제적 조세회피 문제를 중심으로 윤준석 저
28	**–1. 국제난민법** (The Refugee in International Law) 가이 S. 굿윈길 및 제인 맥아담 저 / 이일 번역 **–2. 국제난민법** (The Refugee in International Law) 가이 S. 굿윈길 및 제인 맥아담 저 / 이일 번역
29	| 제9회 홍진기법률연구상 수상논문 | **부당한 공동행위 억지를 위한 사적잽행 강화방화** 박경미 저
30	**플랫폼과 공정거래** 박세환 저
31	**프랑스 채권법 연구** (*French Law of Obligations*) 여하윤 저